Ingelore M. Winter

# Unsere Bundespräsidenten

Theodor Heuss (1949–1959)

Heinrich Lübke (1959–1969)

Gustav Heinemann (1969–1974)

Walter Scheel (1974–1979)

**Neun Porträts**

Karl Carstens (1979–1984)

Richard von Weizsäcker (1984–1994)

Roman Herzog (1994–1999)

Johannes Rau (1999–2004)

Horst Köhler (ab 2004)

Ingelore M. Winter

# Unsere Bundespräsidenten

## Von Theodor Heuss bis Horst Köhler

Droste Verlag

**Bibliografische Informationen Der Deutschen Bibliothek**
Die Deutsche Bibliothek verzeichnet diese Publikation in der Deutschen Nationalbibliografie; detaillierte bibliografische Daten sind im Internet über http://dnb.ddb.de abrufbar.

1. Auflage Mai 1987
2. Auflage Januar 1988
3. aktualisierte und erweiterte Auflage Juni 1994
4. aktualisierte und erweiterte Auflage Juli 1999
5. aktualisierte und erweiterte Auflage Juli 2004

Gesamtgestaltung: Droste Verlag
Alle Abbildungen: dpa
Druck und Bindung: Clausen & Bosse, Leck
ISBN 3-7700-1188-0

www.drosteverlag.de

# Inhalt

# Unser Bundespräsident – das Staatsoberhaupt

Während des fünfzigjährigen Bestehens der Bundesrepublik und erst recht nach der Vereinigung der beiden deutschen Staaten hat das Amt des Bundespräsidenten an Bedeutung ständig gewonnen. Das gilt gleichermaßen für das politische und soziale wie für das wirtschaftliche und kulturelle Leben in Deutschland. Die Machtbefugnisse, die die Schöpfer des Grundgesetzes dem Amt zugestanden haben, sind zwar gering, lassen aber dessen Inhaber das Recht, zu allen wichtigen öffentlichen Fragen Stellung zu nehmen. Ja, es wird geradezu von ihm erwartet, dass er seine verfassungsrechtliche Kompetenz der Rede nutzt, sich etwa zu Verletzungen der Menschenrechte oder zu Möglichkeiten der Friedenserhaltung und -gestaltung äußert. Seine Aufgaben als oberster Repräsentant der Republik beschränken sich nicht allein auf die Wahrnehmung protokollarischer Pflichten.

Nach dem Zusammenbruch der Sowjetunion und der kommunistischen Herrschaftssysteme in anderen osteuropäischen Staaten ist Deutschland verstärkt auch politisch in den Mittelpunkt Europas gerückt. Berlin und Bonn sind Ziel der meisten ausländischen Staatsgäste, die Hauptstadt umso mehr, als sie wieder Amts- und Wohnsitz des deutschen Staatsoberhaupts ist. Als solcher hat sie eine bis zu den Anfängen der Weimarer Republik zurückreichende Tradition, so wenig vergleichbar die Macht des damaligen Reichspräsidenten mit derjenigen der seit 1949 amtierenden Bundespräsidenten ist.

Aus den Protokollen des Parlamentarischen Rates geht Einmütigkeit darüber hervor, die Stellung des Bundespräsidenten gegenüber den Befugnissen des Reichspräsidenten in der Weimarer Republik zu schwächen. Die tatsächlich vollzogene Einschränkung der Kompetenzen hat jedoch weder dem Amt noch dem Ansehen derer geschadet, die es bisher wahrgenommen haben. Jeweils auf Zeit gewählt – jede Amtsperiode dauert fünf Jahre –, konnte jeder Präsident kraft seiner Persönlichkeit den von den Verfassungsvätern gesteckten Rahmen ausfüllen. Alle Bundespräsidenten haben ihre geringen politischen Kompetenzen als Herausforderung begriffen, alle haben sich in das politische Geschehen «eingemischt» und Einfluss zu nehmen versucht, jeder auf seine Weise; der eine mit mehr, der andere mit weniger Erfolg.

Die Wortführer der politischen Parteien, ob in der Regierung oder in der Opposition, wissen natürlich um die Bedeutung des Bundespräsidenten sowohl für die Wirkung des Staates nach außen wie für die Meinungs- und Willensbildung in der Bevölkerung. Schon die Nominierung der Kandidaten führt, Monate vor der Wahl, zu mehr oder weniger heftigen öffentlichen Diskussionen, und nicht immer erweisen sich Unterlegene als «gute» Verlierer.

Regelmäßig auch taucht vor den Wahlen der Vorschlag auf, den Präsidenten vom ganzen Volk wählen zu lassen und die Amtszeit auf sieben Jahre zu verlängern. Doch solche Reformgedanken, die eine indirekte Kritik am Grundgesetz enthalten, sind umstritten. Am Sinn, an der Funktion und Attraktivität des Präsidentenamts ändern sie nichts. Er mag unzufrieden damit sein oder nicht – dem Bundespräsidenten gehe es, auch wenn er keine reale politische Macht besitze, besser als Königinnen und Königen, meinte Richard von Weizsäcker. Er, der zehn Jahre amtierte, muss es wissen.

Trotzdem, es ist ein schwieriges Amt. Nach fünf Jahren kann sich der Bundespräsident erneut zur Wahl stellen. Im Falle seiner Verhinderung oder bei vorzeitiger Erledigung des Amtes wird er durch den Präsidenten des Bundesrates vertreten. Der Bundespräsident vertritt die Bundesrepublik völkerrechtlich und schließt in ihrem Namen Verträge mit anderen Staaten. Außerdem empfängt er an seinem Amtssitz neu akkreditierte Botschafter und nimmt ihre Beglaubigungsschreiben entgegen.

Auf Vorschlag des Bundespräsidenten wird der Bundeskanzler vom Bundestag (ohne Aussprache) gewählt und dann von ihm ernannt. Er ernennt und entlässt Bundesminister, Bundesrichter und Bundesbeamte, einschließlich Offizieren und Beamten der Bundeswehr. Der Bundespräsident ist offizieller Gastgeber ausländischer Staatsoberhäupter.

Wie gering die Macht des Bundespräsidenten ist, besagt Artikel 58 des Grundgesetzes: «Anordnungen und Verfügungen des Bundespräsidenten bedürfen in ihrer Gültigkeit der Gegenzeichnung durch den Bundeskanzler oder durch den zuständigen Bundesminister.» Dies gilt jedoch nicht für die Ernennung und Entlassung des Bundeskanzlers und die Auflösung des Bundestages. Der Bundespräsident kann aber durch den Bundestag oder den Bundesrat «wegen vorsätzlicher Verletzung des Grundgesetzes oder eines anderen Bundesgesetzes vor dem Bundesverfassungsgericht angeklagt werden». Der Beschluss auf Erhebung der Anklage bedarf der Mehrheit von zwei Dritteln der Mitglieder des Bundestages oder des Bundesrates.

Die Verfassung der Bundesrepublik, das 1949 vom Parlamentarischen Rat beschlossene Grundgesetz, zieht deutliche Lehren aus der jüngeren deutschen Geschichte. Sie stellt vor allem eine Antwort dar auf das Scheitern der Weimarer Republik und, mehr noch, auf die ständigen willkürlichen Verletzungen der Rechtsnormen in der Zeit der Hitler-Diktatur. Die Bekenntnisse zu menschlichen Grundrechten, zur Demokratie, zur Gewaltenteilung und zur föderativen Struktur der Bundesrepublik – alles dies sind in Praxis umgesetzte Reaktionen auf negative Geschichtserfahrungen, Reaktionen, die zugleich den Bestand unseres Staates garantieren. Das Grundgesetz regelt auch die Wahl des Präsidenten: Er wird nicht, wie in der Weimarer Republik, direkt vom Volk gewählt, sondern von der Bundesversammlung, die aus den Mitgliedern des Bundestages und der Länderparlamente sowie Persönlichkeiten des öffentlichen Lebens besteht.

Nach einem ungeschriebenen Gesetz soll sich der Bundespräsident aus der aktiven Politik heraushalten. Er besitzt, obwohl er gewählt ist, kein politisches Mandat, kein Parteiamt, kein Regierungsamt. Seine Überparteilichkeit ist oberstes Gebot – nicht Gesetz. Bei politischen Interessenkonflikten, die für einen demokratischen Staat das «Salz der Demokratie» sind, kann er nicht direkt eingreifen. Er kann und soll aber bestehende Konflikte zwischen dem Staat und den Bürgern abbauen helfen und mit den Politikern und Interessenvertretern offen über divergierende Auffassungen sprechen. Der Bundespräsident kann auch mahnend seinen Zeigefinger heben. Es ist ihm auch nicht versagt, Kritik am «Verfall der Werte» zu üben und die Werte, die lebenswichtig für die Nation und ihre Bürger sind, als Leitbilder zu propagieren. Er kann die Gegenwart in ihre historischen Dimensionen rücken und damit Aufgaben von heute und morgen bezeichnen. Der Bundespräsident ist jedoch nicht der amtliche «Vordenker» der Nation, er darf aber ihr Nachdenker sein.

Bei den Bürgern genießt der Bundespräsident im Allgemeinen hohes Ansehen, obwohl oder vielleicht weil er keine politische Macht ausübt. Sein Prestige basiert auf historischen Grundlagen, auf denen auch das Präsidentenamt beruht. Dem Protokoll nach ist es, was Rang und Würde betrifft, der Stellung eines Monarchen ebenbürtig.

Sämtliche Bundespräsidenten, von Theodor Heuss bis Johannes Rau, waren vor ihrem Amtsantritt führende Politiker oder herausragende Mitglieder ihrer Parteien in hohen Ämtern. Innerhalb ihrer Parteien waren sie wegen ihrer Bildung, ihres Durchsetzungsvermögens und ihrer Kompetenz, aber auch aufgrund ihres politischen Weitblicks und der Erfahrungen, die sie auf kommunal- oder regionalpolitischer Ebene sammelten, geschätzt.

«Leitfiguren» der Bürger oder «Landesväter» sind die Bundespräsidenten kaum, denn es gibt keine Untertanen, nur noch «mündige» Bürger. Aber als Autoritätspersonen sind sie anerkannt und geachtet. In einer Zeit, da die politische Kultur durch Parteienstreitereien und Ämterpatronagen an Ansehen verliert, kommt dem Amt des Bundespräsidenten eine umso größere Bedeutung zu. Von der Mehrheit des Volkes akzeptiert, auch verehrt und bewundert, hinterlassen sie nach Ablauf ihrer Amtszeit kaum mehr als ihre in Büchern gesammelten Reden und die Erinnerung an ein paar denkwürdige Auftritte. Was bleibt, ist allerdings auch wenigstens ein Rest jenes Respekts, den sie sich – manchmal entgegen aller Voraussagen – in der Bevölkerung erworben haben. Umfrageergebnisse zeichnen ein ziemlich genaues Bild von den Erwartungen, mit denen der Durchschnittsbürger die Wahl eines Präsidenten begleitet. Demoskopen geben aber auch Auskunft, ob und in welchem Maße sich diese Erwartungen erfüllten.

Die bisherigen Bundespräsidenten, so verschieden sie auch nach ihrer Herkunft, Bildung und politischen Überzeugung sind, zeigen unverkennbare Gemeinsamkeiten: Aufrichtigkeit, Ehrlichkeit, Überzeugungskraft und Souveränität. Alle waren sie Patrioten im guten Sinne des Wortes, und alle wurden ihrer Verantwortung für Deutschland gerecht, in diesem Land und in der Welt.

# 1. Porträt:
# Theodor Heuss (1949-1959)

geboren am 31. Januar 1884 in Brackenheim,
gestorben am 12. Dezember 1963 in Stuttgart.

1924-28 und 1930-33 Reichstagsabgeordneter der Deutschen Demokratischen Partei
1945 Berufung als »Kultminister« in die württemberg-badische Landesregierung
1. Bundesvorsitzender der im Dezember 1948 gegründeten Freien Demokratischen Partei und ab August 1949 bis zu seiner Wahl am 12. September 1949 zum Bundespräsidenten FDP-Abgeordneter im Bundestag

Am 12. September 1949, drei Tage vor der Wahl von Konrad Adenauer zum ersten Bundeskanzler, wurde Theodor Heuss von der Bundesversammlung in Bonn zum ersten Präsidenten der Bundesrepublik Deutschland gewählt. Vier Jahre nach dem Ende der NS-Herrschaft und anderthalb Jahrzehnte nach dem Untergang der Weimarer Republik hatte der aus den westdeutschen Ländern gegründete Bundesstaat ein demokratisches Staatsoberhaupt. Als Heuss wenige Minuten nach seiner Wahl im zweiten Wahlgang das hohe Amt übernahm, stellte er es unter das Wort des Psalmisten: «Gerechtigkeit erhöhet ein Volk.»

## Vorbild ohne Vorbild

Theodor Heuss, der erste Präsident der Bundesrepublik Deutschland, hatte keine direkten historischen Vorgänger. Könige und Kaiser waren Geschichte. Sie konnten für die Republik und für den noch in der Zeit Kaiser Wilhelms II. geborenen Heuss kein Vorbild sein. Auch an die Tradition der Reichspräsidenten der ersten deutschen Republik, Friedrich Ebert und Paul von Hindenburg, die er als Reichstagsabgeordneter in Berlin bewusst erlebt hatte, konnte der Präsident der zweiten deutschen Republik nicht anknüpfen, da ihr politisches Wirken schicksalhaft mit der Weimarer Republik und mit deren Untergang verbunden war.

Doch wie genau dreißig Jahre vorher Friedrich Ebert, so musste auch Theodor Heuss nach einem verlorenen Krieg und einem gescheiterten politischen System einem neuen Staat präsidieren. Beide, Ebert und Heuss, traten in extremen nationalen Situationen ein verantwortungsvolles hohes Amt an. Dabei hatte es Theodor Heuss, als deutsches Staatsoberhaupt nach Hitler, noch schwerer als einst Ebert, den die Weimarer Nationalversammlung 1919 zum ersten deutschen Reichspräsidenten wählte. Heuss hatte bei seinem Ringen um das Vertrauen der Bürger jedoch mehr Glück.

Nach den Erfahrungen in der Zeit der NS-Diktatur, nach dem Inferno des Krieges, nach der Zerstörung nicht nur materieller, sondern auch kultureller und sittlicher Werte, nach dem Verlust der Selbstachtung des deutschen Volkes angesichts von Millionen Opfern eines Regimes, das sich auf deutschem Boden etabliert hatte, musste der Bundespräsident dazu beitragen, dass die Deutschen sich auf ihre kurzen demokratischen Traditionen besannen. Und dies in einer Zeit, die noch schlimmer war als die nach dem Dreißigjährigen Krieg. Für die Wiederherstellung Deutschlands als Kulturnation erwies Theodor Heuss sich als ein großer Glücksfall, auch für den demokratischen Staat, der sich um Anerkennung bei den Bürgern und im Ausland bemühen musste. «Und die Frage ist nun, wie wir, wir alle zusammen, aus diesem Amt etwas wie eine Tradition, etwas wie eine Kraft schaffen, die Maß und Gewicht besitzen und im politischen Kräftespiel sich selber darstellen will», sagte Heuss nach seiner Vereidigung.

Der Bundespräsident kannte die deutsche Geschichte, die deutsche Kultur und die Deutschen selbst wie kaum ein anderer: «Seltsames deutsches Volk, voll der größten Spannungen, wo das Subalterne neben dem genial spekulativ Schweifenden, das Spießerhafte neben der großen Romantik steht.» Für das kulturell-literarische und auch philosophisch-wissenschaftliche Deutschland, das zwölf Jahre schweigen musste, war Theodor Heuss der beste Repräsentant. Mit ihm war zum ersten Mal ein «Bildungsbürger» Staatsoberhaupt geworden. Er verkörperte in seiner Persönlichkeit ein besseres Deutschland. Er war der «gute Bürger» eines Staates, der die Würde des Menschen achtete.

«Zum Maß, zum Gemäßen zurückzufinden und in ihm unsere Würde neu zu bilden», das war seine politische Aufgabe und große Leistung. Theodor Heuss wurde zum Vorbild für alle Deutschen, die noch an die Würde des Menschen glaubten. Ein Vorbild war er auch durch seine demokratische, liberale und nationale Gesinnung. «Wir stehen vor der großen Aufgabe, ein neues Nationalgefühl zu bilden.» Die Deutschen sollten sich in ihrem Staat wieder frei und von ihm angenommen fühlen, inmitten der ideellen Trümmer ihrer jüngsten Vergangenheit verlorene Fundamente finden und neue errichten. Dem Unbehagen an deutscher Geschichte sollte ein neues Verhältnis zu ihr folgen, damit die Deutschen nach den Exzessen ihrer Großmannssucht und Hybris «nicht versinken und stecken bleiben in dem Ressentiment, in das das Unglück des Staates viele gestürzt hat». Heuss bekannte sich zu der Verantwortung für das, was im Namen der Deutschen unter Hitler geschehen war.

Ein Vorbild für seine Nachfolger war Heuss auch in seinem würdigen, unprätenziösen Auftreten. Seine Art, sein persönlicher Stil, den Staat zu repräsentieren, waren jedoch nicht nachahmbar.

Die Bürger verehrten ihn, weil er den Deutschen ihre verlorene Ehre zurückgab. Er war ihr Bundespräsident. Dennoch war Heuss kein bequemer Präsident. Immer wieder hat er über das, was in Deutschland und Europa während der zwölfjährigen NS-Herrschaft geschehen war, nachgedacht, geschrieben und gesprochen. Aber sein Nachdenken über Deutschland endete nicht in vordergründigen Anklagen und Schuldzuweisungen. Den Vertriebenen und Geschlagenen, den Verzweifelten und den Verfolgten gab er neuen Lebensmut, Hoffnung und Zuversicht auf eine bessere Zukunft in einem besseren Deutschland. Dem Amt des Staatsoberhauptes hat er das rechte Maß gegeben – über seine Zeit hinaus.

«Das Schicksal hat mich, ohne dass ich das erstrebte, zu einer Geschichtsfigur gemacht; ich glaube, der Aufgabe nach meiner Art genügt zu haben», so Heuss über sich selbst.

## Der geborene Demokrat

Als Theodor Heuss am 31. Januar 1884 in dem württembergischen Weinstädtchen Brackenheim das Licht der Welt erblickte, hatte das von Bismarck geschaffene Deutsche Kaiserreich von 1871 außen- wie innenpolitisch seine Macht gefestigt. Aber in Heuss' Elternhaus war man nicht «kaisertreu», vielmehr nach der Familientradition demokratisch gesinnt. Im Jahr seiner Geburt wurde in Berlin der Grundstein für das Reichstagsgebäude für die Vertretung des deutschen Volkes gelegt. Vierzig Jahre später, 1924, durfte Heuss als Abgeordneter der Deutschen Demokratischen Partei in das riesige «Volkshaus» einziehen.

Seine Jugend hat Theodor Heuss in der alten Freien Reichsstadt Heilbronn verlebt, wohin der Vater als Regierungsbaumeister sechs Jahre nach der Geburt seines dritten Sohnes versetzt wurde. Das Elternhaus, eine Gründerzeitvilla mit Türmchen und Erker, hatte der Vater selbst gebaut. Die Mutter, verwandt mit schwäbischen Pastorenfamilien, stammte aus der Pfalz.

Stolz pflegte die Familie Heuss die demokratische Familientradition. Einer der Verwandten war nach der Revolution von 1848 als «Aufständischer» gegen den König auf den Hohenasperg verbracht worden, jenes berühmt-berüchtigte Gefängnis, in dem im letzten Viertel des 18. Jahrhunderts auch der schwäbische Dichter Christian Schubart wegen seiner freiheitlichen Gesinnung zehn Jahre in Festungshaft gedarbt hatte.

Nach dem frühen Tod des Vaters, der als eigenwillig und ehrgeizig galt, übernahm Friedrich Naumann, der sozial-liberale Pastor aus dem Erzgebirge, gewissermaßen als zweiter Vater des jungen Heuss dessen politische Erziehung. «Nach dem Tode des Vaters wurde Friedrich Naumann für meine innere Entwicklung schlechthin lebensbestimmend.» Naumanns «Nationalsozialer Katechismus» war Heuss' politisches Lehrbuch.

Um seinem «Meister» nahe zu sein und für ihn arbeiten zu dürfen, verließ Theodor Heuss München, wo er 1902 sein Studium der Nationalökonomie bei Lujo von Brentano begonnen hatte. Er immatrikulierte sich 1905 an der Berliner Universität, obwohl ihm die Millionenstadt, fern der schwäbischen Heimat, wenig behagte. Naumann war der Herausgeber einer kleinen Zeitschrift, «Die Hilfe», die von vielen Gebildeten gelesen wurde und deren Kulturteil Heuss nun redigieren durfte. Die Jahrhundertwende hatte Heuss als «etwas wie einen Aufstand gegen die Geschichte», gegen die bestehende Gesellschaftsordnung von Kaiser, Adel und Militär erlebt, und gegen das politische System, das von einer Demokratie, trotz des Reichstags, noch ziemlich weit entfernt war. Die Kunst, die diesen Aufbruch gegen das Bestehende ins Blickfeld rückte, faszinierte den jungen Heuss, der selbst malte und damals auch Gedichte schrieb. Zum neuen Zeitgeist gehörte das Engagement für die sozial Schwachen. In seiner Ballade «Streik» stellte er sich auf die Seite der streikenden Fabrikarbeiter. Ein Sozialrevolutionär war Heuss aber nicht, dafür war er zu stark von klassischer Bildung geprägt.

Die Reichshauptstadt Berlin mit ihrem großbürgerlichen und kaiserlichen Glanz und dem sozialen Elend der Arbeiter in den sonnenlosen Hinterhöfen schärfte jedoch sein soziales Gewissen, vertiefte sein kritisches Bewusstsein und seine demokratische Gesinnung. Vom «großartigen geistigen Leben Berlin» inspiriert, kehrte er 1912 für einige Jahre nach Heilbronn zurück. Sein Studium hatte er in München quasi nebenher erfolgreich beendet: mit einer Dissertation über den Weinbau in seiner Heimat. Nun, mit achtundzwanzig Jahren, war er nicht nur Chefredakteur der «Neckar-Zeitung», die in Heilbronn erschien, sondern redigierte bis 1918 auch die Kultur- und Kunstzeitschrift «März».

Berlin und Heilbronn, diese so verschiedenen Städte, die kolossale Mehrmillionen-Metropole an der Spree und die alte schwäbische Stadt am Neckar, haben ihn geprägt; Berlin, die Stadt preußischer Prinzen und Großbürger; Heilbronn, die Stadt des «Käthchen von Heilbronn» von Heinrich Kleist, des unglücklichen Dichters, der sich an einem der Berliner Seen erschoss.

Das Kaiserreich hat auf Theodor Heuss, den geborenen Demokraten, keine Anziehungskraft ausgeübt. Und als es im November 1918 abrupt am Ende war, trauerte er ihm keinen Tag nach. Bei der Novemberrevolution war er nicht in Berlin, sondern in Heilbronn – bei seiner Mutter. «An dem 9. November war in Deutschland, so schien es, nicht nur die alte Staatsform zerbrochen mit ihrer geschichtlichen Macht, mit ihrem Symbolwert», erinnerte sich Heuss. Er bekannte sich zur Demokratie, kämpfte für eine neue, gerechtere und freiheitliche Ordnung.

Heuss hat sofort erkannt, dass im «Zerbrechen der alten Ordnung, für die der 9. November das symbolische Datum wurde», die Chance für ein demokratisches Deutschland lag. Am 15. November sprach er auf einer öffentlichen Versammlung in Stuttgart über den «Volksstaat», die Republik. In seinem Buch «Die neue Demokratie» kritisierte er dann bald die Parteienherrschaft und den Bürokratismus, an dem sich in der Republik nichts änderte. «Die Parteien verschaffen sich alle mehr oder weniger eine Legende, wonach sie Vertreter des Gesamtvolkes sind.»

Sein Wunsch, an den Beratungen für die demokratische Verfassung in der Nationalversammlung von Weimar teilzunehmen, auf der dann Friedrich Ebert zum ersten Reichspräsidenten gewählt wurde, erfüllte sich zu seinem Ärger nicht. Dreißig Jahre später war er jedoch einer der führenden Köpfe im Parlamentarischen Rat, der Institution der Väter der zweiten deutschen Republik und ihrer Verfassung in Bonn.

Da es ihm zunächst versagt blieb, in der «hohen» Politik und bei der Ausgestaltung der ersten Republik in Deutschland aktiv mitzuwirken, ging Heuss als Stadtverordneter seiner Partei in die Kommunalpolitik. Im Berliner Stadtparlament sammelte er gemeinsam mit Ernst Reuter erste Erfahrungen im Umgang mit Kommunisten und später auch mit dem Berliner Stadtverordneten der Nationalsozialisten, Joseph Goebbels. Die Berliner Stadtverordnetenversammlung, in der auch Wilhelm Pieck saß, spielte in der instabilen politischen Situation der Reichshauptstadt, wo es immer wieder zu Übergriffen und politischen Exzessen kam (man denke nur an die Ermordung von Rosa Luxemburg und Karl Liebknecht), eine wichtige Rolle. Als Studienleiter und Dozent der neu gegründeten Deutschen Hochschule für Politik in Berlin hielt Heuss seit 1920 Vorlesungen über Parteiengeschichte, Verfassungsfragen, Innenpolitik und Zeitgeschichte. Er schreibt und redet viel über die Erfolge und Misserfolge der jungen Republik.

Den 4. Mai 1924 bezeichnet Theodor Heuss als «Schicksalstag für das deutsche Volk». Bei den Wahlen, die an diesem Tag stattfinden, wird er in den Reichstag gewählt. Seine Partei, die Deutsche Demokratische Partei, sitzt mit in der Regierung. Wilhelm Marx, Zentrum, ist Reichskanzler und Gustav Stresemann von der Deutschen Volkspartei Außenminister. Im Februar 1925 stirbt der erste Reichspräsident Friedrich Ebert. Nach der Weimarer Verfassung muss das Staatsoberhaupt der Republik vom Volk gewählt werden. Die Deutschnationalen, zu dieser Zeit führend, nominieren den achtundsiebzigjährigen ehemaligen Feldmarschall Paul von Hindenburg für das höchste Staatsamt, das im Gegensatz zum Präsidentenamt der zweiten Republik keine «neutrale Macht» ist.

Theodor Heuss ist gegen die Kandidatur von Hindenburg, weil er dessen Wahl in weiser Vorausschau als ein Verhängnis für Deutschland ansieht. «Wir ehren den Marschall als große deutsche Persönlichkeit; aber wir würden gegen das Gebot innerer Wahrhaftigkeit verstoßen, wollten wir nicht sagen, dass wir seine Wahl für ein deutsches Unglück halten müssen», schreibt der Reichstagsabgeordnete im «Stuttgarter neuen Tagblatt». Hindenburg aber wird gewählt und nach sieben Jahren wiedergewählt.

Im Berliner Reichstag war Theodor Heuss eine geistige Zierde des Parlaments. Daneben debattierte er als Zweiter Vorsitzender des Schriftstellerverbandes engagiert über Schul- und Kulturpolitik. Als einer der Geschäftsführer des Deutschen Werkbunds war er schon seit 1918 ein Verfechter von modernem Industriedesign.

Zu seinem großen Kummer wurde Heuss für die nächsten Reichstagswahlen nicht nominiert. Erst 1930, als die Nationalsozialisten nach der SPD im Parlament zur zweitstärksten Partei wurden, gelang es ihm noch einmal, als Abgeordneter in den Reichstag einzuziehen. Seine Vorahnung vom deutschen Unglück wurde drei Jahre später traurige Wirklichkeit. Anfang 1933 wurde Adolf Hitler von Hindenburg zum Reichskanzler ernannt. Weder Theodor Heuss noch seine demokratischen Freunde haben Deutschlands unseligen Marsch in den Niedergang verhindern können.

Theodor Heuss gehörte zu den wenigen Politikern der Weimarer Republik, die die Gefahren, die von Hitlers martialischen Hirngespinsten ausgingen, erkannt und öffentlich vor dem kommenden Diktator gewarnt haben. In seinem 1932 erschienenen Buch «Hitlers Weg» schrieb er, die nationalsozialistische «Rassenkunde» sei für die Politik in Deutschland so gefährlich wie die Klassenkampftheorie von Karl Marx.

Kein Tag in der Geschichte der letzten Jahrhunderte war für Deutschland und die Welt von so entscheidender Bedeutung wie der 30. Januar 1933, als die Nationalsozialisten die Macht übernahmen, um ihr «Tausendjähriges Reich» zu errichten. Es wurde vom ersten Tag an mit Terror regiert.

Vor den letzten freien Reichstagswahlen, die bereits überschattet waren von den düsteren Wolken der kommenden Gewaltherrschaft, im März 1933, schrieb Heuss: «Die Gefahr ist riesengroß, dass es Hitler dieses Mal gelingt, gestützt auf den amtlichen Apparat, zusammen mit Hugenberg die erforderliche Mehrheit zu erringen, um ein einseitiges Parteiregime in Deutschland aufzurichten. Es geht um alles, was wir erstrebt und erreicht haben, um Freiheit des Staates, um die Freiheit des

Geistes, um die Freiheit der Wirtschaft.» Die Nationalsozialisten erreichten, was sie erstrebt hatten: die Macht über Menschen, Recht und Gesetz.

Als es im Reichstag zur Abstimmung über das Ermächtigungsgesetz kam, war Theodor Heuss dagegen. Aber bei der Abstimmung in der fünfköpfigen Fraktion seiner Partei unterlag er und gab deshalb, wie seine Fraktionskollegen, dem Gesetz, das der Machtwillkür alle Türen öffnete, seine Stimme – wider sein Gewissen. Diese «Schuld» hat Heuss bis in seine Zeit als Bundespräsident belastet. Wenige Tage nach der Abstimmung verlor Theodor Heuss sein Reichstagsmandat und seine Ämter. Er war von nun an «nur» noch politischer Publizist, wissend, dass er nicht mehr all das schreiben durfte, was ihm seine Überzeugung und die Erfahrungen jener Jahre eingaben. Als er Ärger mit dem Reichspropagandaministerium bekam, veröffentlichte er seine Artikel in der «Frankfurter Zeitung» unter dem Pseudonym Thomas Brackheim.

Heuss leidet nicht physisch oder materiell, wohl aber geistig und psychisch unter der Unfreiheit der NS-Diktatur. 1943 verlässt er wegen der zunehmenden Bombenangriffe auf Berlin die Reichshauptstadt und zieht nach Heidelberg zu seiner Schwägerin. Seine Familie – der Sohn Ludwig wurde 1910 geboren – überlebt ohne großen Schaden NS-Herrschaft und Krieg.

## «Kultminister» und Symbolfigur

Demokraten der letzten Stunde vor Hitlers Machtübernahme 1933 sind, soweit nicht im Exil oder umgekommen, wieder die Politiker der ersten Stunde nach dem Ende des «Tausendjährigen Reiches», das zwölf bittere Jahre währte und nicht nur Deutschland in den Abgrund riss.

Deutschland ist ein ausgeblutetes, besiegtes und besetztes Land, in vier Besatzungszonen geteilt. Nach der bedingungslosen

Kapitulation im Mai 1945 geht die oberste und alleinige Regierungsgewalt vom Alliierten Kontrollrat der vier Siegermächte aus.

Im Herbst 1945 besucht ein Offizier der amerikanischen Militärbehörde Theodor Heuss in seiner Heidelberger Dachwohnung. Als der unerwartete Gast den abgemagerten ehemaligen Reichstagsabgeordneten und «ungebeugten Demokraten» fragt, ob er Kultusminister der provisorischen Regierung in Stuttgart werden wolle, antwortet Heuss: «Ja, wenn Sie mir ein Dienstmädle verschaffen», denn wegen des Herzleidens seiner Frau Elly hatte er die Hausarbeit übernehmen müssen.

Heuss wird «Kultminister». Es ist sein erstes Ministeramt. Zuständig für die Kultur, die Schulen und Hochschulen, ist er in seinem ureigenen Element. Die Universitäten, Bibliotheken, die Theater und Kulturinstitute müssen politisch und geistig vom bösen Geist des Nationalsozialismus «gereinigt» werden. Im März 1946 spricht Heuss in Berlin auf Einladung des Kulturbundes der sowjetischen Besatzungszone vom «schweren Weg der Selbstreinigung, den wir gehen müssen» und mahnt, die bösen Dinge nicht wie einen wüsten Traum hinter sich zu werfen.

Die 1946 in Stuttgart von ihm mitbegründete Demokratische Volkspartei, die liberale Partei in Württemberg, tagt im Staatstheater. Bei den Landtagswahlen im Oktober 1946 bekommt die «Heuss-Partei» fast zwanzig Prozent der Wählerstimmen. Dennoch muss Theodor Heuss zugunsten eines CDU-Landespolitikers auf das Amt des Kultusministers verzichten. Er wird Honorarprofessor für politische Wissenschaft und neuere Geschichte an der Technischen Hochschule Stuttgart.

Überall in den Ländern der drei westlichen Besatzungszonen und auch im sowjetisch besetzten Mitteldeutschland entstehen Parteien und neue politische Zentren, teils von den Siegermächten, die über die Errichtung befinden, gefördert, teils mit Nachdruck auf den Weg gebracht, den die keineswegs einheitliche Deutschlandpolitik der Amerikaner, Engländer, Franzosen und Sowjetrussen, Inhaber der absoluten Regierungsgewalt, bestimmt. Wird es je wieder einen eigenständigen deutschen Staat geben? Aus den Nachkriegskonstellationen der Weltpolitik mit der sich abzeichnenden Spaltung in zwei Lager und auch aus der wirtschaftlichen, der Existenznot auf deutschem Boden entstehen 1947 die «Bizone» der englischen und amerikanischen Besatzungszone und 1949 die «Trizone» mit der französischen.

Dann soll die zweite Republik so schnell wie möglich und so demokratisch wie erforderlich entstehen. Nach den Verfassungen der von den Alliierten geschaffenen Länder soll jetzt auch eine «Bundesverfassung» erarbeitet, beschlossen und verabschiedet werden.

Um eine Verfassung auszuarbeiten, konstituiert sich im September 1948 in Bonn der von den westdeutschen Länderministern gewählte Parlamentarische Rat unter der Führung von Konrad Adenauer. Der ehemalige Oberbürgermeister von Köln und Mitbegründer der rheinischen CDU hat die parlamentarische Versammlung in die Universitätsstadt am Rhein, wo er vor fünfzig Jahren sein juristisches Examen bestand, eingeladen und nicht nach Frankfurt, wo genau hundert Jahre vorher das erste deutsche Parlament in der Paulskirche getagt hatte.

Was Theodor Heuss bei der Grundsteinlegung der Weimarer Republik versagt geblieben war, nämlich in der Nationalversammlung an der demokratischen Verfassung mitzuwirken, das kann er nun als Delegierter der Liberaldemokraten im Parlamentarischen Rat nachholen. Als in der dritten Sitzung über den Namen des neuen deutschen Staates in Westdeutschland beraten wird, sagt er mit sonorer Stimme: «Ich würde bitten, in die Diskussion hereinzunehmen, dass wir uns heute einfach Bundesrepublik Deutschland nennen.» Sein Vorschlag wird ohne Widerrede akzeptiert.

Als darüber debattiert wird, ob diese Bundesrepublik Deutschland ein Staatsoberhaupt bekommen soll, spricht er sich dafür aus: «Vergessen Sie nicht die Symbolkraft, die davon ausgeht.» Carlo Schmid, einer der führenden Vertreter der Sozialdemokraten im Parlamentarischen Rat, hatte dafür plädiert, auf «einen Bundespräsidenten im klassischen Verstande der republikanisch-demokratischen Verfassungstradition der westlichen Welt zu verzichten». Doch sein Vorschlag fand keine Mehrheit.

Heuss, der in der Weimarer Republik miterlebt hatte, wie bei den Direktwahlen des Reichspräsidenten dieser schon vor seiner Nominierung in den Strudel parteipolitischer Streitereien hineingezogen wurde, plädierte für eine Wahl des Bundespräsidenten durch eine Bundesversammlung. «Der Bundespräsident wird ohne Aussprache von der Bundesversammlung gewählt», heißt es im Artikel 54 des Grundgesetzes. «Wählbar ist jeder Deutsche, der das Wahlrecht zum Bundestage besitzt und das vierzigste Lebensjahr vollendet hat.»

Vier Jahre nach der bedingungslosen Kapitulation Deutschlands, am 8. Mai 1949, wird das Grundgesetz für die Bundesrepublik vom Parlamentarischen Rat beschlossen; am 23. Mai wird es offiziell verkündet. Mit der Verfassung ist «ein ganz kleines Stück festen Bodens für das deutsche Schicksal geschaffen», erklärt Heuss.

In die Beratungszeit des Parlamentarischen Rates fiel sein fünfundsechzigster Geburtstag. Heuss ist jetzt ein hoch geachteter und über den Kreis der Parteifreunde hinaus geschätzter Politiker. Arbeitsreiche Jahre liegen noch vor ihm.

## Erste Wahl

Der sonnige Sommer 1949 bringt «historische Monate» für die Bundesrepublik Deutschland, wie der westliche Teil des einstigen Deutschen Reiches seit der Verkündung des Grundgesetzes nunmehr heißt. Der erste Bundestag konstituiert sich in Bonn, der erste Bundespräsident und der erste Bundeskanzler sind zu wählen.

Vor der Bundestagswahl vom 14. August hatte Theodor Heuss, seit Dezember 1948 erster Bundesvorsitzender der

Freien Demokraten, Wahlkampfreden gehalten. Seine Partei erhielt knapp zwölf Prozent der Stimmen. Nach den Wahlen musste der Bundeskanzler, zuvor aber der Bundespräsident gewählt werden, weil dieser den Regierungschef, den Kanzler, zu ernennen hat. Nach dem Wahlergebnis könnten die Christdemokraten, die zwar nur einunddreißig Prozent der Stimmen erhalten hatten – die Sozialdemokraten knapp dreißig Prozent –, mit den Liberalen eine Regierung bilden.

Der Name Theodor Heuss war im Zusammenhang mit der Präsidentenwahl schon mehrfach gefallen; aber würden die Christdemokraten einen Liberalen zum ersten Bundespräsidenten wählen? Würde Konrad Adenauer, der führende Kopf der CDU, als Kanzler womöglich einer Regierung mit den Sozialdemokraten vorstehen?

Bei den Beratungen über die Nominierung des Bundespräsidenten war Heuss nicht in Bonn. Konrad Adenauer, der als glänzender politischer Schachspieler bereits alle Figuren auf dem Brett der Bonner Politik hin und her rückte, hatte seine politischen Freunde in sein Haus in Rhöndorf eingeladen, um mit ihnen zu beraten, wie man die Machtpositionen am besten verteilen sollte, zu seinen und der CDU Gunsten.

«Für die CDU/CSU war jetzt die Frage, mit welcher Partei sie die Regierung bilden sollte. Sollte sie mit der SPD eine Große Koalition bilden oder mit der FDP und noch einer weiteren Partei die so genannte Kleine Koalition?», notierte Adenauer in seinen «Erinnerungen».

Adenauer, noch nicht Kanzler, aber mit dem starken Willen, es zu werden: «Wenn Heuss zum Bundespräsidenten gewählt wird, wird er einen Mann von uns zum Bundeskanzler vorschlagen.» Dieser Mann konnte selbstverständlich nur Konrad Adenauer sein. Ohne längere Aussprache waren sich die alten Herren in Rhöndorf schnell einig, Theodor Heuss zum Bundespräsidenten zu wählen, mit den Stimmen aller Parteien.

Es kam dann am 12. September 1949 bei der Wahl zum ersten Bundespräsidenten durch die 804 Wahlmänner dann doch etwas anders, als Adenauer es sich gewünscht hatte. Ihm war es nicht gelungen, den Vorsitzenden der Sozialdemokraten, Kurt Schumacher, zu bewegen, auf eine eigene Kandidatur für das Präsidentenamt zu verzichten, sodass Theodor Heuss erst im zweiten Wahlgang gewählt wurde.

Die Wahl von Heuss zum ersten Präsidenten der Bundesrepublik Deutschland war eine erste Wahl im doppelten Wortsinn. Heuss wurde das wohl angesehenste Staatsoberhaupt, das Deutschland bisher gehabt hatte. Kein Fürst, kein Feldherr, kein Massenverführer, dafür ein Bürger mit hoher Bildung und Kultur, ein Mann der Wissenschaft und Literatur. In der Rede, die er im Anschluss an seine Wahl hielt, erinnerte er an Goethe, der vor zweihundert Jahren in Frankfurt zur Welt gekommen war, und an Beethoven, der in Bonn geboren wurde, und daran, «dass in diesen beiden Männern aus deutschem Mutterboden Weltwerte geworden sind, vor denen wir selber stolz und bescheiden stehen. Sie mögen uns in der Zerschlagenheit der Zeit Festigung und Trost bedeuten.»

Im Bewusstsein seiner Verantwortung vor Gott trat Heuss das hohe Amt an. Am Abend des Wahltags jubelten ihm die Bonner auf dem Rathausplatz zu und sangen «Großer Gott, wir loben Dich».

## Auf der Viktorshöhe

Das Amt des Bundespräsidenten war zunächst das schwierigste in der Bonner Republik. Heuss musste einen Staat souverän repräsentieren, den es als souveränen Staat noch gar nicht gab.

Im April 1949 hatten in Washington die Außenminister der drei Westmächte das Besatzungsstatut für Westdeutschland unterzeichnet. Nach seinem Inkrafttreten im September löste es die Militärregierungen durch die Hohe Alliierte Kommission mit

John McCloy (USA), André François-Poncet (Frankreich) und Sir Brian H. Robertson (Großbritannien) ab. Sie übten die politische Kontrolle aus und waren gehalten, die Entwicklung des besiegten Deutschland zu einem demokratischen Rechtsstaat zu kontrollieren und sicherzustellen.

«Was ist denn das Amt des Präsidenten der Deutschen Bundesrepublik? Es ist bis jetzt ein Paragraphengespinst gewesen. Es ist von dieser Stunde an ein Amt, das mit einem Menschtum gefüllt ist», bekannte Theodor Heuss über sich als Bundespräsident.

Auf der «Viktorshöhe», einer großbürgerlichen Villa, hatte der Bund für den Bundespräsidenten, ohne zu wissen, wie dieser heißen würde, eine Residenz eingerichtet. Sie lag in einem großen Park, einige Kilometer entfernt vom Palais Schaumburg, in dem sich Konrad Adenauer etablierte.

«Wir sitzen in keinem Schloss, wie in den Zeitungen steht. Wir sitzen in ein paar Stuben, und diese Stuben sind der Magnet der Hoffnung und der Verzweiflung der Deutschen geworden», sagte Heuss in seiner Abschiedsrede vor dem Stuttgarter Landtag. Aber in diesem verhältnismäßig schlichten Bau mit Räumen im Jugendstil und umgeben von geliehenen Bildern aus dem Kölner Wallraf-Richartz-Museum konnte Theodor Heuss, wie er es seit seiner Jugend gewohnt war, bürgerlich leben und arbeiten. Für Staatsempfänge war die Villa viel zu eng, dafür standen Schloss Augustusburg in Brühl und die kurfürstliche Redoute in Bad Godesberg zur Verfügung.

Einen Tag nach seiner Wahl lädt Heuss jene, die ihn gewählt hatten, zum Nachmittagsempfang in das Barockschloss in Brühl ein, am nächsten Morgen bittet er die Vertreter der «ausländischen Mächte» in die Redoute. Der gerade amtierende Hohe Kommissar François-Poncet hält die Laudatio und spricht von der «geschichtlichen Bedeutung dieser Wahl» für Deutschland und seine Nachbarn. Er würdigt Heuss' geistige und moralische Integrität, verweist auf die allgemeine Achtung, die ihm die Landsleute entgegenbringen.

Doch die Deutschen kennen ihr Staatsoberhaupt kaum. Heuss reist in die Hauptstädte der Bundesländer und besucht Berlin. Und wohl auch zu seiner eigenen Überraschung wird er überall herzlich begrüßt und gefeiert. In Berlin jubeln ihm zweihundert Menschen vor dem Schöneberger Rathaus zu. Wo immer er dann hinreist und zu seinen «Mitbürgern» mit sonorer Stimme spricht, mahnt er seine Zuhörer, in der Not die Freude am Leben nicht zu vergessen.

Die Journalisten loben ihn als bescheiden und schlicht, aber gerade das war Heuss nicht. Er stellte hohe Ansprüche an sich und sein Amt. «Es ist mir nur schwer erträglich, dass in allen Zeitungen steht, dass ich schlicht, einfach, bescheiden, gütig, weise und so fort sei. Ich habe die Presse jetzt wiederholt gebeten, mich nicht zu verkitschen, sonst werde ich bald etwas wie der ‹Opa› der Deutschen, und das ist etwas beschwerlich.» Originalton Theodor Heuss.

## Die Villa Hammerschmidt

«Es ist besser, Adenauer näher zu sein als dem lieben Gott.» Mit dieser ironischen Bemerkung wechselte Theodor Heuss von der einsam gelegenen Villa Viktorshöhe in Bad Godesberg-Schweinheim in die Nachbarschaft des Kanzlers, der im Palais Schaumburg selbstherrlich und souverän regierte, in die Villa Hammerschmidt am Rhein.

Die weiße Villa, in die der erste Präsident der Bundesrepublik im Dezember 1950 einzog, war von da an der ständige Amts- und Wohnsitz für das deutsche Staatsoberhaupt. Die auf dem Dach wehende gelbe Fahne mit dem schwarzen Bundesadler mit roten Krallen, der an den preußischen Adler erinnert, signalisiert, dass der Bundespräsident in Bonn anwesend ist. Die Villa Hammerschmidt, offiziell «Haus des Bundespräsidenten» genannt, ist, als Bonn noch Regierungssitz war, weit über

Deutschland hinaus bekannt geworden. Hohe Repräsentanten aus fast allen Teilen der Welt waren hier zu Gast, Präsidenten und Parteiführer, Minister, Kaiser, Könige und Königinnen.

Den Berliner Amtssitz des Bundespräsidenten, das Schloss Bellevue, hat Heuss nach der Beseitigung der Kriegsschäden zwar eingeweiht, er hat dort aber nie gewohnt. Seit 1998 setzt Bellevue, nahe dem Regierungsviertel der neuen Hauptstadt gelegen, die Tradition der Villa Hammerschmidt fort.

Ihren Namen hat die Villa nach dem Geheimen Kommerzienrat Rudolf Hammerschmidt, doch gebaut hat sie ein in Russland reich gewordener deutscher Zuckerbäcker. Der Bau erinnert in seiner Architektur an den Zarenpalast auf der Krim, in dem 1945 die Konferenz von Jalta stattfand. Die Bundesrepublik hatte das im vorigen Jahrhundert errichtete Gebäude, halb Villa, halb Palais, für 750 000 Mark gekauft. Heuss, ein Anhänger des Bauhaus-Stils, ließ den überflüssigen Zierrat der Gründerzeit beseitigen und die Villa von einem ihm bekannten Architekten versachlichen. Elly Heuss-Knapp, seine Frau, stattete den Amtssitz mit Möbeln aus den Schlössern Brühl, Ludwigsburg, Würzburg und Stuttgart repräsentativ-bürgerlich aus.

Die Villa Hammerschmidt wurde nach dem Wunsch von Theodor Heuss zum Haus der Begegnung mit Menschen aller Volksschichten und Altersgruppen; besonders gerne empfing er Jugendliche. Neben Diplomaten, offiziellen Staatsgästen und Vertretern der Öffentlichkeit waren es vor allem Künstler und Gelehrte, Freunde aus früheren Zeiten, die ihn besuchten.

Mit schwäbischem Understatement sprach Theodor Heuss vom «Amt», wenn er über seine Aktivitäten als Staatsoberhaupt sprach. «Das Amt, in das ich vom Schicksal gestellt wurde», und dessen Pflichten er ohne euphorische Illusion, aber mit einem sicheren Stilgefühl wahrnahm, füllte ihn bis in die Nachtstunden aus. Voll erkannte und nutzte er die Möglichkeiten, die ihm jenes Amt bot. Sein politisches Handeln war zwar durch die Verfassung, an der er mitgewirkt hatte, begrenzt. Das Amt des

Bundespräsidenten war für Heuss jedoch ein eminent politisches. Er wirkte mit an der demokratischen Ausgestaltung der Republik und der politischen Kultur, die es erst einmal zu schaffen galt.

An der Spitze des Bundespräsidialamtes steht nicht der Bundespräsident. Das Staatsoberhaupt hat zwei Benennungen. Für das Ausland ist er der «Präsident der Bundesrepublik Deutschland», im Inland nennt er sich «Bundespräsident». Chef des Amtes ist ein Staatssekretär. Heuss holte sich den Diplomaten Manfred Klaiber in die Villa Hammerschmidt, dem 1957, als Klaiber Botschafter wurde, Theodor Bleek folgte. Der Staatssekretär darf an den Kabinettssitzungen im Palais Schaumburg teilnehmen und unterrichtet anschließend den Bundespräsidenten über die Beratungen und Beschlüsse der Regierung.

Theodor Heuss hat den Amtssitz des Bundespräsidenten nicht nur eingerichtet, er hat auch die Weichen für das höchste Staatsamt gestellt. Die richtigen, wie sich zeigte. An die Kaiserzeit, die dreißig Jahre vor seiner «Inthronisierung» untergegangen war, erinnert nur noch, dass der Bundespräsident die Bundesrepublik völkerrechtlich vertritt, die Botschafter zur Überreichung ihrer Beglaubigungsschreiben empfängt, zu Staatsbesuchen ins Ausland reist und aus allen Bevölkerungsschichten Bittschreiben erhält.

Staatsbesuche finden vorerst noch nicht statt, die Bundesrepublik Deutschland ist noch kein souveräner Staat. Aber der Präsident erhält zahllose Bittbriefe von Heimatvertriebenen, Ausgebombten, Verzweifelten und Verarmten, auch von Freunden. Der Dichter Alfred Döblin ist darunter und seine Jugendliebe aus Heilbronn, Anna von Marchtaler, die Heuss bittet, vor ihrem Haus eine Bushaltestelle einzurichten. Doch so weit reicht der Arm des Präsidenten der Republik nicht. Für mittellose Künstler wird die «Deutsche Künstlerhilfe» geschaffen.

Heuss war zeitlebens ein engagierter politischer Publizist. Er blieb es auch als Bundespräsident. «Er bestimmt nicht die Richtlinien der Politik, aber er könnte gleichsam ein Zensor sein», meinte Karl Jaspers, den Theodor Heuss aus seiner kurzen Heidelberger Zeit kannte. Die öffentliche Rede ist das wirksamste Mittel des Präsidenten, um Einfluss auf die Politik und die demokratische Willensbildung und die noch unerfahrene Republik zu nehmen, die auf den Trümmern der Diktatur und des verlorenen Krieges aufgebaut werden muss. Mit großem Fleiß, bei Rotwein und einer dicken Zigarre, schreibt Heuss in den Nachtstunden seine großen und kleinen Reden.

Dass ihn von Konrad Adenauer, der im nachbarlichen Palais mit starker Hand regiert, nur ein niedriger Zaun trennt, ist Glück für ihn, für Adenauer und die Deutschen. Die beiden ersten Männer der Bundesrepublik können ihre Gedanken austauschen, sich abstimmen und Weichen stellen, bevor Entscheidungen zu treffen sind, etwa wenn Staatsbesucher aus dem Ausland kommen. Zwischen den beiden so ungleichen Charakteren gibt es mehr Übereinstimmung, als man weiß – zumindest in den ersten fünf Jahren. Aber nicht Heuss besucht Adenauer in der Machtzentrale, der acht Jahre ältere Bundeskanzler kommt am Abend zu Heuss in die Villa Hammerschmidt.

Sie ist kein Zentrum der Macht, keine Schaltzentrale. Auch wenn der Amtssitz des Bundespräsidenten direkt neben dem Kanzleramt liegt, so ist es doch nicht der Präsident, der die Geschicke der westdeutschen Innen- und Außenpolitik mitlenkt. Sein Einfluss liegt auf ganz anderem Gebiet.

## Schatten der Vergangenheit

«Wir haben den Tod durch unser Heimatland marschieren sehen, wir haben ihn in viele Länder getragen.» Viele Millionen trauerten. Das Deutschland von 1945 war noch lange danach eine Trümmerwüste, die Städte ein einziger Schutthaufen. Unzählige Menschen auf der Suche nach einem Heim, nach Heimat, nach Arbeit, nach ihren Angehörigen. Sie brauchten neben materieller Hilfe vor allem Trost und Hoffnung.

Die Stimme von Theodor Heuss, seine Worte über das, was geschehen war und das Bessere, das nun kommen sollte und musste, war eine Stimme der Hoffnung. Nach den schrillen Tiraden der NS-Herrscher hörten die Deutschen endlich wieder warme menschliche Worte, die aber nicht nur die blutenden Herzen ansprachen.

Die Schatten der Vergangenheit waren lang. Die traurige jüngste Geschichte Deutschlands begleitete Heuss von der ersten Stunde an, mit ihr wurde er fast täglich konfrontiert. Was im Namen von Deutschland durch den Ungeist der NS-Zeit Böses geschehen war, quälte ihn wie alle, ob sie davon gewusst hatten oder nicht. «Es hat keinen Sinn, um die Dinge herumzureden. Das scheußliche Unrecht, das sich am jüdischen Volk vollzogen hat, muss zur Sprache gebracht werden in dem Sinn: Sind wir, bin ich, bist du schuld, weil wir in Deutschland lebten?» Heuss war Wissender und Unwissender, wie die meisten seiner Landsleute. Bei der Einweihung des Gedenksteins im ehemaligen Konzentrationslager Bergen-Belsen im November 1952 sagte er: «Ich habe das Wort Belsen zum ersten Mal im Frühjahr 1945 aus dem britischen Rundfunk gehört, und ich weiß, dass es vielen in diesem Lande ähnlich gegangen ist.» Statt von Kollektivschuld sprach er von der Kollektivscham.

Unrecht ist gegen Ende des Krieges und danach auch an Deutschen geschehen. Heuss sprach vom Widersinn der Vertreibung. Doch: «Gewalttätigkeit und Unrecht sind keine Dinge, die man für eine wechselseitige Kompensation gebrauchen soll und darf.» Wahrheiten auszusprechen, auch die unbequemen, das war eine seiner großen Stärken.

Fast alle ehrwürdigen Traditionen waren durch den Machtmissbrauch der Nationalsozialisten zerstört. Theodor Heuss wollte deshalb eine neue Nationalhymne für die Bundesrepublik «stiften». Die «hohen Kontrollmächte» hatten 1945 den Deutschen eine Nationalhymne verboten, doch war der Bundespräsident nach seinem Amtsantritt befugt, eine neue Hymne einzuführen. Heuss wollte das «Deutschlandlied» von Hoffmann von Fallersleben, auch wenn er es großartig fand, nicht übernehmen, da «Deutschland, Deutschland über alles» zwölf Jahre missbraucht worden war. (Friedrich Ebert, der aus der deutschen Sozialdemokratie hervorgegangene Präsident, hatte in der Weimarer Republik das Deutschlandlied als Nationalhymne eingeführt.)

Nach Heuss' Aufforderung, eine neue deutsche Hymne zu dichten und zu komponieren, gingen über tausend Einsendungen im Bundespräsidialamt ein. Heuss entschloss sich für den Text des mit ihm befreundeten Dichters Rudolf Alexander Schröder. Aber nicht nur Konrad Adenauer, auch vielen Sozialdemokraten gefielen die Verse von Schröder – «Land des Glaubens, deutsches Land» – nicht. Da Adenauer meinte, es sollte vermieden werden, wegen der Nationalhymne einen Streit ins Volk zu tragen, gab Heuss nach. Es wurde ein Kompromiss gefunden und im Sommer 1952 die dritte Strophe des Deutschlandliedes zur neuen Nationalhymne nach alter Melodie von Haydn erklärt: «Einigkeit und Recht und Freiheit.»

## Eleonore Heuss-Knapp

Am 11. April 1908 traute Albert Schweitzer in Straßburg den vierundzwanzigjährigen Theodor Heuss und die siebenundzwanzigjährige Eleonore Knapp, Tochter des Straßburger Professors für Nationalökonomie Georg Friedrich Knapp. Das Brautpaar hatte sich drei Jahre zuvor in Berlin im Hause von Friedrich Naumann, dem von beiden Bewunderten, kennen gelernt.

Berlin wird Wohnort und vorläufige Heimat. Elly Heuss-Knapp, wie sie sich nannte, hatte schon vor ihrer Ehe in Schriften und Vorträgen über Bürgerkunde und Volkswirtschaftslehre für Frauen ihre Gedanken verbreitet und blieb auch als Ehefrau beruflich tätig. Ihre Lehrtätigkeit im Berliner Pestalozzi-Fröbel-Haus und ihre Aktivitäten auf sozialem Gebiet wurden nur kurz unterbrochen durch die Geburt des Sohnes Ernst Ludwig im Sommer 1910. Sie war und blieb politisch aktiv. Mit ihrem Mann bewarb sie sich 1919 um ein Mandat für die Nationalversammlung, hielt Wahlreden für die Deutsche Volkspartei und trat gegen Clara Zetkin von den Kommunisten auf. Beide verloren die Wahl.

Die große Veränderung im Leben der Familie Heuss, die inzwischen Besitzer eines Eigenheims in der Kamillenstraße von Berlin-Dahlem geworden war, vollzog sich, als die Nationalsozialisten 1933 ihre Herrschaft antraten. Theodor Heuss verlor seinen Posten als Dozent an der Hochschule für Politik und das 1930 wiedergewonnene Reichstagsmandat. Schließlich, 1936, ging auch noch «Die Hilfe» ein, die Zeitschrift, die sie jahrelang vor finanzieller Not bewahrte.

Elly Heuss-Knapp, die nicht mehr angehende Kindergärtnerinnen unterrichten durfte, wird Expertin für die Werbung von Industrieprodukten und führt für einige die Rundfunkwerbung ein. Sie wirbt mit Slogans, bei deren Formulierung ihr Mann manchmal heimlich mithilft – Reklamesprüche für Persil, für Zigaretten, für Schuhe und Nivea. Im Krieg entstehen gelegentlich auch Texte für das Propagandaministerium.

Als bei einem Luftangriff 1943 eine Sprengbombe auf ihr Berliner Haus fällt, es aber nicht zerstört, zieht das Ehepaar Heuss zu Ellys in Heidelberg lebender Schwester. Sohn Ludwig bleibt im Haus wohnen und überlebt den Krieg in seiner Position bei der Reichsstelle für Lederwirtschaft. Im August 1945 heiratet er Hanne Elsas, die Tochter des früheren Berliner Bürgermeisters, der als Jude von den Nazis ermordet worden war. Elly und Theodor Heuss können zur Hochzeit nicht nach Berlin fahren. (Die Schwiegertochter Hanne nahm sich 1958 das Leben. Ernst Ludwigs zweite Frau, Ursula Wolf, hat zunächst den Nachlass von Theodor Heuss verwaltet.)

Wie schon nach dem Ersten Weltkrieg, kandidieren Theodor und Elly Heuss auch nach 1945 wieder für die liberale Partei, die in Süddeutschland Demokratische Volkspartei (DVP) heißt. Beide gewinnen sie in Stuttgart ein Landtagsmandat. Elly Heuss-Knapp arbeitet in sozial- und kulturpolitischen Ausschüssen und ist kaum weniger beschäftigt als Theodor Heuss als Kultminister.

Elly Heuss war achtundsechzig Jahre alt, als ihr Mann zum Bundespräsidenten gewählt wurde. Nach ihrer Meinung war er für dieses hohe Amt prädestiniert. Aber auch sie war wegen ihres sozialen Engagements – in Stuttgart hatte man ihr den Titel einer «Landesmutter» zugedacht – für ihre künftigen Aufgaben gerüstet. In Bonn konnte Elly Heuss-Knapp sich dann wirklich als Landesmutter bewähren.

Die tausend Tage als First Lady brachten ihr die Erfüllung ihres Lebens. Nicht nur soziale Fragen lagen ihr am Herzen, sie verstand sich auch auf Repräsentation, so bescheiden und unterentwickelt diese in den ersten Jahren der Bundesrepublik auch war. Mit Geschmack und sicherem Stilempfinden richtete sie selbst die Repräsentationsräume der Villa Hammerschmidt ein. An der Seite von Theodor Heuss bewegte sie sich mit kluger Zurückhaltung und damenhafter Würde, so lange es ihr Herzleiden erlaubte.

Wie ihr Mann hatte auch sie kein Vorbild. Lange bevor sie nach Bonn kam, hat sie sich mit der preußischen Königin Luise, die sie eine «Nationalheilige» nannte, intensiv beschäftigt. Besonders engagierte sie sich für die Mütter, die sich im Krieg und in der dürftigen Zeit danach für ihre Kinder aufopferten. Sie gründete das Deutsche Müttergenesungswerk, das noch heute ideell von den Präsidentenfrauen als Schirmherrinnen betreut wird. Für die Rolle der Landesmutter war sie hervorragend geeignet. Aber ihre Krankheit verschlimmerte sich. Konrad Adenauer besuchte sie. Als sie am 19. Juli 1952 in einer Bonner Universitätsklinik starb, ordnete der Bundeskanzler ein Staatsbegräbnis für sie an – zum ersten Male für eine Frau in Deutschland.

## Protokoll und Diplomatisches Corps

Er wolle kein «bloßer Repräsentationsonkel» sein, hatte Theodor Heuss gleich zu Beginn seiner Präsidentschaft erklärt. Aber er hat die Wichtigkeit einer angemessenen öffentlichen Selbstdarstellung für die junge Bundesrepublik vom ersten Tag an akzeptiert.

Während für Monarchen die Zurschaustellung höfischer Macht etwas völlig Selbstverständliches und standesgemäßes Auftreten kein Problem ist, stießen in der jungen Republik öffentliche Szenarien mit staatlichen Machtsymbolen vielfach auf Kritik. Es zeigte sich jedoch bald, dass Heuss mit seinem sicheren Stilgefühl für «bürgerlichen Anstand» das rechte Maß fand. Der Luxus, mit dem Landesfürsten sich einst von ihren Untertanen bewusst absonderten, hatte weder in Bonn noch sonstwo in der Bundesrepublik eine Chance; er wäre auch nicht zeitgemäß gewesen und hätte der demokratischen Gesinnung des ersten Präsidenten widersprochen. Kalte bürgerliche Pracht empfand er allerdings als ebenso überholt.

Theodor Heuss war zu sehr Individualist, um sich ins enge Korsett des Protokolls zwängen zu lassen. Andererseits war er froh, dass es ein Protokoll gab, das für ihn alle öffentlichen Auftritte regelte und ihm dennoch die Freiheit ließ zur persönlichen Selbstdarstellung, die er meisterhaft beherrschte. Sein erster Protokollchef Hans von Herwarth, ein Diplomat alter Schule aus dem Berliner Auswärtigen Amt in der Wilhelmstraße, respektierte die Individualität des Bundespräsidenten und war ihm ein verständnisvoller Berater, nicht nur in Stilfragen.

Erst nach dem 5. Mai 1955, dem Tag, an dem die Alliierte Hohe Kommission aufgelöst, das Besatzungsstatut aufgehoben und die Bundesrepublik Deutschland ein souveräner Staat wird, erhält Bonn auch ein Diplomatisches Corps. Der Bundespräsident gibt am Abend einen Empfang mit Frack und Ordensschärpen.

Aus den Hohen Kommissaren waren Botschafter geworden.

Fast alle Staaten des Westens und die demokratischen Länder Lateinamerikas nahmen sofort mit Bonn diplomatische Beziehungen auf, auch Japan, Thailand, Persien, Afghanistan und Äthiopien. Im September, nach dem Besuch von Konrad Adenauer in Moskau, tauscht auch die Sowjetunion mit der Bundesrepublik Botschafter aus. Monate später, im Januar 1956, empfängt Bundespräsident Theodor Heuss in der Villa Hammerschmidt den ersten sowjetischen Botschafter, Valerian Sorin, zur Überreichung seines Beglaubigungsschreibens. In Moskau, im Kreml, wird Hans Kroll als erster deutscher Nachkriegsbotschafter akkreditiert.

Das Diplomatische Corps, in den fünfziger Jahren sozusagen noch «klein und fein», bringt ein wenig Glanz in den provinziellen Regierungssitz am Rhein. In der provisorischen Bundeshauptstadt – damals glaubten noch viele, dass es tatsächlich nur eine vorläufige Hauptstadt sein würde – entstand die «Bonner Gesellschaft». Wie in allen Hauptstädten der Welt und früher in Berlin, scharten sich nun auch in Bonn ehrgeizige oder auch nur eitle Menschen um die neuen Mächtigen, um dabei zu sein, wenn die Regierenden, wie in monarchischen Zeiten, nun bescheiden Hof halten.

In Bonn wurde das Diplomatische Corps somit eine der Säulen der neuen «Society» aus Politik, Diplomatie, einem bisschen Geld und viel Adel. Über die traditionell bürgerliche Gesellschaft der Universitätsstadt brach eine Flut einflussreicher, oft auch nur gesellschaftlich ambitionierter Menschen herein. Die zuerst nach Bonn kamen, waren auch sonst bald die Ersten. Soziale Schranken spielten bei ihrem Aufstieg kaum eine Rolle, die Parteizugehörigkeit war oft wichtiger als Herkunft, Bildung und Charakter.

Besonders viele Adelsangehörige aus Berlin zog es von den unattraktiv gewordenen Ufern der Spree an die jetzt illustren Gestade des Rheins. Theodor Heuss, bürgerlich bis zu den Urahnen, war davon kaum zu beeindrucken. Sein zweiter Protokollchef wurde ein Bürgerlicher, Ernst Günther Mohr, ein gelernter Diplomat wie alle Protokollchefs der Bundesregierung. Dies, weil das Protokoll im Auswärtigen Amt sein Domizil hat und zuständig ist für den Bundeskanzler, den Außenminister und die Kontakte zum Diplomatischen Corps.

Mit großen Ehren, aber wenig Pomp empfing Bonn seine ausländischen Gäste. Erster Gast von Bundespräsident Heuss war der Kaiser von Äthiopien, Haile Selassie, «König der Könige». Als zweiter hoher Staatsgast kam der Schah von Persien, Mohammed Reza Pahlawi mit seiner zweiten Frau, Kaiserin Soraya, deren Vater, Khalil Esfandiarij, in Bonn persischer Botschafter war. Zum Frack durften wieder Orden getragen werden.

Am zweiten Jahrestag der Gründung der Bundesrepublik stiftete Theodor Heuss den Verdienstorden der Bundesrepublik Deutschland, um «verdienten Männern und Frauen des deutschen Volkes und des Auslands Anerkennung und Dank sichtbar zum Ausdruck zu bringen». Der Verdienstorden wird in acht Stufen verliehen, als Medaille, unterste Stufe, Verdienstkreuz am Bande, Verdienstkreuz 1. Klasse, Großes Verdienstkreuz, Großes Verdienstkreuz mit Stern, Großes Verdienstkreuz mit Stern und Schulterband und als Großkreuz. Die Verleihung erfolgt ziemlich großzügig, auf Vorschlag von Verbänden, Persönlichkeiten des öffentlichen Lebens und schließlich auch «automatisch», etwa beim Ausscheiden hoher Beamter oder Politiker und zur Ehrung auswärtiger Staatsbesucher.

Ob in der Bundesrepublik wieder Orden verliehen werden sollten, darüber gab es lange öffentliche und interne Diskussionen. Karl Carstens, der fünfte Bundespräsident, erinnerte sich, dass Heuss auch die Bevollmächtigten der Länder von Bremen und Hamburg, die nach alter hanseatischer Tradition keine Orden verleihen und auch nicht annehmen, um ihre Ansichten zur Ordensverleihung gebeten hatte. Sie waren gegen Orden. «Heuss war von unseren Argumenten sehr beeindruckt», konstatierte Carstens. Als Carstens dann für seine Verdienste im

Auswärtigen Amt zusammen mit anderen hohen Beamten mit dem Verdienstorden ausgezeichnet werden sollte, lehnte er dies zunächst ab. Adenauer, dem die Liste der Ordensträger vor der Verleihung vorgelegt wurde, vermisste Carstens' Namen. Nach Meinung des Kanzlers sollten alle Diplomaten des Auswärtigen Amts einen Orden bekommen oder keiner. Damit seine Kollegen den Orden erhalten konnten, gab Carstens seinen Widerstand gegen die Ordensverleihung auf. Als Bundespräsident hat er dann selbst den Verdienstorden vielfach verliehen.

Um berühmte Wissenschaftler und Künstler besonders zu ehren, stiftete Theodor Heuss am 31. Mai 1952 die Friedensklasse des Ordens «Pour le Mérite» neu, die Hitler verboten hatte. Die vom preußischen König Friedrich Wilhelm IV. 1842 gestiftete Friedensklasse für Wissenschaft und Kunst darf an nicht mehr als dreißig lebende Personen verliehen werden, die der Orden selbst wählt. Sie treffen sich einmal im Jahr im Haus des Bundespräsidenten. Zu den ersten Trägern des Ordens nach dessen Neustiftung gehörten Wilhelm Furtwängler, Paul Hindemith, Albert Schweitzer, Carl Jacob Burckhardt, Hermann Hesse und der indische Präsident S. Radhakrishnan.

Theodor Heuss stiftete auch das «Silberne Lorbeerblatt», eine Anstecknadel für außergewöhnliche sportliche Leistungen.

## Nach zehn Jahren

Wenige Jahre nach der Kapitulation des «Dritten Reiches» war auf den Trümmern der NS-Herrschaft der erste dauerhafte demokratische Staat in Deutschland gewachsen. Zum Pragmatiker und Machtpolitiker Adenauer und dem «Marktfreund» Ludwig Erhard, dessen Ära dem Westen Deutschlands materiellen Wohlstand bescherte, war Theodor Heuss mit seinen kulturellen und historischen Interessen eine ideale Ergänzung.

Das Ansehen, das er inzwischen bei den Bürgern genoss, war

so einhellig, dass über seine Wiederwahl nach fünf Jahren gar nicht lange diskutiert wurde. Und Heuss hatte Freude an dem hohen Amt, das ihm die Möglichkeit bot, den immer noch verunsicherten Deutschen seine Ideen von einem demokratischen und liberalen Staat, einer Kulturnation, darzustellen. Einen geeigneteren Repräsentanten hätte die Bundesrepublik Deutschland nicht bekommen können. Sein siebzigster Geburtstag am 31. Januar 1954 brachte ihm eine Woge der Zuneigung von Bürgern und Politikern. «Theodor Heuss hat dem Amt des Bundespräsidenten ein Gepräge gegeben, von dem zu wünschen ist, dass es zur Tradition werden möge», schrieb das Bulletin der Bundesregierung.

Die Wiederwahl in Berlin am 17. Juli 1954 war nur noch eine Akklamation. Kein demokratischer Politiker hätte es verantworten wollen, Theodor Heuss nicht ein zweites Mal in das höchste Staatsamt zu wählen. Probleme warf jedoch der Wahlort auf. Bundestagspräsident Hermann Ehlers wollte, dass die Wahl des Bundespräsidenten diesmal in Berlin stattfand, und zwar am 17. Juni, dem ersten Jahrestag des Volksaufstandes in Ost-Berlin und der DDR. Heuss hatte durch Bundesgesetz diesen Tag zum Tag der deutschen Einheit bestimmt: «Der 17. Juni ist daher zum Symbol der deutschen Einheit in Freiheit geworden.» Eine Entscheidung, die nur aus der damaligen Situation verständlich ist.

Würden die, die in Ost-Berlin das politische Sagen hatten, am 17. Juni Flüge nach Berlin zur Wahl des Bundespräsidenten zulassen? Aus Sorge um eventuelle Störungen wurde die Wahl in Berlin auf den 17. Juli verlegt.

In Begleitung seines Sohnes Ernst Ludwig flog Theodor Heuss in die alte Reichshauptstadt, um sich zum zweiten Mal zum Präsidenten der Bundesrepublik Deutschland wählen zu lassen. Eine Fahrt durch die DDR mit dem Sonderwagen, Heuss' beliebtestem Reisegefährt, hätten die Machthaber in Ost-Berlin nicht zugelassen.

Der Weg vom Gästehaus im Grunewald, der alten Tietz-Villa, zur Ostpreußenhalle am Funkturm wird zur Triumphfahrt für Theodor Heuss, der im offenen weißen Mercedes an jubelnden Berlinern vorbeifährt. Für drei Tage ist Berlin wieder Hauptstadt. Carlo Schmid, der Sozialdemokrat, empfängt ihn mit roten Nelken. Theodor Heuss wird mit 871 von 987 Stimmen in der Bundesversammlung zum zweiten Mal zum Staatsoberhaupt der Bundesrepublik gewählt. Die Kommunisten, damals noch im Bundestag und in der Bundesversammlung vertreten, die seine Wiederwahl «als ein Unglück für das deutsche Volk» betrachteten, hatten den Soziologen Alfred Weber als ihren Kandidaten aufgestellt – ohne ihn vorher zu fragen. Heuss nach seiner Wahl mit tiefer Stimme: «Es ist für mich eine schöne Pflicht, den warmen Dank auszusprechen für die Wiederwahl zum Präsidenten der Bundesrepublik Deutschland. Weil es kein Auswählen war, möchte ich den Vorgang als eine Bestätigung des sachlichen und menschlichen Vertrauens begreifen dürfen.»

Drei Tage feiern die Berliner Theodor Heuss und rufen vor dem Schöneberger Rathaus immer wieder: «Theodor, Theodor.» Beim Gottesdienst in der Dahlemer Dorfkirche hält Bischof Dibelius die Predigt.

Der 20. Juli 1954 ist der zehnte Jahrestag des Attentats auf Hitler. Bundespräsident Heuss besucht die Hinrichtungsstätte in Plötzensee und legt einen Kranz mit schwarz-rot-goldener Schleife für die Opfer des Widerstands nieder. Für die Bundesrepublik ist Theodor Heuss das «moralische Gewissen der Nation» und eine «moralische Autorität». Das Ausland sieht in ihm die Verkörperung eines gewandelten, demokratischen Deutschlands.

## In Athen, London und Rom

Ein Jahr nach seiner Wiederwahl, im Mai 1956, startete Bundespräsident Theodor Heuss zu seinem ersten Staatsbesuch. Er reiste mit dem Sonderzug nach Griechenland, damals noch ein Königreich. König Paul I. und Königin Friederike, die deutsche Kaiserenkelin, empfingen ihn freundschaftlich, und die Griechen, zum großen Erstaunen von Heuss, jubelten. Hunderttausende standen an den Straßen Athens und winkten ihm zu. «Rührend, wenn man sich erinnert, was die Deutschen durch Hitler diesem Volk antaten», resümierte Heuss. Vier Monate später besuchte das griechische Königspaar Bonn.

Problematischer als der Staatsbesuch in Griechenland verlief der in London, obwohl während des Krieges kein deutscher Soldat britischen Boden betreten hatte, es sei denn als Gefangener. Aber deutsche Flieger hatten gewaltige Mengen von Bomben auf englische Städte, Industrieanlagen und Kulturdenkmäler geworfen. Die zerstörte Kathedrale von Coventry und später die gefürchteten Raketenwaffen «V 1 und V 2» waren zu Symbolen deutscher Kriegsführung geworden. Als Heuss im Oktober 1958 auf Einladung von Königin Elizabeth II., seit ihrer Krönung 1953 auch Oberhaupt des Commonwealth, nach London reiste, hatten die kühlen Briten dies noch nicht vergessen. Es gab unerfreuliche Szenen am Straßenrand und wenig versöhnliche Kommentare in den britischen Zeitungen.

Noch vor seinem Englandbesuch hatte der Bundespräsident die Vereinigten Staaten besucht und war dort freudig begrüßt worden. Bei der Konfettiparade in New York riefen die Amerikaner laut «Papa Heuss». Auch die Italiener hatten ihn freundlich empfangen, als er im November 1957 nach Rom gereist war. Als Student und später als Dozent war er mehrfach in Italien gewesen, vor allem der Kunstschätze wegen. Bei seinem Staatsbesuch in Rom unterzeichnete er neben Wirtschaftsvereinbarungen auch ein Kulturabkommen. Für die Italiener war Heuss ein

Gebildeter von «goethischer Kultur» und Repräsentant eines «besseren Deutschland».

Seit Kaiser Wilhelm II. war im Vatikan kein deutsches Staatsoberhaupt mehr empfangen worden, auch Hitler nicht, als er sich 1938 zu einem mehrtägigen Besuch in der italienischen Hauptstadt aufhielt. Erst Theodor Heuss war es, dem im Herbst 1957 auf Einladung von Papst Pius XII. die Ehre einer Audienz im Vatikan zuteil wurde, wobei das Protokoll das gleiche war, mit dem seinerzeit Papst Leo XIII. den deutschen Kaiser begrüßt hatte.

Die Staatsbesuche zu dieser Zeit zählten, neben den Gedenkfeiern, im Rückblick auf den Krieg und die Millionen Opfer von Gewalt und Vernichtung, zu den schwierigsten staatspolitischen Pflichten des Bundespräsidenten. Stets reiste er als erster höchster Staatsrepräsentant nach der Hitler-Diktatur ins Ausland. Dass es ihm gelang, weithin das Misstrauen gegenüber den «bösen» Deutschen durch seine schlichte Würde und Menschlichkeit abzubauen und zugleich Sympathien für das demokratische Deutschland zu erwerben, war eine nicht zu unterschätzende politische und menschliche Leistung von Theodor Heuss.

## Spät kommt er…

Noch vor der Auflösung der Alliierten Hohen Kommission und dem Inkrafttreten der Pariser Verträge am 5. Mai 1955 waren von der Bundesregierung unter Konrad Adenauer wichtige politische Entscheidungen für die Zukunft der Deutschen getroffen worden. Im Herbst 1954 hatte der Kanzler in Paris dem Beschluss einer Fünfzehn-Mächte-Konferenz zur Aufnahme der Bundesrepublik in den Nordatlantikpakt (NATO) zugestimmt. Das entmilitarisierte Westdeutschland sollte souverän werden und eigene Soldaten und Waffen besitzen.

Im November 1955 ernennt Bundespräsident Heuss die ersten freiwilligen Soldaten der neuen Streitkräfte. Aber erst am

1. April 1956 tritt das «Soldatengesetz» in Kraft. Die Streitkräfte nennen sich «Bundeswehr» und tragen Uniformen und Rangabzeichen, die Heuss aus einer Vielzahl von Vorschlägen ausgewählt und dabei allen Traditionskult, «diesen ganzen Schwindel auf die Seite weggewischt» hat.

«Spät kommt er, doch er kommt – nämlich der Heuss zur Bundeswehr», sagte der Präsident bei seinem Besuch der Soldaten im März 1959, einige Monate vor dem Ausscheiden aus dem Amt. Er bekennt sich zum «Staatsbürger in Uniform», doch sein Verhältnis zur Bundeswehr ist nicht ganz ungespalten. Das Staatsoberhaupt ist nicht, wie in früheren Zeiten, der Oberbefehlshaber der Bundeswehr, auch wenn ihn der damalige Verteidigungsminister Franz Josef Strauß so nannte. Oberbefehlshaber der Soldaten ist der Verteidigungsminister. Der Bundespräsident hat lediglich einen vom Ministerium der Verteidigung abgeordneten Verbindungsoffizier. Das Rednerpult ist für Heuss kein «Ersatz-Feldherrn-Hügel», vielmehr sagt er zu den Soldaten: «Erlassen Sie mir pathetische Worte und heroische Appelle, die Sie hoffentlich nicht von mir erwartet haben und zu denen ich entsetzlich wenig Talent besitze.»

Als der amerikanische General und Nato-Oberbefehlshaber in Europa Lauris Norstad im Februar 1957 die Bewaffnung der Bundeswehr mit Atomwaffen fordert, stimmt Adenauer dem zu, da nach seiner Meinung die Bundeswehr auf diese taktische Waffenart nicht verzichten könne. Führende deutsche Atomwissenschaftler, die Nobelpreisträger Max Born und Otto Hahn, der mit Heuss befreundet war, Werner Heisenberg und Max von Laue sprachen sich in ihrem «Göttinger Manifest» für einen freiwilligen Verzicht der Bundesrepublik auf Atomwaffen aus. Vergeblich.

Zivilen, rein ökonomischen Charakter hat die Europäische Wirtschaftsgemeinschaft (EWG). Im Frühjahr 1957 werden von sechs Staaten, von Frankreich, Italien, Belgien, den Niederlanden, Luxemburg und der Bundesrepublik, die Römischen

Verträge zur Errichtung eines gemeinsamen Marktes unterzeichnet. Erster Präsident der EWG, die ihren Sitz in Brüssel hat, wird Adenauers ehemaliger Staatssekretär Walter Hallstein.

Eine Regierungskrise im Winter 1956 hat Theodor Heuss innerlich hart getroffen. Schon in den Vorjahren war es in Fragen der Außen- und Deutschlandpolitik zu Zerwürfnissen in der Koalition von Christ- und Freidemokraten gekommen. Die Konflikte verschärften sich, als die CDU den Entwurf für ein neues Wahlrecht einbrachte, der im Falle der Realisierung die Existenz der FDP ernstlich gefährdet hätte. Zum endgültigen Bruch mit den Liberalen trug der Sturz der von der CDU geführten Düsseldorfer Landesregierung durch ein SPD-FDP-Bündnis im Februar 1957 bei. Bei den Bundestagswahlen im September 1957 erhielten die Christdemokraten die absolute Mehrheit, die Freien Demokraten nur noch sieben Prozent der Stimmen. Sie gingen in die Opposition.

1957 steht der einundachtzigjährige Konrad Adenauer auf dem Gipfel seiner Macht. Ein Jahr später trifft er in Colombey-les-deux-Églises zum ersten Mal mit Charles de Gaulle, dem französischen Staatspräsidenten, zusammen. Im November besucht de Gaulle die Bundesrepublik.

Theodor Heuss nimmt an der innen- und außenpolitischen Entwicklung der Bundesregierung regen Anteil, bleibt aber aus Verfassungsgründen im Hintergrund und mischt sich in die Regierungspolitik des Kanzlers wenig ein, auch wenn ihm manches missfällt. Er beschäftigt sich dafür intensiv mit eigenen literarisch-wissenschaftlichen Arbeiten, sammelt Material und Autoren zu dem von ihm mit Hermann Heimpel und Benno Reifenberg herausgegebenen fünfbändigen Reihenwerk «Die großen Deutschen», mit Biografien von Karl dem Großen bis Bert Brecht.

Das letzte Jahr seiner Amtszeit ist ausgefüllt mit der Teilnahme an kulturellen Ereignissen, Theaterbesuchen, Museumseinweihungen. In Nürnberg spricht Heuss zur Einweihung des

Theodor-Heuss-Baues am Germanischen Nationalmuseum. In Marbach, der Geburtsstadt Friedrich Schillers, nur einige Kilometer von seiner Geburtsstadt Brackenheim entfernt, fördert er die Gründung des Deutschen Literaturarchivs im Schiller-Nationalmuseum. Im Literaturarchiv wird heute Heuss' literarischer Nachlass, seine Korrespondenz mit Hermann Hesse, Thomas Mann, Carl Jacob Burckhardt und anderen Dichtern und Denkern aufbewahrt.

## Ein großer Deutscher

«Nun gewiss, Theodor Heuss ist einmalig und unverwechselbar, in Serien kommt er nicht vor. Dass er zum Bundespräsidenten nach dem Zweiten Weltkrieg, nach dem zweiten großen Zusammenbruch Deutschlands, wurde, ist ein ganz seltener Glücksfall der Geschichte», schrieb Carl Jacob Burckhardt, der Schweizer Diplomat und Historiker, zum fünfundsiebzigsten Geburtstag von Heuss am 31. Januar 1959.

Trotz der großen Zustimmung und Zuneigung fast aller Bundesbürger kann Theodor Heuss nicht ein drittes Mal zum ersten Bürger gewählt werden, da im Grundgesetz nur eine Wiederwahl vorgesehen ist. Die meisten Deutschen, auch viele Politiker, hätten nichts gegen eine dritte Amtsperiode. Aber soll man deshalb die Verfassung ändern? Heuss, der an der Verfassung mitgearbeitet hat, war gegen eine Grundgesetzänderung. Für ihn bedeutete Demokratie «Herrschaftsauftrag auf Frist». Er beanspruchte keinen verlängerten Herrschaftsauftrag, wollte keinen Sonder- und Präzedenzfall schaffen. «Ich selber habe in privaten Gesprächen mit Politikern und sonstwie interessierten Gesprächen die These gebraucht, dass man ein Grundgesetz nicht deshalb ändern dürfe, weil gerade ein netter Mann auf dem Markt sei.»

Wenn auch alle Politiker wussten, dass es schwierig sein würde, einen würdigen Nachfolger für Theodor Heuss zu finden, gab es doch in Bonn einen alten Herrn, der sich wie Heuss um die Republik bereits große Verdienste erworben hatte und nicht ungern nächster Bundespräsident werden wollte: Konrad Adenauer. Der damals dreiundachtzigjährige Kanzler wollte vom Palais Schaumburg, der Bonner Machtzentrale, in die benachbarte Villa Hammerschmidt überwechseln, um von dort aus auf seine Weise die Bundesrepublik weiter zu regieren. Kannte er das Grundgesetz nicht? Bei seinem Frühjahrsurlaub 1959 im geliebten Cadenabbia studierte er die knappen Paragraphen über den Bundespräsidenten im Grundgesetz, das er als Präsident des Parlamentarischen Rates verabschiedet hatte, und musste erkennen, dass dieses Amt nicht seinen politischen Wünschen und Vorstellungen entsprach. Adenauer «verzichtete».

Theodor Heuss selbst wären Carlo Schmid (SPD) und Ludwig Erhard, der Vater des «Wirtschaftswunders», als Nachfolgekandidaten am liebsten gewesen. Aber der Bundespräsident wird nicht gefragt. Die Parteien haben bei der Auswahl der Kandidaten das Sagen. So wurden von ihnen auch nicht jene Persönlichkeiten vorgeschlagen, die für eine Nachfolge von Heuss vielleicht am besten geeignet gewesen wären: der Philosoph und Physiker Carl Friedrich von Weizsäcker, der Theologe Helmut Thielicke oder der Nobelpreisträger und Atomphysiker Otto Hahn. Die Christdemokraten nominierten, nachdem Wirtschaftsminister Erhard abgewinkt hatte, ihren Landwirtschaftsminister Heinrich Lübke für das höchste Staatsamt.

Viele Deutsche sehen Theodor Heuss, als dessen Amtszeit im Sommer 1959 zu Ende geht, ungern und mit wehmütigem Bedauern von der politischen Bühne abtreten. Auch er selber nimmt nicht leichten Herzens Abschied von Bonn und der Villa Hammerschmidt, dem schwierigen, aber geliebten Amt. Aber er scheidet im Bewusstsein, für die zweite deutsche Republik seinen Beitrag geleistet zu haben. Die Demokratie steht auf festem Boden.

Unter den Klängen der Nationalhymne bewegt sich der D-Zug von Bonn in Richtung Stuttgart, von wo aus er zehn Jahre zuvor im Alter von fünfundsechzig Jahren, abgemagert und mit eher skeptisch als erwartungsvoll blickenden Augen, nach Bonn gestartet war, zu seiner zweiten und so erfolgreichen politischen Karriere. Er kehrt, mit sich und der Welt innerlich zufrieden, heim in ein «Häusle», das er sich in Stuttgart von Bausparprämien bauen ließ. Der Bundespräsident a.D. schreibt weiter an seinen Erinnerungen. Der Ruhestand bleibt bei einem so vielseitig interessierten Menschen ein «Unruhestand». Er nimmt Ehrungen entgegen, wird immer wieder zu Vorträgen eingeladen, pflegt freundschaftliche Kontakte zu Künstlern, Schriftstellern, Publizisten und Politikern und unternimmt einige private Reisen ins Ausland, so 1960 nach Israel und Indien, zwei Jahre später ein weiteres Mal nach England. Aber die Kräfte lassen nach, ernste gesundheitliche Probleme erschweren ihm Auftritte an der Öffentlichkeit. Schließlich, im Herbst 1963, als man ihm ein Bein amputieren muss, schwebt er in äußerster Lebensgefahr, die Nachrichten über seinen Zustand wecken Besorgnis. Am 12. Dezember 1963 ist Theodor Heuss am Ende seiner langen Lebensreise angelangt. Der Deutsche Bundestag in Bonn unterbricht seine Debatte. «Ein großer Deutscher ist von uns gegangen.»

Unter den deutschen Politikern des 20. Jahrhunderts ist Theodor Heuss eine der angesehensten und beliebtesten Erscheinungen gewesen.

# 2. Porträt:
# Heinrich Lübke (1959–1969)

**geboren am 14. Oktober 1894 in Enkhausen, gestorben am 6. April 1972 in Bonn.**

Vermessungs- und Kulturbauingenieur

1926–33 Direktor der Deutschen Bauernschaft

1931–33 Mitglied im Preußischen Landtag (Zentrum)

1945 Eintritt in die CDU

1947–52 Ernährungs- und Landwirtschaftsminister von Nordrhein-Westfalen

1953–59 Bundesminister für Ernährung, Landwirtschaft und Forsten

1959–69 Bundespräsident

In Berlin wurde Heinrich Lübke am 1. Juli 1959 zum zweiten Präsidenten der Bundesrepublik Deutschland als Nachfolger von Theodor Heuss gewählt. Berlin, die alte Reichshauptstadt, war die Wahlheimat des fünfundsechzigjährigen Politikers der Christdemokraten. Hier hatte Lübke studiert, hier auch war er Anfang der dreißiger Jahre Abgeordneter des Preußischen Landtags gewesen.

Die Wahl war auf Heinrich Lübke gefallen, weil man in dem ruhigen, ehrbaren und biederen Sauerländer, der seit 1951 Bundesminister für Ernährung, Landwirtschaft und Forsten war, einen «Mann des Ausgleichs» sah. Er hatte keine politischen Feinde. Viele Politiker und auch Bürger sahen in dem Landwirtschaftsminister vom Lande zunächst nur einen «Lückenbüßer» für Konrad Adenauer, der seine Präsidentschaftskandidatur zurückgezogen hatte, um weiter regieren zu können. Aber Heinrich Lübke konnte bereits auf ein aktives politisches Leben zurückschauen, mit Erfolgen in der Weimarer Republik wie auch in der Bonner Regierung. Zehn Jahre repräsentierte er pflichtbewusst die Bundesrepublik Deutschland.

## Vom Sauerland nach Berlin

Heinrich Lübke stammte wie so viele Politiker aus dem Kleinbürgertum des deutschen Kaiserreiches. Zu seiner Herkunft aus dörflicher Umwelt hat er sich stets bekannt, auch nachdem er als Staatsoberhaupt vereidigt worden war. In seiner Antrittsrede vor dem Deutschen Bundestag am 15. September 1959 sagte er: «Aufgewachsen bin ich in einer ländlichen Welt mit ihrem einfachen, vielfach schweren Leben, aber auch ihren Schönheiten. Dieser Welt, mit der mich tiefe Liebe verbindet, habe ich einen großen Teil meiner bisherigen Lebensarbeit gewidmet. Kindheit und Jugend verbrachte ich in dem mir bis heute nahe gebliebenen Dorf Enkhausen im westlichen Sauerland in einem Elternhaus, in dem man aus tätiger Arbeit ein sparsames und unabhängiges Leben aufbaute. Die wirtschaftliche Basis eines gut gehenden handwerklichen Betriebes mit Landwirtschaft war gesund und bot mir sorglose Kinderjahre, auch nach dem frühen Tod meines Vaters.»

Als Heinrich Lübke am 14. Oktober 1894 im sauerländischen Enkhausen, dem kleinen Dorf mit der großen Kirche, geboren wurde, war der ehrgeizige Kaiser Wilhelm II. das Staatsoberhaupt auch der katholischen Sauerländer, die bescheiden als Bauern und Handwerker in ihrem schönen hügeligen Land lebten. Auch Lübkes Vater war ein Kleinbauer. Da er von den vier Hektar Land seine Familie mit fünf Kindern nicht ausreichend ernähren konnte, hatte er in dem großen Bauernhaus eine Schuhmacherwerkstatt eingerichtet, in der er die Schuhe der Dorfbewohner reparierte. Heinrich musste sie als kleiner Junge austragen.

In der einklassigen Schule mit fünfunddreißig Schülern und einem Lehrer muss der Schustersjunge seinem Lehrer aufgefallen sein, denn der ließ ihn vom Pastor zusätzlich in Latein und Mathematik unterrichten, damit er nach dem Dorfschulabschluss noch die «höhere Schule», das Progymnasium in Werl, besuchen konnte. Er bestand die Aufnahmeprüfung für die Untersekunda. Nach der Versetzung zur Obersekunda nahm ihn das Gymnasium in Brilon, das ehrwürdige «Petrinum», auf. 1913 machte Heinrich Lübke sein Abitur.

Ohne zu ahnen, dass er das Studium für Jahre unterbrechen würde, ging Heinrich Lübke nach einem so genannten Praktischen Jahr an die Landwirtschaftliche Hochschule in Bonn, um sich auf den Beruf des Landvermessers vorzubereiten. Bald darauf, am 1. August 1914, verkündete Kaiser Wilhelm II. als Reaktion auf das Attentat auf den österreichisch-ungarischen Thronfolger in Sarajewo am 28. Juni 1914 die Mobilmachung. Der Student Lübke meldete sich – wie viele seiner Altersgenossen und auch sein späterer Gegenkandidat bei der Präsidentenwahl, Carlo Schmid, freiwillig zum Kriegsdienst –, in der «irrigen Annahme, ich würde sonst zu spät an die Front kommen», wie er später sagte. Sein ältester Bruder Franz war einer der siebenhunderttausend Gefallenen der Schlacht von Verdun.

Heinrich Lübke, mit dem Eisernen Kreuz, dem EK I und II, ausgezeichnet, erlebte als Leutnant das Kriegsende im Kaiserhauptquartier von Spa. Nach der Revolution, dem Umbruch vom Kaiserreich zur ersten deutschen Republik, zog es ihn nach Münster und in das politisch ebenso unruhige wie kulturell fruchtbare Berlin, um sein Studium als Landvermesser fortzusetzen und zu beenden.

Nach dem Examen interessierten den Vermessungs- und Kulturbauingenieur die Siedlungspolitik und Flurbereinigung seiner ländlichen Heimat. Lübke widmete sich intensiv den bäuerlichen Organisationen und gründete die Hauptgenossenschaft landwirtschaftlicher Mittel- und Kleinbetriebe, aus der 1926 die «Deutsche Bauernschaft» entstand, sowie die gemeinnützige Siedlungsgesellschaft «Bauernland», deren Direktor er jahrelang war. Sein beruflicher Gegenspieler war der ebenfalls aus Westfalen stammende Franz von Papen, wie Lübke Mitglied der Zentrumspartei, die die großbäuerlichen Interessen vertrat.

Die unruhigen zwanziger Jahre mit ihren vielen innenpolitischen Krisen, den Parteienkonflikten und sich verschärfenden sozialen Gegensätzen, die eigentlich nur für Künstler in Berlin «goldene Jahre» gewesen sind, erlebte Lübke bewusst als Demokrat. Sein Wunsch, 1930 Reichstagsabgeordneter zu werden, erfüllte sich nicht, da das Zentrum bei der Wahl zum Reichstag weniger Stimmen als erwartet bekam – wahrscheinlich hatte auch die Zentrumspartei einige Sitze an die Nationalsozialisten, die ihre Mandate von zwölf auf hundertsieben Sitze erhöhen konnten, abtreten müssen. Auch Theodor Heuss, der für die Deutsche Demokratische Partei (DDP) kandidierte, war nicht gewählt worden. 1931 aber, nach den Wahlen zum Preußischen Landtag, trat Heinrich Lübke für seine Partei das Abgeordnetenamt an, das er bis 1933 beibehielt.

Als Landtagsabgeordneter stand Heinrich Lübke nun mitten in den politischen Machtkämpfen, die sich durch das massive und gewalttätige Auftreten der Nationalsozialisten und die hohen Arbeitslosenzahlen von über sechs Millionen von Monat zu Monat verschärften und in Berlin besonders heftig tobten. Beruflich arbeitete er weiter als angesehener Bauernverbandsdirektor. Wirtschaftlich ging es ihm, da er auch Vorsitzender des Verwaltungsrats der Deutschen Siedlungsbank war, gut. Er fuhr einen englischen Wagen und trug nur maßgeschneiderte Anzüge. 1929 hatte er die Studienrätin Wilhelmine Keuthen geheiratet, die wie er aus dem Sauerland stammte.

Die Machtübernahme durch die Nationalsozialisten am 30. Januar 1933 beendete über Nacht Lübkes politische Karriere, bald auch seine berufliche Existenz. Am 1. April wurde er wie viele seiner Parteifreunde verhaftet, am gleichen Tage aber wieder freigelassen. Dem Rat des parteilosen preußischen Finanzministers und Präsidenten der Zentralgenossenschaftskasse Otto Klepper, der 1933 nach China emigrierte, mit ihm zusammen Deutschland zu verlassen, folgte Lübke nicht. Vielmehr trug er sich mit dem Gedanken, mit seinem älteren Bruder Friedrich Wilhelm in Brasilien Land zu kaufen und dorthin mit ihm auszuwandern. Der Plan ließ sich nicht realisieren, da Lübke wie auch sein Bruder, der schon in Brasilien wegen des Landkaufs gewesen war, wegen angeblicher unkorrekter Finanztransaktionen von der Straße weg verhaftet wurde. Nach eineinhalbjähriger Untersuchungshaft erfolgte im Oktober 1935 die Freilassung aufgrund einer politischen Amnestie.

Um sich von den Strapazen der Haft mit achtundvierzig Verhören zu erholen, lebte Heinrich Lübke mit seiner Frau, die während seiner Haftzeit ihre Sprachkenntnisse vervollkommnete und Privatunterricht erteilte, zunächst in Schleswig-Holstein auf dem Bauernhof seines Bruders.

Trotz seiner Gegnerschaft zu den Nationalsozialisten und der Beschuldigungen gegen ihn wurde Lübke zu Wehrmachtsübungen eingezogen und sogar zum Hauptmann der Reserve befördert. Auf diese Weise «rehabilitiert», fand er eine neue Tätigkeit als Geschäftsführer bei der Niedersächsischen Wohnungsbau- und Siedlungsgesellschaft und arbeitete außerdem als Vermessungsingenieur im Berliner Architektur- und Ingenieurbüro Walter Schlempp.

Im Zweiten Weltkrieg wurde die private «Baugruppe Schlempp» dem Reichsministerium für Rüstung und Kriegsproduktion unterstellt. Lübkes Aufgabe bestand unter anderem darin, «den Bau von zivilen und militärischen Anlagen, eingeschlossen Unterkünfte für Arbeitskräfte, unter denen sich auch Häftlinge aus Konzentrationslagern befanden, zu planen und zu überwachen», so der Historiker Rudolf Morsey. Diese Tätigkeit führte zu massiven Angriffen während seiner Präsidentschaft.

## Naturschützer und Umweltminister

Im Krieg war Wilhelmine Lübke wegen der zunehmenden Bombardierungen Berlins zu ihrer Schwester Paula Noelke nach Düsseldorf gezogen. Dort begann Heinrich Lübke nach Kriegsende seine erfolgreiche politische Karriere, die ihn vierzehn Jahre später an die Spitze der Bundesrepublik brachte.

Als Konrad Adenauer mit politischen Freunden aus der alten Zentrumspartei 1945 die Christlich-Demokratische Partei ins Leben rief, trat auch das ehemalige Zentrumsmitglied Lübke in die neu gegründete CDU ein. Im Oktober 1946 wurde er dann von der britischen Militärregierung in den Landtag von Nordrhein-Westfalen berufen und Mitglied des Ausschusses für Wohnungsbau und öffentliche Arbeiten. Unter Karl Arnold (CDU), seit Juni 1947 erster gewählter Ministerpräsident von Nordrhein-Westfalen, erhielt Heinrich Lübke das Ministerium für Ernährung, Landwirtschaft und Forsten. Ein schwieriger Posten angesichts der Millionen von hungernden Deutschen und der schlechten Erträge in der Landwirtschaft. Lübke führte einen bitteren «Kampf gegen Hunger, Heimatlosigkeit und Verelendung». Heinrich Brüning, der aus dem amerikanischen Exil zurückgekehrte ehemalige Reichskanzler, lobte seine «hervorragende Arbeit» und Tüchtigkeit.

Da viele Bauern und Gutsbesitzer aus den von Russen und Polen besetzten Gebieten des ehemaligen deutschen Ostens nach Nordrhein-Westfalen geflüchtet waren, setzte sich Lübke für eine Bodenreform ein, die jedoch von der britischen Militärregierung nicht gebilligt wurde.

Heinrich Lübke: «Im Juni 1947 übernahm ich als Minister für Ernährung, Landwirtschaft und Forsten des Landes Nordrhein-Westfalen die Aufgabe, die durch Krieg und Kriegsfolgen schwer zurückgeworfene landwirtschaftliche Leistungsfähigkeit zu steigern und die Ernährung der Bevölkerung des dicht besiedelten Landes zu sichern. Im Kriege und als Minister für Ernährung und Landwirtschaft lernte ich Verantwortung für Leben und Gesundheit anderer zu tragen.» Auch Lübkes Bruder Friedrich Wilhelm betätigte sich nach dem Krieg politisch, 1951–54 war er Ministerpräsident in Schleswig-Holstein.

Sein Amt als Landwirtschafts- und Ernährungsminister forderte von Heinrich Lübke in den Jahren der Not und des Hungers viel Engagement, Durchsetzungsvermögen und Organisationstalent. Das große Land zwischen Rhein und Weser konnte sich nicht selbst ernähren, Lübke «bettelte» daher bei der Militärregierung um Nahrungsmittelhilfe. «Als er 1947 Ernährungs- und Landwirtschaftsminister in Nordrhein-Westfalen wurde, stand er vor schier unlösbaren Aufgaben», schrieb das «Landwirtschaftliche Wochenblatt».

Mit Erfolg kandidierte Heinrich Lübke 1949 für den ersten Deutschen Bundestag. Auch als dessen Mitglied blieb er in Düsseldorf bei der Landesregierung Minister für Landwirtschaft. Im Bundestag war Lübke Vorsitzender des Agrarausschusses. Ende 1952 schied er auf eigenen Wunsch aus der Landesregierung aus. Ein Jahr später, im Herbst 1953, wurde er erneut in den Bundestag gewählt und in der Regierung Adenauer Minister für Ernährung, Landwirtschaft und Forsten, obwohl der Kanzler einige Vorbehalte gegen den «Bodenreformer» hatte.

Nach seinem Amtsantritt in Bonn erwies Heinrich Lübke sich als ein Pionier in der Umweltpolitik, von der damals noch kaum jemand sprach. Schon 1954, als wenige Autos die Luft mit ihren Abgasen vergifteten, dafür aber niedrige Schornsteine ihren giftigen Rauch in die Luft blasen durften, setzte sich der Landwirtschaftsminister für die Sauberhaltung von Luft und Wasser ein. Auf der Landeskulturtagung der Deutschen Landwirtschaftlichen Gesellschaft in Bremen forderte er eine durchgreifende Reinigung aller Flüsse durch Klärung und Umleitung. Saubere Luft, reines Wasser und gesunder Boden als Basis für eine gesund erhaltende Ernährung – das waren die Kriterien, an denen er die Erfolge seiner Politik gemessen sehen wollte.

«Moderne» Agrarpolitik und Agrarwirtschaft sollten die Produktivität der landwirtschaftlichen Betriebe, an denen das «Wirtschaftswunder» bisher vorbeigegangen war, steigern. Der «Grüne Plan», 1955 von der Bundesregierung eingeführt, müsse den «Glauben der bäuerlichen Bevölkerung an sich selbst wieder stärken», erklärte Lübke. Er wusste aus eigener Anschauung, wovon er sprach.

Der Eintritt der Bundesrepublik in die Europäische Wirtschaftsgemeinschaft brachte der westdeutschen Landwirtschaft neue Probleme, aber auch neue Chancen. Heinrich Lübke aber war ein erfolgreicher Bundesminister in einer schwierigen Zeit. Die Landwirtschaft, die im Schatten der Industrie stand, steigerte die Produktivität je Arbeitskraft im Vergleich zur übrigen Wirtschaft überproportional, doch viele Bauern gaben ihren Beruf auf.

Als Bundesminister reiste Lübke in die Vereinigten Staaten und zu internationalen Konferenzen nach Rom und Genf. Als Bundespräsident hat Lübke auf dem 4. Mainauer Gespräch Bürger und Politiker zum Schutz und zur Pflege einer natürlichen Umwelt aufgefordert. Seine Rede wurde die Grundlage für die «Grüne Charta von Mainau». Im Bundespräsidialamt konstituierte sich 1962 der «Deutsche Rat für Landespflege». Lübke übernahm die Schirmherrschaft, ihr Sprecher wurde Graf Lennart Bernadotte.

## Warum nicht Heinrich Lübke?

Heinrich Lübke stand kurz vor seinem fünfundsechzigsten Lebensjahr, als ihn die Bundesversammlung in Berlin zum Staatsoberhaupt wählte.

Seiner Wahl waren politische Streitereien um die Nachfolge des allseits beliebten Theodor Heuss, der eine erneute Wiederwahl aus Verfassungs- und Altersgründen abgelehnt hatte, vorausgegangen. Heinrich Lübke hatte, als ihm Bundeskanzler Konrad Adenauer die Kandidatur zum Präsidentenamt anbot, überrascht, aber fast ohne zu zögern «Ja» gesagt. Die Sozialdemokraten hatten Carlo Schmid, einen Homme de Lettres wie Heuss, als Kandidaten benannt, freilich ohne große Chance, tatsächlich gewählt zu werden. Auch die Freidemokraten hatten einen eigenen Kandidaten aufgestellt, Max Becker, sodass Lübke erst im zweiten Wahlgang mit 526 von 1030 Stimmen gewählt wurde.

Seine Wahl stellte zweifellos den politischen Höhepunkt im Leben von Heinrich Lübke dar. Bei seiner Eidesleistung am 15. September 1959 im Deutschen Bundestag feierte die Republik ihr zehnjähriges Bestehen. Aus einem zerstörten und besetzten Land hatte sich wenigstens der große westliche Teil zu einem freien Staat entwickelt. Dennoch: Lübkes Start war kein glücklicher. Der Streit um seine Nominierung hatte das Amt des Bundespräsidenten, aber auch dessen damaligen Inhaber, in Misskredit gebracht.

Die Nominierung des Ernährungs- und Landwirtschaftsministers aus dem Sauerland kam auch für die meisten Bundesbürger unerwartet. Im Rundfunk bekannte Lübke, die Nominierung sei für ihn »überraschend und zum Teil auch bedrückend». Doch neben Selbstzweifeln zeigte er auch Selbstvertrauen. «Ich traue mir wohl zu, eine sachliche Aufgabe zu lösen, aber ich weiß nicht, ob ich einem so hohen Amte entspreche. Ich bin aber der Auffassung, dass jeder, dem dieses Amt einmütig angetragen wird, es im Interesse von Volk und Staat annehmen sollte.»

Weder große Rednergabe noch glanzvolles Auftreten und Aussehen zeichneten Lübke aus, dafür Pflichtbewusstsein und Redlichkeit, Bescheidenheit und Ehrlichkeit. Die bürgerlichen Tugenden waren ihm angeboren und anerzogen. Er war ein tüchtiger Landwirtschaftsminister und ein aufrechter Demokrat gewesen, warum sollte er nicht auch ein guter Bundespräsident werden? Heinrich Lübke stand vom Beginn seiner Präsidentschaft im Schatten von Theodor Heuss, aber er gewann durch seine natürliche Würde und Korrektheit die Anerkennung der Bürger, von denen jene aus dem ländlichen und kleinbürgerlichen Milieu sich mit ihm noch leichter identifizieren konnten als mit dem Schöngeist Heuss aus dem Schwabenland. «Er beeindruckte durch seine Schlichtheit», sagte Willy Brandt.

Konrad Adenauer war Ende der fünfziger Jahre noch immer die überragende politische Gestalt, aber er erstarrte mehr und mehr zum eigenen Denkmal. So standen an der Spitze der Bundesregierung ein alter Kanzler und ein in seinem Denken ebenfalls konservativer Präsident. Beide hatten ihre eigentliche politische Karriere in der ersten deutschen Republik begonnen.

Zwischen dem in der Villa Hammerschmidt pflichtbewusst amtierenden Heinrich Lübke und dem im Palais Schaumburg autoritär regierenden Konrad Adenauer gab es zunächst kaum Probleme, denn es war Adenauer, von dem Lübke gekürt worden war. Bald aber versuchte Lübke durch die Verweigerung von Unterschriften die Politik zu beeinflussen. Ohne Erfolg.

Die außenpolitische Lage der Bundesrepublik zeichnete sich durch allgemeine Zufriedenheit bei den Regierungsparteien aus. Lübke zeigte großes außenpolitisches Interesse. Der Bundespräsident vertritt die Bundesrepublik völkerrechtlich. Drei Wochen nach seinem Amtsantritt unterzeichnete Lübke den Deutsch-Amerikanischen Freundschaftsvertrag.

## Staatsbesuche – Staatsreisen

Die Wiederaufnahme in die Familie freier Staaten und die Aussöhnung mit den westlichen Nachbarländern, die durch Hitlers Angriffskrieg schwer gelitten hatten, standen auch für Heinrich Lübke im Mittelpunkt seiner zehnjährigen Präsidentschaft. Er setzte fort, was Theodor Heuss begonnen hatte.

Ein schwieriges Kapitel war auch für ihn die «Bewältigung» der deutschen Vergangenheit, der er nicht auswich. In seinen Reden zur Woche der Brüderlichkeit, 1960 in Köln und 1961 in Frankfurt, sprach er von der Notwendigkeit der Verständigung zwischen Juden und Deutschen und bat die Juden nach den deutschen Wiedergutmachungsleistungen um Gesten der Versöhnung:

«Wiedergutmachung ist eine Aufgabe, die ihrer Natur nach nicht einseitig gelöst werden kann, sondern des guten Willens auch auf der anderen Seite bedarf. Wir erhoffen uns als Beitrag der Juden zur Wiedergutmachung, dass sie unseren Willen nicht ohne Antwort lassen. Wir müssen zuversichtlich darauf hoffen, dass unser Bemühen nicht enttäuscht wird, sondern Anerkennung, Ermunterung und Erwiderung findet.» Und an anderer Stelle: «Ein freundnachbarliches Zusammenwirken zwischen Christen und Juden musste nach dem Schrecken der nationalsozialistischen Herrschaft über Europa glücklicherweise nicht völlig neu begründet werden.»

Bei einer Gedenkfeier im ehemaligen Konzentrationslager

Bergen-Belsen sprach Lübke vom «Gefühl abgrundtiefer Scham». Am 19. Juli 1964 hielt er in der Freien Universität Berlin anlässlich des zwanzigsten Jahrestages des Aufstands vom 20. Juli 1944 vor Studenten und dem Verband der Internationalen Widerstandsbewegung eine Rede, in der er zu den Verbrechen der Nationalsozialisten sagte: «Uns bleibt die Scham darüber, dass eine solche Entwürdigung des Menschen von Deutschen im deutschen Namen geschehen konnte.»

Wenn Besuche von Staatsoberhäuptern auch Relikte aus monarchischen Zeiten sind, so kann und will doch kein demokratisch gewählter Präsident unserer Republik darauf verzichten. Sie geben dem Gast wie dem Gastgeber die einzigartige Gelegenheit, politisch etwas zu bewirken. Nicht durch den Abschluss bilateraler Verträge, wohl aber durch persönliche Kontakte auf höchster Ebene. Schon deshalb werden sie auf ihren Reisen fast immer von Politikern begleitet.

In der Ära von Theodor Heuss waren die Besuche in Nachbarländern noch schwierige Unternehmungen, die fast immer im Zeichen der Vergangenheit standen. Ganz anders gestalteten sie sich während der Präsidentschaft Heinrich Lübkes. Die Bundesrepublik wurde von den westlichen Ländern der Welt respektiert, sie galt als wirtschaftlich stark und außenpolitisch zuverlässig. Alle wollten sie nun, besonders die Präsidenten der jungen Staaten der Dritten Welt, das Oberhaupt der Bundesrepublik Deutschland besuchen. Sie versprachen sich von Bonn nicht nur engere politische Kontakte, sondern vielfach auch eine oft bitter nötige Wirtschaftshilfe. Nicht nur Afrikaner und Asiaten kamen nach Bonn, auch südamerikanische Präsidenten wie Arturo Frondizi von Argentinien im Juni 1960. Alle wurden freundschaftlich empfangen, denn die Bundesrepublik brauchte auch ihre Unterstützung.

Die Staatsgäste aus nahen und fernen Ländern, Kaiser, Könige und Präsidenten brachten etwas Glanz in die Regierungshauptstadt, die nur langsam aus ihren engen Kinderschuhen herauswuchs und internationale Geltung gewann. Wenn die kleine Residenz am Rhein die Großen der Welt empfing, wenn Bonn durch die Besuche hoher Staatsgäste aufgewertet wurde, dann stärkte dies auch das Selbstbewusstsein der Deutschen, die unter ihrer Vergangenheit noch immer litten. Die Staatsempfänge in der Bundeshauptstadt waren Höhepunkte im grauen politischen Alltag.

Beim Besuch von Staatspräsident Charles de Gaulle im September 1962 riefen Tausende von Deutschen: «Vive de Gaulle, vive la France!» Es war der erste offizielle Besuch eines französischen Präsidenten in Deutschland. Die jahrhundertalte «Erbfeindschaft» mit dem Nachbarland war Vergangenheit. Die Fahrt de Gaulles durch Köln, Düsseldorf, Duisburg, Hamburg, München und Stuttgart war ein Siegeszug politischer Vernunft. Heinrich Lübke hatte Frankreich schon im Juni 1961 besucht, die erste Visite eines deutschen Staatsoberhauptes im Nachbarland.

In Ludwigsburg redete de Gaulle in deutscher Sprache. Er fand bewegende Worte für die «Würdigung und das Vertrauen, die ich für Ihr großes Volk, jawohl, für das große deutsche Volk hege». Beim Abschlussempfang auf Schloss Augustusburg in Brühl, zu dem Heinrich Lübke geladen hatte, riefen beide Präsidenten die deutsche und französische Jugend zur Mitarbeit beim Aufbau eines geeinten Europa auf.

Größter Glanzpunkt in der Geschichte der jungen Bundesrepublik war jedoch der Staatsbesuch von Königin Elizabeth II. im Mai 1965 – wenn politisch auch weniger bedeutend als der von Charles de Gaulle. Ein ereignisreiches halbes Jahrhundert mit zwei Weltkriegen lag zwischen der letzten Visite eines britischen Monarchen – 1909 kam König Eduard VII. nach Deutschland – und dem Besuch der Queen.

Die engen verwandtschaftlichen Verbindungen zwischen dem englischen Königshaus und deutschen Fürsten waren Geschichte, aber noch nicht völlig vergessen. Das Herz vieler Republikaner schlug höher beim Anblick der zierlichen Königin und ihres Gemahls Prinz Philip, als sie im offenen Wagen durch Köln, Hamburg, Stuttgart, München und Berlin fuhren. Heinrich Lübke und seine Frau begleiteten das Paar auf der elftägigen Reise. Zum Abschluss ihres Besuches sagte Königin Elizabeth: «Hoffen wir, dass die dunklen Jahre für immer vorüber sind, und dass eine fruchtbare Zusammenarbeit sich wieder entfalten und zu voller Blüte gelangen kann.»

In Teheran regierte noch Schah Reza Pahlawi, als Heinrich Lübke im Oktober 1963 in Persien eintraf und mit einer goldenen Kutsche an der Seite von Kaiserin Farah Diba durch die geschmückte Hauptstadt fuhr. Der Gast aus Deutschland wurde mit Ehrungen überhäuft und durfte den größten Juwelenschatz der Welt bewundern. Als vier Jahre danach das persische Kaiserpaar zum zweiten Mal die Bundesrepublik besuchte, folgte dem glanzvollen Auftritt in Bonn ein trauriges Ende in Westberlin. Bei Demonstrationen von Studenten gegen die Politik des Schahs im Iran wurde der Student Benno Ohnesorg von einem Polizisten tödlich verletzt.

Die Staatsbesuche in die benachbarte Schweiz und nach Österreich, nach Japan und Thailand sowie zu den Philippinen verliefen problemlos, ebenso auch der Besuch des afghanischen Königs Mohammed Zahir Schah im August 1963 in Bonn.

Nicht nur Könige und Präsidenten anderer Länder besuchten das deutsche Staatsoberhaupt in Bonn, es kamen auch amtierende Regierungschefs. Und alle fuhren sie vor der Villa Hammerschmidt vor, um dem Bundespräsidenten einen Höflichkeitsbesuch abzustatten. Viele Präsidenten und Könige kamen ohne offizielle Einladung, Kaiser Haile Selassie von Äthiopien gleich zwei Mal in zwei Jahren.

## Der Bundespräsident als «Entwicklungshelfer»

In seiner Antrittsrede vor dem Parlament hatte Heinrich Lübke die Politiker aufgefordert, den Hunger in der Welt zu bekämpfen. «Wir können in unseren eigenen Anliegen nur dann auf Hilfe von außen rechnen, wenn auch wir der ungeheuren Not außerhalb unserer Grenzen, besonders in den Entwicklungsländern, aus menschlicher und christlicher Verpflichtung nach besten Kräften zu steuern suchen. Die Bekämpfung des Hungers in der Welt ist dabei aus politischen und menschlichen Gründen das vordringlichste Problem. Das unvermeidliche Heranwachsen von Milliarden hungernder Menschen, die leicht eine Beute kommunistischer Ideen werden können, ist die Schicksalsfrage unserer Zeit», sagte er mit fast prophetischem Blick auf die Zukunft der Dritten Welt.

Die meisten der afrikanischen Länder waren nach 1957 unabhängig geworden. Ihre politische Souveränität ging aber nicht mit ökonomischer Unabhängigkeit einher. Den Blick auf diese jungen Staaten in Afrika und die alten Kulturländer Asiens zu richten, die sich ebenfalls aus langer Kolonialherrschaft befreit hatten, war eine politische Großtat. Mit viel Engagement widmete sich Lübke als Bundespräsident diesen Ländern – in politischer Mission. In einer Neujahrsansprache vor dem Diplomatischen Corps nannte er die Unterstützung der Entwicklungsländer eine der vornehmsten Aufgaben der Bundesrepublik.

Im November 1959, zwei Monate nach Lübkes Amtsantritt, besuchte der Präsident der westafrikanischen Republik Guinea, Sékou Touré, auf Einladung die Bundesrepublik. «Silly», wie der revolutionäre Gründer des Staates genannt wurde, hätte seinem Alter nach ein Sohn von Lübke sein können. Der ehemalige Gewerkschaftsführer, ein schwarzer Volkstribun, trat in Bonn selbstbewusst auf und wurde mit allen Ehren empfangen. Der «große Elefant» war damals einer der bedeutendsten Repräsentanten und Wortführer der Dritten Welt.

Die Bundesrepublik hatte die Achtung vor der Selbstbestimmung und Gleichberechtigung der Nationen zur Grundlage ihrer Außenpolitik erhoben. Die Partnerschaft mit den Staaten Afrikas, Asiens und auch Lateinamerikas war ein wichtiges außenpolitisches Ziel, das viel Engagement erforderte und von Heinrich Lübke mit großer Umsicht verfolgt wurde. Politisch unterstützte die Bundesregierung die Selbstständigkeit der jungen Staaten, indem sie diese durch großzügige Wirtschaftshilfe in ihrer ökonomischen Entwicklung förderte, ohne dabei die deutsche «Ideologie», ihre Kultur und ihr politisches System auf diese Länder übertragen zu wollen. Sie setzte sich vielmehr für eine Welt ein, in der alle Nationen ihre politische, wirtschaftliche und kulturelle Lebensform selbst bestimmen sollten.

Seine Reisen in die Länder der «Dritten Welt», die sich 1955 auf der Bandung-Konferenz unter dem damaligen indonesischen Präsidenten Sukarno zur «dritten Macht» in der Welt zusammengeschlossen hatten, verschafften Lübke große Anerkennung in den jungen Staaten. Überall wurde er, der bescheiden und würdig auftrat, mit Jubel empfangen. Da es sich um typische Agrarländer handelte, konnte der ehemalige Landwirtschaftsminister fachkundig über ihre Probleme diskutieren. Als Geschenk brachte er, neben Entwicklungsgeldern, manchmal auch deutsches Zuchtvieh mit.

Die großen Gestalten Afrikas, die ihre Länder von der Kolonialherrschaft befreiten, waren von Bonn fast magisch angezogen. Leopold Senghor, der Staatspräsident und Dichter vom Senegal, Felix Houphouët-Boigny, Präsident der Republik Elfenbeinküste, Sylvanus Olympio, Präsident der ehemaligen deutschen Kolonie Togo, und Joseph Désiré Mobutu, Staatspräsident von Kongo-Léopoldville, besuchten neben vielen anderen afrikanischen Staatsoberhäuptern auf Einladung Lübkes die Bundesrepublik.

Bei seinen Reisen in die Länder Asiens, Afrikas und Lateinamerikas wurde Heinrich Lübke überall herzlich, oft sogar jubelnd empfangen. Mit seinen weißen Haaren und seiner altväterlichen Art zu reden und zu gehen, erinnerte er, obwohl er ihm nicht ähnlich sah, in den ehemaligen deutschen Kolonien an den letzten deutschen Kaiser Wilhelm II. Jedenfalls wurde er wie ein Monarch begrüßt.

Wenn Bonn auch stets von schwierigen Missionen Lübkes sprach, um Sympathien brauchte der Bundespräsident in den ehemaligen Kolonialländern nicht zu werben. Deutschland, auch die Bundesrepublik, hatte einen guten Ruf, je ferner die Länder und je unkomplizierter die Beziehungen waren. Auch in Bonn, bei der Regierung und sogar bei der Opposition, fanden seine Reisen eine positive Resonanz. Als «Gegengeschenk» für die großzügige Entwicklungshilfe brachte er in vielen Fällen die mündliche oder gar schriftliche Zusage der besuchten Staatsoberhäupter mit, sich für die Selbstbestimmung der Deutschen einzusetzen. Vergnügungsreisen waren die Staatsbesuche nicht, auch wenn sie mit vielen Ehrungen verbunden waren, etwa jener, bei der man dem deutschen Präsidenten die Würde eines Stammeshäuptlings verlieh.

Äthiopien war damals noch eine Monarchie. Kaiser Haile Selassie und der deutsche Bundespräsident wurden, als sie gemeinsam unter dem roten Baldachin Platz nahmen, von der Bevölkerung frenetisch begrüßt. Die beiden alten Herren verstanden sich prächtig.

Siebenunddreißig Staaten der Dritten Welt hat Lübke während seiner zehnjährigen Amtszeit besucht. Kein Land war ihm zu fern und zu fremd, um ihm nicht einen Besuch abzustatten. Überall war das deutsche Staatsoberhaupt herzlich willkommen, nicht nur wegen der Entwicklungshilfe. Dabei gab es kaum größere Pannen, dafür viel Respekt für den deutschen Präsidenten, der sich für die Probleme der Gastländer interessierte.

Als im Juni 1963 der jugendlich-dynamische amerikanische Präsident John F. Kennedy nach Bonn kam, wurde in der Villa Hammerschmidt in Anwesenheit von Kennedy der «Deutsche

Entwicklungsdienst» (DED) nach dem Vorbild des amerikanischen Peace Corps gegründet. Lübke erklärte damals: «Die Entwicklungshilfe ist ein Werk der Gerechtigkeit, der Menschlichkeit und der Nächstenliebe.» Einige Monate später gingen die ersten deutschen Entwicklungshelfer nach Tansania, Afghanistan, Libyen, Indien, Brasilien und Chile. Lübkes «Feldzug für den Frieden», gegen Hunger und Armut, wurde von den Ländern der Dritten Welt hoch anerkannt. Zusammen mit der Hilfe anderer Industrienationen stärkte er das Selbstbewusstsein der jungen Staaten.

## Die Bonner Gesellschaft

Ähnlich wie einst um den kaiserlichen Hof in Berlin und die Regierungszentren anderer Staaten scharte sich in Bonn um den Präsidenten der Bundesrepublik eine exklusive Gesellschaft. Der Kreis derer, die Zutritt zur Villa Hammerschmidt fanden, musste schon aus räumlichen Gründen klein sein. So waren es vor allem Politiker, Diplomaten und einige geistliche Würdenträger, die zu Gesprächen, Abendessen und Banketten bei Staatsempfängen eingeladen wurden.

Die Gesellschaft, die sich um das Staatsoberhaupt bildete, war in den fünfziger Jahren vom Rang einer «High Society» noch weit entfernt. In der «Ära Lübke» aber war sie bereits fest etabliert und trat selbstbewusst ins Licht der Öffentlichkeit. Die Villa Hammerschmidt, nicht feudal, eher vornehm-bürgerlich, zog gesellschaftlich ehrgeizige Menschen magisch an. «Prominenz» übernahm die traditionelle Rolle des Adels. Damit waren Prestige, Geltungsbedürfnisse und wiederum auch Eitelkeiten verbunden, menschliche Eigenschaften, die in allen Gesellschaftsformen anzutreffen sind.

Bonn, die kleine Bundeshauptstadt, in Düsseldorf, Frankfurt oder Hamburg und erst recht in Berlin belächelt, lockte Männer und Frauen an, die Ansehen und Erfolg im Leben suchten. Es bildete sich ein kastenähnlicher Kreis, den man früher als «Gesellschaft» zu bezeichnen pflegte. Dieses seltsame Gebilde faszinierte besonders jene, die nicht dazugehörten und Einlass in den geschlossenen Kreis begehrten. Eine Einladung des Bundespräsidenten galt fast mehr als ein hoher Orden, sie war der Beweis dafür, dass man zum exklusiven Zirkel der Mächtigen gehörte. Nicht unbedingt der Reichen. Die blieben oft vor den Toren, sahen in ihren großen Villen auf den Bildschirmen den gesellschaftlichen Ereignissen in Bonn zu.

Um drei mächtige Säulen rotierte die Bonner Gesellschaft: um den Bundespräsidenten, den Bundeskanzler und das Diplomatencorps. Dabei wurde deutlich, dass Bonn nur politisches Zentrum, nicht aber kultureller Mittelpunkt war wie einst Berlin. Die Kultur musste man sich bei großen Anlässen aus der «Provinz» ausleihen. Die Gesellschaft der Bundeshauptstadt zeichnete sich durch einige konservative Merkwürdigkeiten aus, war aber bürgerlich, liberal und nicht feudal. Mit dem Kaiserreich hatten weder Bonn noch die Bundesrepublik oder der Bundespräsident viel gemeinsam. Fast alles war anders als in Berlin. Preußen, das in Deutschland Jahrhunderte lang den Ton angegeben hatte, gab es nur noch als historische Reminiszenz, die Gesellschaft war eine andere als jene in der alten Reichshauptstadt.

Nicht nur Heinrich Lübke und seine Frau Wilhelmine hatten entscheidende Jahre ihres Lebens in Berlin verbracht. Viele alteingesessene Berliner waren – schon während der Amtszeit von Theodor Heuss – von der Spree an den Rhein gezogen, um sich hier, am neuen Machtzentrum, wieder eine gesellschaftliche Position zu erobern. Unter denen, die nach Bonn gekommen waren, befand sich auch eine Dame von preußischer Herkunft: Erica Pappritz. Sie bemühte sich, nicht ohne Erfolg, in protokollarischen Fragen an den Berliner Stil anzuknüpfen. Weiße Handschuhe und schwarze Lackschuhe waren nach den Jahren der grauen Nachkriegskleidung wieder en vogue. Manche, vor allem jene, die nicht dazugehörten, sprachen kritisch von Restauration und «Wilhelminismus». Lübkes Protokollchef, Ehrenfried von Holleben, stammte aus altem preußischen Adel. Manche andere Vertreter des Adels, einst die Macht und die Gesellschaft im Staate und immer am Machtzentrum präsent, zog es ebenfalls von der Spree an den Rhein, um dabei zu sein, wenn auch nur noch am Rande. Ihre alten Namen hatten sie mitnehmen können, nicht aber ihre schönen Schlösser. Die Vereinigung der Deutschen Adelsverbände verlegte ihren Hauptsitz nach Bonn, ohne jedoch direkten Einfluss auf die Politik zu nehmen. Als Abgeordnete zogen Otto Fürst von Bismarck und Philipp von Bismarck, Joseph Ernst Fugger von Glött, Konstantin Prinz von Bayern, einige Grafen, Barone und eine Reihe von «einfachen» Adligen in den Bundestag.

Die Gesellschaft, die sich in Bonn formierte, ist soziologisch nur schwer zu definieren. Macht war zwar ihr wichtigstes Kriterium, aber sie war es nicht allein. Eine Elite war und ist sie gewiss nicht, aber eine ziemlich exklusive und geschlossene Society. Die Geschlossenheit dieser vorwiegend politischen Gesellschaft führte zur Bildung einer neuen «Klasse». Sie wurde dann, Ende der sechziger Jahre, zur Zielscheibe der Gesellschaftskritiker.

## Die zweite Wahl

Die ersten fünf Amtsjahre Lübkes waren besser verlaufen, als es zahlreiche Skeptiker nach seiner Wahl zum Bundespräsidenten erwartet hatten; doch weit zurück blieben Begeisterung oder gar Bewunderung für seine Amtsführung. Aber die Bürger waren mit ihrem bescheiden und würdig auftretenden Präsidenten und seiner Frau Wilhelmine, die brillant die Rolle der First Lady spielte, nicht unzufrieden. Mit seinen Reisen in die Dritte Welt hatte Lübke sich Anerkennung im Ausland und Respekt im Inland erworben. Sein Engagement für die jungen Staaten in Afrika wurde allgemein hoch anerkannt. Er hätte in Würde und zufrieden mit seiner Leistung aus dem hohen Amt scheiden können.

Dennoch: Eine zweite Amtsperiode Heinrich Lübkes wünschte sich, außer einigen Politikern, die mehr macht- als staatspolitisch dachten, kaum ein Bundesbürger. Aber nicht die Bürger wählen das Staatsoberhaupt der Republik, sondern die Parteien.

Nachdem Ludwig Erhard 1963 die Nachfolge Adenauers als Kanzler angetreten hatte, plädierten einflussreiche Politiker der CDU/CSU dafür, nach Ablauf der Amtszeit Lübkes einen neuen Präsidenten in die Villa Hammerschmidt zu wählen, um das leicht angeschlagene Image der Christdemokraten aufzupolieren. Der Glanz der erfolgreichen Koalitionsregierung aus Christlichen und Freien Demokraten verblasste immer mehr. Natürlich wollten sie wieder einen aus ihren Reihen zum Staatsoberhaupt wählen. Aber wieder, wie vor fünf Jahren, fehlte es an einem überzeugenden Kandidaten.

Heinrich Lübke und fast mehr noch seine Frau Wilhelmine hatten Gefallen am Repräsentieren, an den Reisen ins Ausland und am Umgang mit den Großen der Welt gefunden. Sie hatten zwar nicht zu bestimmen, wer der nächste Präsident der Bundesrepublik Deutschland sein sollte, aber wenn Lübke bereit war, noch einmal zu kandidieren, konnte man dies aus Achtung vor dem Amt und seiner Person nur unschwer umgehen. «Viele in der CDU/CSU wären Heinrich Lübke an sich 1964 gerne losgeworden. Das erwies sich jedoch deshalb als schwierig, weil die Bonner SPD-Führung, allen voran und seit Monaten schon Herbert Wehner, öffentlich starke Sympathien für ihn erkennen ließ – also die Neigung, seiner Wiederwahl zuzustimmen», schrieb Arnulf Baring in seinem Buch «Machtwechsel».

Der Bundespräsident verkörpert keine reale politische Macht. Dennoch ist er ein «Machtfaktor», da er die Machtverhältnisse im Staate zu respektieren hat und diese in der Regel auch widerspiegelt. Ein Staatsoberhaupt ohne Respekt von Volk, Regierung und Parteien ist in der Republik nicht denkbar.

Ludwig Erhard, der wegen seiner Verdienste um den wirtschaftlichen Wiederaufbau unter der Parole «Wohlstand für alle» viele Anhänger und Bewunderer auch außerhalb von CDU und CSU hatte, blieb als Kanzler ziemlich glücklos. Kein Wunder, dass die Sozialdemokraten, obwohl ihr Stimmenanteil bei den letzten Wahlen nur sechsunddreißig Prozent betrug, ins Palais Schaumburg strebten. Mal laut, mal leise dachten sie über eine Regierungsbeteiligung nach – auch unter einem CDU-Kanzler. Dafür musste jedoch zunächst ein anderes politisches Klima geschaffen werden. Der Bundespräsident als neutrale Macht im Staate bot sich dafür an.

Herbert Wehner, der Ideologe und strategische Kopf der Sozialdemokraten, suchte, da die SPD durch Wahlen keine Chancen hatte, an die Macht zu gelangen, nach anderen Wegen, um seine Partei endlich an die Regierung zu bringen. Wenn die SPD sich für eine Wiederwahl von Heinrich Lübke entschied, ihn mit ihren Stimmen gar wählte, konnten ihr dann noch die Christdemokraten eine Beteiligung an der Macht verwehren? Durch eine Seitentür wollten die Sozialdemokraten zur Schaltstelle der Politik. Heinrich Lübke war nur zu gerne bereit, sich an diesem Spiel zu beteiligen, ohne dabei an die Folgen für Staat und Gesellschaft zu denken. Er fand im Gegenteil großen Gefallen an Wehners Plänen, hatte aber wohl nicht zuletzt auch die Verlängerung seiner Amtszeit im Auge. Wehner besuchte Lübke in Bad Kissingen, der sich dort Besserung von beginnenden Altersbeschwerden erhoffte.

Es kam, wie Wehner es sich ausgedacht und gewünscht hatte, obwohl mehr gegen als für eine zweite Wahl von Heinrich Lübke zum Bundespräsidenten sprach. Selbst Fritz Erler, als Fraktionsvorsitzender einer der führenden Männer der SPD, lobte nun Lübke als aufrechten Demokraten, der sein Amt überparteilich geführt habe und sich seiner gesamtdeutschen Verantwortung stets bewusst gewesen sei.

Am 1. Juli 1964 wurde Heinrich Lübke in Berlin im ersten

Wahlgang mit den Stimmen von CDU und SPD erneut gewählt; die FDP hatte schon vorher erklärt, dass sie seine Wiederwahl ablehne.

Nach seiner erneuten Wahl gab der Präsident in seinem Berliner Amtssitz Schloss Bellevue einen Empfang. Im Ehrenhof des ehemaligen Palais von Prinz August Ferdinand von Preußen, dem jüngsten Bruder Friedrichs des Großen, hatte sich eine große Zahl Jugendlicher versammelt, um Lübke mit einem Fackelzug zu erfreuen. Der wiedergewählte Bundespräsident lud die Fackelträger in das Schloss zum Mitfeiern ein. «Es war die erste und einzige Bundespräsidentenwahl, die zum Volksfest wurde», schrieb Carlo Schmid in seinen «Erinnerungen».

Der Amtsantritt am 1. September 1964 war Routine. Es blieb alles unverändert. Nur der Staatssekretär im Bundespräsidialamt, Hans von Herwarth, der schon Theodor Heuss beraten hatte, musste, da er gegen eine zweite Amtsperiode von Lübke eingestellt war, gehen. Er wurde Botschafter in Rom.

Bald nach Lübkes Wiederwahl verschlechterte sich das politische Klima in Bonn. Bei der Vorstellung der zweiten Regierung von Ludwig Erhard im Oktober 1965 sprach der Bundespräsident von der «tiefgehenden und hart ausgetragenen Meinungsverschiedenheit» zwischen den Koalitionsparteien während des Wahlkampfes und meinte öffentlich: «Ich denke, das müsste sich doch in Zukunft ändern lassen.»

Der Führungsstil von Bundeskanzler Erhard wurde vor allem in den eigenen Reihen gerügt, sein Sturz ungehindert vorangetrieben. Am 8. November 1966 stellte Ludwig Erhard auf Antrag der SPD-Fraktion im Bundestag die Vertrauensfrage. Erhard trat vom Posten des Bundeskanzlers zurück. So kam es ein Jahr nach Lübkes zweitem Amtsantritt zur Bildung der Großen Koalition zwischen Christdemokraten und Sozialdemokraten, ohne vorherige Wahlen. Einige Monate später erhob Willy Brandt in einem Brief an Kurt Georg Kiesinger, Erhards Nachfolger, Anspruch auf den Posten des Bundespräsidenten für die SPD.

Bald nachdem Heinrich Lübke in der Villa Hammerschmidt den neuen (dritten) Bundeskanzler Kiesinger und seine Minister – Willy Brandt war nun Außenminister, Herbert Wehner Bundesminister für Gesamtdeutsche Fragen – offiziell ernannt hatte, ließen die Sozialdemokraten Heinrich Lübke «fallen». Sie taten wenig, um ihn vor den Anschuldigungen in Schutz zu nehmen, die wegen seiner angeblichen NS-Vergangenheit öffentlich gegen ihn erhoben wurden. Lübke selbst reagierte hilflos. Auch eine Dokumentation, die 1966 mit Hilfe des Bundeskriminalamtes erstellt wurde, brachte keine zweifelsfrei entlastende Klarheit. Was damals aber nur behauptet wurde, gilt heute als bewiesen: Die Vorwürfe basierten weitgehend auf gefälschten Dokumenten der SED-Regierung in Ost-Berlin.

«Die zweite Amtsperiode wurde für Lübke zu einem Leidensweg, zumal seine körperlichen und geistigen Kräfte zunehmend, ab Mitte 1967 offenbar rapide abnahmen, sein Erinnerungs- und Ausdrucksvermögen entsprechend nachließen», schrieb der Historiker Rudolf Morsey. Die «quälende Dauerkrise», so Arnulf Baring, schadete dem Amt, der Person und der Bundesrepublik Deutschland. Dennoch harrte Lübke bis zum bitteren Ende aus.

Auch in seiner zweiten Amtsperiode reiste Heinrich Lübke zu offiziellen Besuchen ins Ausland, empfing hohe Staatsgäste und ging anderen Repräsentationspflichten nach. Sein Ansehen in der Welt, vor allem in den Entwicklungsländern, war ungetrübt, während es sich im eigenen Land einem Tiefpunkt zu nähern schien. Die heftigste Kritik kam aus der Jugend, hauptsächlich aus den Reihen der APO, der «Außerparlamentarischen Opposition». Sie formierte sich in der Zeit der Großen Koalition außerhalb vom Parlament und der etablierten Gesellschaft und verunsicherte den Staat mitsamt seinen Institutionen. Karl Marx, den Bürger und Parteien, besonders die Christ- und Freidemokraten, für ewig begraben wähnten, erlebte eine plötzliche Auferstehung, obwohl es in den Jahren, in denen sich die Bundesrepublik konsolidiert hatte, keine «Verarmung des Proletariats» gab, dafür aber Wege zu einem «Wohlstand für alle». Die Gründung der NPD, in der sich alte und neue Rechte und auch unverbesserliche Nationalsozialisten vereinten, blieb kaum mehr als eine Episode. Für gesellschaftliche und politische Veränderungen hatte der konservative Heinrich Lübke kein Verständnis, die Gesellschaftsveränderer mit ihren oft wirren Parolen stießen auf großes Unverständnis bei ihm. Dafür entdeckte sein Nachfolger Gustav Heinemann sein Herz für die rebellierenden Studenten.

Aus der bisher recht ruhigen Bundesrepublik, die sich so intensiv und erfolgreich dem wirtschaftlichen Aufbau gewidmet hatte, war fast über Nacht ein unruhiges Land mit Straßenschlachten, Studentenstreiks und Demonstrationen geworden. Die Schatten der Vergangenheit tauchten wieder auf. Lübke wurde beschuldigt, für Hitlers «Generalbauinspekteur» Albert Speer Konzentrationslager gebaut zu haben. Tatsächlich hatte die Baufirma Schlempp, bei der Lübke Angestellter war, im Auftrag des Reichsbauministeriums KZ-Baracken hergestellt. Solchen Vorwürfen war der längst angeschlagene Lübke nicht mehr gewachsen.

## Die wilden Sechziger

Nicht nur das politische Klima, auch die allgemeine Stimmungslage und die geistige Situation der Zeit hatten sich in der Mitte der sechziger Jahre verändert. Nach dem Wiederaufbau fragten viele Menschen, besonders die jüngere Generation, nicht mehr nur nach dem Wachstum der Wirtschaft. Geist und Kultur erlebten eine neue Blüte, und beide entfalteten sich insbesondere auf dem Humus (oder Mist, wie viele meinten) des dialektischen Materialismus, wenn der auch im Widerspruch zum «Geist der Zeit» stand und allenfalls antiquarischen Wert zu haben schien.

Die satten sechziger Jahre, die für die einen Zufriedenheit mit sich und ihrem demokratischen Staat bedeuteten, gaben anderen Anstöße zu massiver Kritik am gesellschaftlichen System und der politischen Wirklichkeit. Zwischen den Zufriedenen und den Unzufriedenen, den Linken, die in Opposition zur Regierung standen, kam es zu einer immer stärkeren Polarisierung. An den Universitäten förderte vor allem die «Frankfurter Schule» die Kritik an der Gesellschaft, an der die Dialektiker der «Zweiten Aufklärung» partizipierten und von der sie profitierten.

Die Verhärtung der Fronten innerhalb der Gesellschaft, die sich in zwei Lager spaltete, hätte ein Bundespräsident mildern können, wenn er die Statur eines Theodor Heuss besessen hätte. (Es ist jedoch nicht sicher, dass er das politische Klima, wie es nun einmal geworden war, hätte ändern können.) Dass an der Spitze des Staates ein Mann stand, der die geistige Unruhe der Jugend zwar wahrnahm, selbst aber zum Gegenstand der Kritik geworden war, verschärfte die Situation. Ludwig Erhard, in der Mitte der wilden Sechziger Bundeskanzler, versuchte zwar mit seinem Modell von der «formierten Gesellschaft» die Gegensätze in der Gesellschaft zu beseitigen, erklärte dann aber, im Dezember 1966, auf Druck der eigenen Partei seinen Rücktritt.

Die Jugend verlangte nicht nur Reformen, viele wollten eine andere Gesellschaft nach ihrem Abgott Karl Marx. Die bürgerliche Kultur, Universitäten und Schulen waren nicht nur herber Kritik ausgesetzt, sie sollten einer neuen Ideologie mit anderen Institutionen weichen. Daniel Cohn-Bendit, einer der studentischen Wortführer: «Unser Ziel: Umsturz des Regimes.»

Die in Proteste umgeschlagene Kritik an der bürgerlichen Gesellschaft erlebte Ende der sechziger Jahre ihren Höhepunkt in den Unruhen der Studenten, die in Scharen ihrem Idol Rudi Dutschke folgten. Er war 1961 aus der DDR nach West-Berlin gekommen und lehrte hier die Regierung das Fürchten. Als beim zweiten Besuch von Schah Reza Pahlawi 1967 in Berlin bei den Demonstrationen gegen den Besuch des iranischen Herrschers der

Student Benno Ohnesorg erschossen wurde, brach eine Protestwelle los, die nachhaltig die gesamte Bundesrepublik erschütterte.

Während die Demonstrationen immer gewalttätiger wurden, schwieg der Bundespräsident, wohl wissend, dass man auf ihn ohnehin nicht gehört hätte. Auch als auf Rudi Dutschke in den Ostertagen 1968 ein Attentat verübt wurde, als junge Menschen zu Tausenden protestierend auf die Straße gingen und die demokratische Ordnung in Gefahr schien, blieb das Staatsoberhaupt stumm. Statt seiner richtete der Justizminister der Großen Koalition, der Sozialdemokrat Gustav Heinemann, ein kraftvolles Wort an die aufgebrachte Jugend. Was kaum jemand erwartet hatte, trat ein: Die Studenten hörten auf die mahnenden Worte des Bonner Politikers.

Nicht nur die Zeit von Heinrich Lübke war abgelaufen. Eine neue politische Ära war im Kommen. Lübke gab auf. Am 30. Juni 1969, zwei Monate vor Ablauf seiner zweiten Amtsperiode, schied er wegen Krankheit aus dem Amt des Bundespräsidenten. An seinem vierundsiebzigsten Geburtstag, am 14. Oktober 1968, bot er offiziell seinen vorzeitigen Rücktritt an mit der Begründung, Bundespräsidenten- und Bundestagswahl sollten nicht zusammenfallen. Die SPD gratulierte ihm zu seinem Geburtstag mit den Worten: «Zum Wohl des Ganzen haben Sie ohne Rücksicht auf Ihre eigene Person Ihre besten Kräfte gewidmet.»

### Amtspflichten und Wilhelmine

Zwei Mal in seiner zehnjährigen Amtszeit hat Heinrich Lübke die Entlassungsurkunden für die unter dem Druck der eigenen Partei zurückgetretenen Bundeskanzler unterschrieben und persönlich überreicht.

Am 10. Oktober 1963 richtete Konrad Adenauer an den Bundespräsidenten der Bundesrepublik Deutschland, Herrn Dr. H. Lübke, ein Handschreiben mit dem Wortlaut:

*«Sehr verehrter Herr Bundespräsident!*
*Hiermit erkläre ich meinen Rücktritt vom Amt des Bundeskanzlers der Bundesrepublik Deutschland mit Ablauf des 15. Oktobers 1963.*
*In besonderer Verehrung bin ich Ihr sehr ergebener Adenauer.»*

In seiner Abschiedsansprache vor dem Bundestag, nach vierzehnjähriger Kanzlerschaft, erklärte Adenauer: «Ich bin stolz auf das, was das deutsche Volk in dieser verhältnismäßig kurzen Zeit erreicht hat.» Drei Jahre später, im November 1966, schrieb Ludwig Erhard einen Brief gleichen Inhalts an den Bundespräsidenten.

Konrad Adenauers Tod am 19. April 1967 war ein bewegendes Ereignis. In der Villa Hammerschmidt begegneten sich beim Trauerempfang der amerikanische Präsident Lyndon B. Johnson, der französische Staatspräsident Charles de Gaulle, der britische Premierminister Harold Wilson und der ehemalige Premier Harold Macmillan sowie andere amtierende und ehemalige Staatschefs europäischer, afrikanischer und asiatischer Länder.

An allen nationalen Gedenktagen und Trauerfeiern hat Lübke als Staatsoberhaupt gesprochen. Zum Tod seines Vorgängers Theodor Heuss sagte er beim Staatsakt in Stuttgart am 17. Dezember 1963: «Das deutsche Volk nimmt heute Abschied von Theodor Heuss. Es hat ihn, der in schwerer Zeit als erster Bürger an die Spitze des Staates gerufen wurde, verehrt und geliebt, weil er uns aufzuzeigen wusste, was uns über alle weltanschaulichen und politischen Gegensätze hinweg gemeinsam ist. Ob die Menschen damals gespürt haben, dass ihnen mit diesem Mann an der Spitze unseres noch ungefestigten Staatswesens eine besondere Gnade erwiesen war?»

Dank Theodor Heuss gewann das Amt des Bundespräsidenten im Volk ein hohes Ansehen, von dem auch Heinrich Lübke bis zum Ende seiner Amtszeit, trotz der vielen Querelen der letzten Jahre, zehren konnte. Das Wohlwollen der Mehrheit der

Bundesbürger für ihn war groß, später mischten sich darin eher Mitleid als Klagen über seine nicht immer glückliche Art der Amtsführung. Die Kritik der Bürger richtete sich eher gegen die, die ihn angriffen, oder gegen jene, die ihn ein zweites Mal zum Bundespräsidenten gewählt hatten.

Redlich, gewissenhaft und mit Würde ging er seinen Pflichten nach. Fast zweihundert Botschafter hat Lübke in seiner Amtszeit in der Villa Hammerschmidt zur Überreichung ihrer Beglaubigungsschreiben empfangen, unter ihnen auch den ersten israelischen Botschafter Asher Ben Nathan. Heinrich Lübke, der seine Herkunft nie verleugnet hat, blieb auch als Staatsoberhaupt der Welt, aus der er stammte, eng verbunden.

Nach Enkhausen, wo er geboren wurde und zur Schule gegangen ist, kehrte er immer wieder zurück, um sich von seinem strapaziösen Leben als erster Bürger des Staates bei Spaziergängen oder beim Kartenspiel zu entspannen. Im Elternhaus, das noch unverändert dasteht und in dem er Wohnrecht auf Lebenszeit besaß, richtete er sich eine Dreizimmerwohnung ein. Für die Dorfkinder war er der «Onkel Heinrich», für die Erwachsenen der «Herr Lübke». In der alten Dorfschule ist heute eine Lübke-Gedächtnisstätte eingerichtet.

Die zehnjährige Amtsperiode war nicht nur durch sein aufrechtes Bemühen, alles gut und richtig zu machen, geprägt; auch Lübkes Frau Wilhelmine, die in mehreren Sprachen bewanderte Studienrätin von großer geistiger Vitalität, trug dazu bei, dass ihr Mann sein Amt bis zuletzt so korrekt versah wie in allen Jahren vorher. Für die im Mai 1885 geborene Wilhelmine Lübke waren die Aufgaben als Frau des Bundespräsidenten immer wieder eine ehrenvolle Herausforderung.

Auch die Ehefrauen der Präsidenten, für die sich der aus Amerika stammende Begriff First Lady eingebürgert hat, sind zeitgeschichtliche Gestalten und somit eng mit der Entwicklung der Bundesrepublik verbunden. Ihre Aufgaben und Pflichten sind fast die gleichen wie einst bei den Repräsentantinnen der

Monarchie: Fürsorge für die Schwachen der Gesellschaft und Repräsentation bei offiziellen Anlässen. Elly Heuss-Knapp gründete das Deutsche Müttergenesungswerk, das Wilhelmine Lübke als Schirmherrin fortführte. Sie stiftete den Wilhelmine-Lübke-Preis des Kuratoriums Deutsche Altershilfe, das Heinrich Lübke ins Leben rief. Frau Lübke war die erste First Lady, die über das Fernsehen zu Spenden für soziale Zwecke aufrief. Bekannte Schlagersänger wie Udo Jürgens und Adamo sangen für das Kuratorium Deutsche Altershilfe, und Wilhelmine Lübke empfing die Sänger in der Villa Hammerschmidt.

Keine Reise mit ihrem Mann war ihr zu weit und kein Stehempfang zu strapaziös. Nicht nur in Bonn sprach man von der «Wilhelminischen Zeit», in doppelter Anspielung auf Wilhelmine und die Traditionen des Kaiserreichs.

Wenn Heinrich Lübke auch zehn Jahre lang das höchste Staatsamt bekleidete, so fällt es doch schwer, von einer «Lübke-Ära» zu sprechen. Seine zweite Amtszeit als Bundespräsident fiel zusammen mit den «swinging», den wilden sechziger Jahren, der großen Aufbruch- und Protestwelle. Typisch für die sechziger Jahre ist, dass bekannte und bewährte Politiker, die schon vor 1933 aktiv gewesen waren und zu denen auch Heinrich Lübke zählte, von einer jungen Generation nicht so akzeptiert wurden, wie es in den fünfziger Jahren und zur Zeit der Präsidentschaft eines Theodor Heuss der Fall gewesen war.

Aber nicht die Republik wackelte, auch nicht die Institution des Staatsoberhaupts, eine neue Generation wollte andere Köpfe und hatte neue Ideen, auch wenn sie sich letztlich weder inhaltlich noch in ihrer Radikalität als gar nicht so neu erwiesen. Heinrich Lübke und seine Generation wurden von den Vorstellungen der Jugend über Staat und Gesellschaft so überrascht, dass sie mit Unverständnis und Ablehnung reagierten statt mit Verständnis oder geistiger Auseinandersetzung.

Es war keine leichte Amtszeit, eher eine schwierige Periode in einem immer wieder schwierigen Vaterland. In seiner Abschiedsrede vor dem Deutschen Bundestag am 1. Juli 1969 erinnerte Lübke an die Aufgaben, die er sich als Bundespräsident gestellt habe: das Vertrauen der Bürger in unseren Staat und unsere demokratischen Institutionen zu stärken, am Willen zur Einheit Deutschlands festzuhalten und den Hunger in der Welt zu bekämpfen. «Ich habe mich deshalb bei meinen Staatsbesuchen in Ländern der Dritten Welt immer darum bemüht, unser Engagement zu verstärken. Als eine der schönsten Früchte dieser Arbeit betrachte ich, dass während meiner Amtszeit in Gegenwart des damaligen amerikanischen Präsidenten John F. Kennedy in der Villa Hammerschmidt der Deutsche Entwicklungsdienst gegründet wurde. Junge Deutsche draußen in der Welt, nicht als Eroberer, sondern als Pioniere einer friedlichen und fortschrittlichen Entwicklung, das ist etwas, worauf wir stolz sein können.»

Carlo Schmid, der 1959, bei seiner ersten Wahl zum Bundespräsidenten, sein Gegenkandidat gewesen war, schrieb in seinen Erinnerungen über Heinrich Lübke: «Dieser Mann führte sein Amt treu und redlich, aber ohne den Glanz, den Theodor Heuss ihm gegeben hatte.»

Mit seiner altväterlichen Art hatte sich Lübke Respekt besonders bei den Bürgern erworben, die Krieg, Bomben, Hunger und Besatzungszeit überstanden, aber auch das Ende der Weimarer Republik und die NS-Diktatur erlebt hatten. Der Abschied war würdig. Nur in Kiel demonstrierten einige Jugendliche gegen den nun schon Fünfundsiebzigjährigen.

In Schloss Augustusburg in Brühl wurde Lübke noch einmal von denen gefeiert, die ihn gewählt hatten und die immer gerne seine Gäste gewesen waren. An seiner Seite schritt, noch etwas steif, der neue Bundespräsident Gustav Heinemann.

Am 6. April 1972, knapp drei Jahre nach dem Ausscheiden aus dem Amt, ist Heinrich Lübke im Alter von achtundsiebzig Jahren in einer Klinik auf dem Bonner Venusberg gestorben. In seinem Geburts- und Heimatdorf Enkhausen wurde er nach dem Staatsakt im Kölner Dom beerdigt.

Seine Frau Wilhelmine übte auch nach dem Tod ihres Mannes noch zahlreiche ehrenamtliche und karitative Tätigkeiten aus. So war sie Ehrenvorsitzende des Kuratoriums Deutsche Altershilfe. Auch übernahm sie die Leitung des Fonds «Hilfe in Not», der aus Spendengeldern gebildet worden war, die Heinrich Lübke aus Anlass seines siebzigsten Geburtstages statt der üblichen Geschenke erbeten hatte. Sie starb neun Jahre nach ihm, kurz vor ihrem sechsundneunzigsten Geburtstag.

# 3. Porträt:

## Gustav Heinemann (1969–1974)

geboren am 23. Juli 1899 in Schwelm,
gestorben am 7. Juli 1976 in Essen.

Rechtsanwalt und Bergwerksdirektor

1946–49 Oberbürgermeister von Essen

1947–48 Justizminister von Nordrhein-Westfalen

1949–50 Bundesminister des Innern

1950 Rücktritt, 1952 Austritt aus der CDU. Zusammen mit Helene Wessel Gründung der Gesamtdeutschen Volkspartei (GVP)

1949–55 Präses der Synode der EKD. 1957 Eintritt in die SPD

1966–69 Bundesjustizminister

Mit Gustav Heinemann, der im März 1969 zum Präsidenten der Bundesrepublik Deutschland gewählt wurde, übernahm fünfzig Jahre nach dem Reichspräsidenten Friedrich Ebert zum zweiten Mal in Deutschland ein Sozialdemokrat das höchste Staatsamt.

Als er es im Sommer 1969 antrat, stand die bundesdeutsche Gesellschaft mitten in einem Wandel ihres politischen Selbstverständnisses. Bürgerliche Grundwerte, auf denen die Christdemokraten mit der FDP unter der Präsidentschaft von Theodor Heuss die Bundesrepublik politisch, moralisch und nicht zuletzt wirtschaftlich aufgebaut hatten, wurden von einer kritischen Jugend, aber auch von Sozialdemokraten nachdrücklich in Frage gestellt. Gustav Heinemann, ein ungeduldiger und streitbarer Demokrat, stand mehr auf der Seite der Veränderer als auf jener der Beharrer, die mit Recht auf ihre Erfolge verwiesen.

«Heinemann, 1969 gewählt, war unter den drei Bundespräsidenten vor der Wahl die umstrittenste Erscheinung gewesen», schrieb Theodor Eschenburg. An ihm schieden sich gleich zu Beginn seiner Präsidentschaft die politischen Geister. Für seine Parteifreunde war er die Symbolgestalt der mit ihm eingeläuteten neuen politischen Ära, für seine Gegner der Repräsentant einer Richtung, durch die sie die erarbeiteten Güter gefährdet sahen.

Heinemanns Demokratieverständnis war ein anderes als das von Heuss und das der tonangebenden Kräfte innerhalb der CDU/CSU. Während Heuss ein überzeugter Liberaler war, gestützt auf Traditionen, drängte Heinemann, der christliche Pazifist, auf gesellschaftliche Reformen.

## Ein Leben in Essen

In Essen, der damals von Friedrich Krupp beherrschten Industriestadt, hat der am 23. Juli 1899 in Schwelm an der Ruhr geborene Gustav Heinemann von seinem zweiten Lebensjahr an gelebt. Die Metropole der deutschen Schwerindustrie wurde seine Heimat, mit der deutschen Stahlproduktion war sein Leben seit Kindheitstagen eng verbunden, bis er sich für die Politik in Düsseldorf und Bonn engagierte. Aber auch dann blieb er in Essen wohnen. Sein Vater hatte es bei der Firma Krupp zu bescheidenem Wohlstand gebracht, Gustav Heinemann in der Stahlindustrie zu Ansehen und Vermögen.

In das Bild, das der Nachwelt von ihm überliefert und das hauptsächlich in seiner Präsidentenzeit geprägt wurde, scheint die enge Verknüpfung seiner beruflichen Karriere mit der Industrie an der Ruhr nicht zu passen. Heinemann war durch seinen Vater, einen echten Kruppianer – «meine Mutter auch» – in die Groß- und Rüstungsindustrie hineingewachsen. Er selbst stieg dann 1936 bis in den Vorstand der Rheinischen Stahlwerke auf; sein Vater, der Metzgersohn aus Eschwege, brachte es bis zum Direktor der Krankenkasse der Krupp-Werke.

Zwei Jahre nach seinem juristischen und volkswirtschaftlichen Studium war Gustav Heinemann zunächst als Justiziar und Prokurist in die Rheinischen Stahlwerke eingetreten, nach dem Krieg bekannt als Rheinstahl AG. Dass er seit 1933 auch im Vorstand der Bergbaugesellschaft saß, verschaffte ihm zusätzliche Kontakte zur Großindustrie. 1945, nach Kriegsende, wurde Heinemann als Bergwerksdirektor Chef der Hauptverwaltung und ordentliches Mitglied der Rheinischen Stahlwerke. In seinen «fetten Jahren», so Heinemann, habe er sich von den hohen Gehältern und Tantiemen ein ansehnliches Vermögen angespart. In der Essener Schinkelstraße bewohnte er mit seiner großen Familie eine Stadtvilla.

Erst 1945 begann Gustav Heinemanns politische Laufbahn, die ihn, im Alter von siebzig Jahren, an die Spitze der Bundesrepublik brachte. Anders als seine Vorgänger Theodor Heuss und Heinrich Lübke hatte er in der Zeit der Weimarer Republik nicht in den vorderen politischen Reihen agiert. Als Student in Marburg war er als Mitglied der Deutsch-Demokratischen Studentengruppe an Protesten gegen antidemokratische Veranstaltungen beteiligt. Bis 1933 im Christlichen Volksdienst engagiert, gehörte er nach Hitlers Machtergreifung zu den Organisatoren und führenden Mitgliedern der Bekennenden Kirche.

Beim Neubeginn 1945 trat Gustav Heinemann der Christlich-Demokratischen Union Deutschlands bei, die im Sommer 1945 fast gleichzeitig in Berlin und im Rheinland gegründet wurde. Der ehemalige Angehörige der Bekennenden Kirche fühlte sich politisch zur CDU hingezogen, wenn er auch der Auffassung war, dass es eine «christliche Politik» nicht gebe. «In elendester Zeit der Hungersnot, der Demontage, der Trümmerbeseitigung usw.», so Heinemann, war er 1946-49 in seiner Vaterstadt Essen Oberbürgermeister – wie etwa gleichzeitig Konrad Adenauer in Köln. Schon Gustav Heinemanns Vater war Stadtverordneter in einem später eingemeindeten Vorort von Essen gewesen.

Als 1947 der CDU-Politiker Karl Arnold in Düsseldorf die nordrhein-westfälische Landesregierung bildete, wurde Gustav Heinemann, der sein Oberbürgermeisteramt beibehielt, Justizminister und saß mit Heinrich Lübke, dem Landwirtschaftsminister, in einer Kabinettsrunde. «Als Justizminister von Nordrhein-Westfalen hatte Heinemann bereits seine ersten Auseinandersetzungen mit Konrad Adenauer», erinnerte sich Hermann Schreiber in seiner Heinemann-Biographie. Adenauer war damals allerdings noch nicht Bundeskanzler, sondern «nur» Parteivorsitzender. Er holte Gustav Heinemann dennoch 1949 nach Bonn – als Innenminister seines ersten Kabinetts. Auch als Bundesminister wohnte Gustav Heinemann in Essen bei seiner Familie.

## Von einer zur anderen Partei

Heinemanns christliche Überzeugung, seine demokratische Gesinnung und auch Selbstzweifel, ob er dem Nationalsozialismus genügend Widerstand entgegengesetzt hatte, waren die wichtigsten Motive für sein politisches Engagement und seinen Beitritt zur CDU gewesen.

Bald aber kam es zu deutlichen Meinungsverschiedenheiten zwischen dem katholischen Bundeskanzler Adenauer und seinem protestantischen Innenminister Heinemann, der verantwortlich war für die innere Sicherheit der Bundesrepublik. In Heinemanns Ministerium, das in einer alten Bonner Kaserne untergebracht war, wurden wichtige Weichen für die Zukunft gestellt. Arbeit gab es für Jahrzehnte, unter anderem – einem 1950 erlassenen Gesetz entsprechend – Planungen für die Errichtung eines Bundesamtes für Verfassungsschutz, das dem Bundesinnenminister untersteht.

Aber nicht wegen des Verfassungsschutzes gab es Streit zwischen dem Bundeskanzler und seinem Innenminister. Heinemann war gegen die von Adenauer angestrebte Aufnahme der Bundesrepublik in den Europarat, weil nach seiner Meinung dadurch der Graben zwischen West- und Ostdeutschland noch vertieft würde. «Bei der Diskussion über den Eintritt der Bundesrepublik in den Europarat hatte sich bereits ein Gegensatz zwischen dem Innenminister Heinemann und den übrigen Kabinettsmitgliedern und mir angebahnt», so Konrad Adenauer in seinen «Erinnerungen».

Schwerwiegender aber war der Konflikt wegen der Aufstellung einer bewaffneten westdeutschen Streitmacht, wie Adenauer sie ohne Wissen des Kabinetts den Westmächten angeboten hatte. Gustav Heinemann war strikt dagegen. Er stritt für die Errichtung einer Bundespolizei in gleicher Stärke wie die Volkspolizei, die im ostdeutschen Staat unter der sowjetischen Besatzung aufgebaut worden war. Wiederaufrüstung und Wiedervereinigung könne man nicht gleichzeitig haben, meinte Heinemann. «Jede Aktivität der Bundesrepublik im gegenwärtigen Zeitpunkt, die über eine den inneren Bedürfnissen entsprechende Bundespolizei hinausgreift, würde den Riss durch Deutschland vertiefen und die Spannungen verschärfen, ohne unsere Bedrohung zu beheben», schrieb Heinemann dem Kanzler.

Nach genau einem Jahr und zwanzig Tagen als Innenminister trat der überzeugte Pazifist Gustav Heinemann am 9. Oktober 1950 als Bundesminister in der Regierung Adenauer zurück. «Heinemanns Rücktritt erregte großes Aufsehen in ganz Deutschland, zumal Heinemann Präses der Synode der Evangelischen Kirche Deutschland und sehr eng mit hohen evangelischen Stellen verbunden war», erinnerte sich Adenauer durchaus zutreffend in seinen Memoiren.

Zum neuen Innenminister wurde Robert Lehr berufen. Heinemann blieb vorerst Bundestagsabgeordneter der CDU und gründete im Herbst 1951 die «Notgemeinschaft für den Frieden Europas».

Gustav Heinemann über seinen Rücktritt: «Am 10. Oktober (1950) nach der Kabinettssitzung ließ der Bundespräsident mich zu sich bitten. Ich fragte zurück, ob es sich um eine sachliche Aussprache oder nur um eine Verabschiedungsformalität handeln würde, damit ich meinen Anzug danach einrichten konnte. Der Bundespräsident ließ mir sagen, dass er vor seiner Entscheidung über den Vorschlag des Kanzlers, mich aufgrund meines Rücktrittsgesuches aus der Bundesregierung zu entlassen, mit mir sprechen wolle.» Bundespräsident Theodor Heuss beschäftigte sich mit der Frage, ob er die Urkunde unterschreiben solle oder nicht. Nach einigen Überlegungen setzte er seine Unterschrift unter die Entlassungsurkunde.

Nach seinem Rücktritt ging Heinemann ganz nach Essen zurück. «Ich bin nach Essen zurückgekehrt und stehe hier vor der Frage, welches mein weiterer Weg beruflich und politisch sein wird», schrieb er am 20. Oktober 1950 seinem Freund Eberhard Barth. Die zunächst angestrebte Rückkehr zu Rheinstahl ließ sich nicht realisieren. Er erhielt eine Abfindung, machte mit Diether Posser eine Rechtsanwaltspraxis auf und wurde, nachdem er 1952 aus der CDU ausgetreten war, 1953 Mitbegründer einer neuen Partei. (Heinemann und sein Sohn Peter, der in seiner Anwaltskanzlei war, vertraten 1962 den «Spiegel» gegen Verteidigungsminister Strauß in der «Spiegel-Affäre» und Carlo Schmid gegen Kurt Ziesel, Herausgeber des «Deutschland-Magazin».)

Die Gründung der Gesamtdeutschen Volkspartei (GVP) fand in Mülheim an der Ruhr statt, nur wenige Kilometer von Essen entfernt. Ihr gehörten Erhard Eppler, Diether Posser und Helene Wessel an. Gustav Heinemann wurde ins Parteipräsidium gewählt, ebenso der frühere Oberbürgermeister von Ulm, Robert Scholl, Vater der von den Nationalsozialisten ermordeten Geschwister Scholl. Die GVP forderte eine absolute Neutralität der Bundesrepublik, um so die Wiedervereinigung der beiden deutschen Staaten zu erreichen.

Der neuen Partei war nur ein relativ kurzes und bescheidenes Dasein beschieden. Dennoch: «Die GVP hat vier Jahre lang in Gustav Heinemanns politischem und persönlichem Leben eine zentrale Rolle gespielt», urteilte Helmut Lindemann in seinem 1978 erschienenen Buch über Gustav Heinemann. Bei der Bundestagswahl 1953 erhielt die GVP nur 1,2 Prozent der Wählerstimmen, und Heinemann verlor sein Abgeordnetenmandat.

Da die Partei auch bei den Wahlen von 1957 keine Chance hatte, in den Bundestag zu gelangen, führten einige ihrer bekanntesten Mitglieder Gespräche mit der Führung der SPD, darunter auch Gustav Heinemann. Erhard Eppler war bereits Mitglied der Sozialdemokraten geworden. Erich Ollenhauer, damals Parteivorsitzender und Kanzlerkandidat der SPD, versprach Heinemann im Falle eines Übertritts ein Bundestagsmandat.

Die Sozialdemokraten forderten dafür ihren Preis: die Auflösung der GVP. Sieben Tage nachdem dies geschehen war, im Mai 1957, schickte Ollenhauer Gustav Heinemann das SPD-Parteibuch. Im Herbst 1957 konnte er wieder als Abgeordneter in den Deutschen Bundestag einziehen, nunmehr als Mitglied der SPD-Fraktion. Da die Sozialdemokraten nur zweiunddreißig Prozent der Stimmen erhalten hatten – die CDU/CSU knapp über fünfzig Prozent –, blieb Heinemann vorerst kein anderer Weg als der auf die Oppositionsbank.

Gustav Heinemann hatte die politische Partei gewechselt, nicht aber seine christlich-pazifistische Gesinnung. Die SPD befand sich gerade im Wandlungsprozess von einer sozialistisch-weltanschaulichen zu einer linken demokratischen Volkspartei, in der auch Christen ihren Platz finden sollten. In der SPD wurde Heinemann wegen seiner moralischen und sozialen Gesinnung und seines engagierten Christentums bald ein hoch geschätztes Mitglied.

Als die Sozialdemokraten im Dezember 1966 mit den Christdemokraten die Große Koalition eingingen, übernahm Heinemann das Bundesjustizministerium. Unter dem CDU-Kanzler Kurt Georg Kiesinger, einem Juristen wie er, konnte er sich mit neuen Gesetzesvorhaben erfolgreich profilieren. Er strebte eine Justizreform und eine Strafrechtsreform an, die auch das politische Strafrecht erneuern sollte. Die Liberalisierung des Sexualstrafrechts, das noch von den moralischen Auffassungen des 19. Jahrhunderts bestimmt war, geht auf seine Initiative zurück. Die Strafbarkeit des Ehebruchs, ohnehin nicht mehr von den Gerichten verfolgt, wurde aufgehoben, die Homosexualität unter Männern war nun nicht mehr strafbar.

Heinemann setzte sich auch für eine politische Amnestie in Bagatellfällen ein, wehrte sich umso entschiedener aber gegen Bestrebungen, die Verjährungsfrist für NS-Verbrechen nicht zu verlängern.

## Die Wahl in Berlin

Schon im Sommer 1967 schrieb Willy Brandt, der damalige Außenminister der Großen Koalition und Parteivorsitzende der SPD, an den Bundeskanzler und CDU-Vorsitzenden Kurt

Georg Kiesinger sowie an den Vorsitzenden der CSU, Franz Josef Strauß, einen Brief, in dem er den Anspruch der SPD ankündigte, bei den im Juli 1969 fälligen Präsidentschaftswahlen einen eigenen Kandidaten aufzustellen, um nach FDP und CDU den dritten Bundespräsidenten zu stellen. Zu dieser Zeit erwog niemand in der Partei, Gustav Heinemann zu nominieren. Noch weniger dürfte wohl er selber an die Möglichkeit gedacht haben, Staatsoberhaupt in Westdeutschland zu werden – was ihm wie ein «Verrat» an jenen Deutschen hätte erscheinen müssen, die im anderen deutschen Staat lebten.

Unter denen, die von den Sozialdemokraten als potenzielle Präsidentschaftskandidaten genannt wurden, waren der Verkehrsminister und ehemalige Gewerkschaftler Georg Leber, die Landesväter von Hessen, Georg August Zinn, und von Nordrhein-Westfalen, Heinz Kühn, der Erste Bürgermeister von Hamburg, Herbert Weichmann, sowie Willy Brandt, der aber Bundeskanzler werden wollte. Doch keiner der Ausersehenen zeigte großes Interesse, da eine Kandidatur zu diesem Zeitpunkt noch ziemlich aussichtslos schien. Bei den Christdemokraten wurden drei Namen immer wieder genannt: Gerhard Schröder, Eugen Gerstenmaier und Richard von Weizsäcker. Im Gespräch, jedoch ohne irgendeine Chance, war auch der Kaiserenkel Louis Ferdinand Prinz von Preußen.

Dass Gustav Heinemann dann als einziger Kandidat der SPD im März 1969 nach Berlin zur Wahl des Bundespräsidenten reiste, war letztlich der unruhigen Jugend zu verdanken, die bereit war, gerade ihm, dem Justizminister, zuzuhören. Seine «politische Wanderschaft» war für die Sozialdemokraten kein Makel, im Gegenteil, eher ein Zeichen seiner Läuterung. Aber Heinemann war nicht der Kandidat der in der Opposition stehenden Freien Demokraten. Niemand wusste genau, wen die FDP-Vertreter wählen würden.

Die Christdemokraten hatten den konservativen Gerhard Schröder und nicht den liberalen Richard von Weizsäcker nominiert, der wie Gustav Heinemann erkannt hatte, dass Dynamik in die erstarrte Politik kommen müsse. In «Christ und Welt» schrieb Weizsäcker: «Unter der Oberfläche von Stabilität und Zufriedenheit sind wir von Grund in Bewegung. Es gilt, ihre Ursache und Richtung in einer Weise bewusst zu machen, die politisch orientierende Gestalt gewinnt.»

Die Wahl des dritten Bundespräsidenten war ein äußerst dramatisches Ereignis, da bis zur letzten Stunde offen war, welcher Kandidat von den 1036 Wahlmännern gewählt werden würde. Aber jeder politisch interessierte Bürger wusste auch, dass der Wahlausgang das innenpolitische Klima der Bundesrepublik in den nächsten Jahren entscheidend mitbestimmen würde.

Für Walter Scheel und andere Freidemokraten war die Wahl von Gustav Heinemann zum künftigen dritten Bundespräsidenten eine eminent politische Entscheidung. Mit ihm als Staatsoberhaupt sollten die «vorrevolutionären» Zustände in der Bundesrepublik beendet werden. Deshalb setzte Scheel sein Vertrauen in Heinemann, den er kaum kannte, auf den aber die Jugend hörte, statt sich für den Verteidigungsminister Gerhard Schröder zu entscheiden, den er persönlich kannte und der ihm zu konservativ schien.

Die Christdemokraten hofften, dass auch Vertreter der FDP wenigstens im zweiten Wahlgang Gerhard Schröder wählen würden. Aber auch die Sozialdemokraten spekulierten auf die Stimmen der FDP-Wahlmänner (CDU/CSU stellten 482, die SPD 449, die FDP 83 und die NPD 22 der Wahlmänner).

Der erste Wahlgang brachte für Gustav Heinemann zwar einen kleinen Vorsprung vor Gerhard Schröder, doch zur absoluten Mehrheit fehlten ihm fünf Stimmen. Beim zweiten Wahlgang verringerte sich, zur großen Überraschung der Sozialdemokraten, die Stimmenzahl für Heinemann zu Gunsten von Gerhard Schröder, der jetzt 507 Stimmen bekommen hatte, Heinemann nur noch 511.

Erst im dritten und entscheidenden Wahlgang erhielt Gustav Heinemann 512 Stimmen, sechs mehr als Gerhard Schröder. Heinemann verdankte seinen Erfolg ausschließlich seinem späteren Amtsnachfolger Walter Scheel, der seine Parteifreunde ermuntert hatte, doch ihre Stimmen dem sozialdemokratischen Kandidaten zu geben – mit dem Hintergedanken, bei den bevorstehenden Bundestagswahlen im September 1969, wenn möglich, mit der SPD eine Regierung zu bilden, um so wieder an die Macht zu gelangen. Die Sozialdemokraten sahen in der überraschend geschlossenen FDP-Stimmabgabe für Gustav Heinemann ein positives Signal und hofften nicht ohne Grund, dass die FDP im Herbst gemeinsam mit den Sozialdemokraten die neue Regierungsmannschaft stellen würde.

Heinemanns Wahl zum Präsidenten der Bundesrepublik Deutschland war tatsächlich ein entscheidender Schritt für die SPD auf ihrem Weg in das Palais Schaumburg. «Ich bin sicher, dass sich diese Wahl bei der folgenden Bundestagswahl erheblich zu Gunsten der Sozialdemokraten ausgewirkt hat. Dass Gustav Heinemann zum Bundespräsidenten gewählt wurde, beseitigte in der öffentlichen Meinung das letzte Vorurteil über die Regierungsfähigkeit der SPD», schrieb Carlo Schmid in seinen «Erinnerungen».

Nicht nur die politische Landschaft hatte sich mit der Wahl Heinemanns zum Bundespräsidenten verändert, es zeichnete sich auch die Ablösung der alten Regierung ab, das Ende des von der CDU/CSU dominierten Kiesinger-Kabinetts. Heinemann erklärte nach seiner Wahl: «Es hat sich jetzt ein Stück Machtwechsel vollzogen, und zwar nach den Regeln der parlamentarischen Demokratie.» Der Jubel bei den Sozialdemokraten war groß. Nicht zu Unrecht erblickten sie in der Wahl des SPD-Politikers zum Staatsoberhaupt den Anfang der Wende, das Ende der zwanzigjährigen CDU/CSU-Herrschaft in Bonn.

Bei seinem Amtsantritt am 1. Juli 1969 im Deutschen Bundestag, dem er fünfzehn Jahre angehört hatte – vier Jahre als

CDU- und elf Jahre als SPD-Abgeordneter –, sagte Heinemann: «Wir stehen erst am Anfang der ersten wirklich freiheitlichen Periode unserer Geschichte. Überall müssen Autorität und Tradition sich die Frage nach der Rechtfertigung gefallen lassen. Nicht weniger, sondern mehr Demokratie – das ist die Forderung, das ist das große Ziel, dem wir uns alle und zumal die Jugend zu verschreiben haben. Es gibt schwierige Vaterländer. Eines davon ist Deutschland. Aber es ist unser Vaterland.»

## Auftakt im Schloss

An der Seite von Heinrich Lübke wurde der dritte Bundespräsident auf Schloss Brühl am Vorabend der Vereidigung in sein hohes Amt eingeführt und betrat den Roten Teppich, Symbol der Macht aus monarchischer Zeit. Am Arm von Wilhelmine Lübke schritt Hilda Heinemann im weißseidenen Brokatkostüm und mit weißem Hut die Marmorstufen des berühmten barocken Treppenhauses hinab auf die Schlossterrasse, setzte sich graziös auf den bequemen Sessel und schaute staunend auf die dreitausend Gäste im Garten.

Alles was in der Republik Rang und Namen hatte, war zur bürgerlichen «Inthronisation» erschienen, auch einige Sänger und Schauspieler wie Anneliese Rothenberger und Victor de Kowa mit seiner japanischen Frau. Militärmusik, der Choral «Ich bete an die Macht der Liebe» aus dem Großen Zapfenstreich und das Deutschlandlied beendeten die Ära Lübke und verkündeten den Einzug von Gustav Heinemann in die Villa Hammerschmidt. Intime Kenner seines widerspruchsvollen Geistes hielten Heinemann für einen Monarchisten.

Mit dem Abschied von Heinrich Lübke ging tatsächlich die erste Nachkriegsepoche zu Ende. Ein neuer Geist regte sich nicht nur bei der antiautoritär denkenden Jugend, auch liberale Konservative nahmen die neue Entwicklung wahr, Männer wie

Richard von Weizsäcker, der bei der Nominierung für die Präsidentenwahl dem Kandidaten Gerhard Schröder unterlegen war.

Heinemann erklärte bei seiner Vereidigung: «Freiheitliche Demokratie muss endlich das Lebenselement unserer Gesellschaft werden … Weder die christlichen Kirchen mit ihren Glaubensaussagen und ihren Ordnungen noch der Staat mit seinen verfassungsmäßigen Organen wie etwa den Parlamenten, noch Sitte und Moral als solche … sind heute von bohrenden kritischen Fragen ausgenommen.»

Den ersten Abend in der Villa Hammerschmidt verbringt Gustav Heinemann mit seiner Familie und Freunden.

Drei Tage später nimmt die Bundesregierung den Dialog mit der Sowjetunion über den Gewaltverzicht wieder auf. Drei Wochen nach seinem Amtsantritt feiert der neue Präsident seinen siebzigsten Geburtstag. Nicolai Podgorny, Staatsoberhaupt der Sowjetunion, schickt siebzig rote Rosen und roten Krimsekt an den Repräsentanten der neuen Zeit in Bonn.

## Der ungeduldige Präsident

In seiner ersten und letzten «Predigt» vor dem Deutschen Bundestag, vor dem der Präsident Heinemann den Eid leistete und in der er Kritik auch an der Kirche übte, sagte er: «Zeitlebens bin ich selber ein ungeduldiger Mensch gewesen. Ich bin es immer noch … In dieser meiner eigenen Ungeduld verstehe ich sogar die radikalen Gruppen der unruhigen Jugend.»

Gustav Heinemann wollte die Welt – unsere Gesellschaft, unseren Staat und sogar unsere Demokratie – verändern, verbessern, obwohl er die auf Menschenwürde und Menschenrechte gegründete Ordnung der Bundesrepublik als die beste in der deutschen Geschichte betrachtete. Verändern durch Kritik. Die (gescheiterte) Revolution in Deutschland war eines seiner Lieblingsthemen. Wie ein Schulmeister prangerte er oft mit erhobenem Zeigefinger Missstände in der Gesellschaft an und tadelte die Trägheit der Menschen. Er provozierte Widerspruch und war selbst ein Widerspruchsgeist. Damit schaffte er sich nicht nur Freunde.

Manche Christdemokraten sahen in ihm den Opa der APO, der Außerparlamentarischen Opposition. Heinemann sprach selbst von «meinen APO-Jahren». Aber er war weder ein Antidemokrat noch ein Staatsverneiner. Er machte nur auf Fehler im demokratischen Staat aufmerksam. Gesetz und Ordnung waren ihm unerlässlich für ein freiheitlich-demokratisches Staatswesen. Nicht wenige Menschen rieben sich an ihm, wie er durch sie zum Nachdenken, auch zur Korrektur seiner Ansichten angeregt wurde. Ändern konnte er als Präsident ohnehin nichts, wohl aber auf einen Bewusstseinswandel hinwirken. Aber auch das gelang ihm nur in gewissen Grenzen. Für die, die ihm schon vor seiner Präsidentschaft zugehört hatten, blieb er eine politische Autorität. Die seine Auffassung von Staat und Gesellschaft nicht teilten, konnte er auch als Bundespräsident nicht überzeugen.

Als ein stark von den Grundsätzen der christlichen Ethik geprägter Politiker wollte er «Erzieher» der Deutschen sein und erinnerte bei allen Gelegenheiten an Versäumnisse und Fehler in der deutschen Geschichte. Anlässlich des 450. Jahrestags des Reichstags zu Worms, auf dem Martin Luther vor dem versammelten Konzil seine 95 Thesen zur Reform der römischen Kirche nicht widerrief, sagte Heinemann: «Wir haben erkannt, dass es eine christliche Politik und einen christlichen Staat nicht geben kann, wissen aber andererseits, dass es Aufgabe des Christen ist, Gehorsam gegen Gottes Wort auch im politischen Handeln zu üben, auch wir haben einsehen gelernt, dass es in Vergangenheit und Gegenwart, auch in der Kirche, oft mehr um Fragen der Macht und der falschen Autorität geht.»

Sein unruhiger und kantiger Geist, der gewiss auch vom Denken des ostpreußischen Philosophen Kant geprägt war, wenngleich es darüber keine Zeugnisse gibt, rief zumal in konservativen katholischen Kreisen Widerspruch und Kritik hervor. Doch zur Überraschung seiner Gegner hielt sich Gustav Heinemann an die ihm vom Grundgesetz vorgezeichneten Grenzen und erfüllte ohne Murren seine Pflichten. So stellte er nun auch nicht mehr die Existenz der Bundeswehr infrage. Bald nach seinem Amtsantritt empfing er die Inspekteure aller Waffengattungen zu ausführlichen Gesprächen. Bei seinen neun Truppenbesuchen ließ er sich militärische Geräte vorführen, nahm am Unterricht der Soldaten und gemeinsamen Essen teil. Er besuchte aber nicht nur militärische Einrichtungen und zum Wehrdienst eingezogene Soldaten, sondern auch jene jungen Männer, die stattdessen zivilen Ersatzdienst leisteten. Als militärischer Berater diente ihm Kapitän zur See Werner Gruner, der als Verbindungsoffizier zum Bundesverteidigungsministerium fungierte. Gustav Heinemann empfing in der Villa Hammerschmidt auch hochrangige ausländische Militärs, darunter den damaligen Oberbefehlshaber der US-Streitkräfte in Europa, General David Jones.

«Sicherlich habe ich auch die Bundeswehr zu vertreten. Aber mit der Bundeswehr bin ich völlig einig darin, dass sie die Aufgabe des Mitwirkens bei der Abschreckung gegenüber dem Osten hat. Dass der Rüstungswettlauf nicht die letzte Lösung unserer Probleme sein kann, bleibt aber trotzdem richtig», so Gustav Heinemann in einem «Spiegel»-Interview. «Vor meinem Amtsantritt hatte ich ja überhaupt keinen Kontakt zur Bundeswehr. Erst durch dieses Amt bin ich mit der Bundeswehr in Beziehung gekommen, und die Begegnungen sowohl mit Generälen, Inspekteuren als auch mit Leuten von der Truppe sind in einer offenen, sehr freundlichen Weise verlaufen.»

Heinemann war kein bequemer Präsident – auch nicht für die, die ihn gewählt hatten. Als er im Oktober 1969 in der Villa Hammerschmidt dem ersten sozialdemokratischen Bundeskanzler Willy Brandt und seinem Kabinett, dem auch Heinemanns Nachfolger Walter Scheel angehörte, die Ernennungsurkunden überreichte, rief er ihnen ins Gewissen: «Auch Ihnen ist nicht mehr als kontrollierte Macht auf Zeit anvertraut. Nutzen Sie diese Ihre Zeit.» Heinemanns politische Ungeduld stieß überall an die Pfeiler der Verfassung. Seine Macht endete am Zaun des Bundespräsidialamtes. Die SPD-Baracke setzte ihm aber auch hier Schranken. Sie hatte einige Genossen in die Villa Hammerschmidt delegiert, denn unter den Sozialdemokraten regte sich auch Kritik an Heinemanns Amtsführung, vielen schien er zu eigenwillig.

Durch den Regierungswechsel war Bewegung in die deutsche Außenpolitik gekommen. Der Blick nach Osten, schon mit der Politik der Großen Koalition seit 1966 auf Entspannung gerichtet, war von Sorgen und Ängsten begleitet. 1970, ein Jahr nach Heinemanns Amtsantritt, wurde nach schwierigen Verhandlungen in Moskau der Deutsch-Sowjetische Vertrag über Gewaltverzicht und Zusammenarbeit unterzeichnet. Bundeskanzler Willy Brandt und Außenminister Walter Scheel reisten in die sowjetische Metropole, um im Kreml ihre Unterschriften unter den «Moskau-Vertrag» zu setzen.

Im Mai 1973 kam der Generalsekretär der KPdSU, Leonid Breschnew, zu Besuch nach Bonn. Noch war er nicht Staatsoberhaupt der zweihundert Millionen Sowjetbürger und deshalb auch nicht hochoffizieller Gast von Gustav Heinemann. Nur eine Stunde war für das Gespräch des Bundespräsidenten mit dem KP-Chef aus Moskau vorgesehen. Heinemann erinnerte Breschnew dabei an die in der Sowjetunion lebenden Deutschen, die in die Bundesrepublik übersiedeln wollten. Zu dem Essen, das Breschnew auf dem ihm zu Ehren wieder eröffneten Petersberg für Bundeskanzler Brandt gab, war Heinemann aus protokollarischen Gründen nicht geladen. Einer der Gäste Breschnews war aber Helmut Kohl, damals Ministerpräsident von Rheinland-Pfalz.

Obwohl er seine Landsleute bei jeder Gelegenheit, die sich bot, an ihre nationalen Tugenden und Pflichten erinnerte, obwohl er ihnen mit hohem moralischem Anspruch immer wieder ins Gewissen redete, sie ermahnte, zu Toleranz und staatsbürgerlichem Wohlverhalten aufrief, kam Gustav Heinemann bei den meisten Deutschen gut an. Respektiert wurde er auch von ehemaligen politischen Gegnern. Bei den Sozialdemokraten hatte Heinemann nach dem Wandern zwischen den Parteien und deren Programmen seine politische Heimat gefunden, wenn er auch durch seine bürgerliche Herkunft und Erziehung wie ein «Exot» unter den Genossen wirkte. Der SPD blieb er trotz seiner Überparteilichkeit als Bundespräsident innerlich verbunden. Die Akzente, die er während der fünfjährigen Amtszeit setzte, stimmten überein mit sozialdemokratischen Denk- und Lebensformen. Doch ihm fehlten, wie viele meinten, das «Savoir-vivre» und musische Interessen, obgleich er und seine Frau Hilda sich an zeitgenössischer Kunst sehr interessiert zeigten.

## «Ich liebe meine Frau»

Über den Bildschirm machte Gustav Heinemann nach der Wahl zum Bundespräsidenten seiner Frau Hilda eine überraschende Liebeserklärung. «Ich liebe nicht den Staat, ich liebe meine Frau», hat er auf die Frage eines Fernsehreporters nach seinem Verhältnis zum Staat geantwortet.

Als Heinemann zum Staatsoberhaupt gewählt wurde, war er dreiundvierzig Jahre mit Hilda Ordemann verheiratet. Mit der Tochter eines Bremer Getreidegroßhändlers – drei Jahre älter als Heinemann – hatte er 1926 nach gemeinsamen Studienjahren in Marburg die Ehe geschlossen.

Nach der Hochzeit zog das Ehepaar Heinemann nach Essen, wo ihre vier Kinder, die Töchter Uta, Barbara, Christa und Sohn Peter geboren wurden. Sie blieben dort auch wohnen, als Gustav Heinemann in Bonn Innen- und später Justizminister war. Erst nach seinem Amtsantritt als Bundespräsident wohnte Hilda Heinemann mit ihrem Mann in Bonn in der ersten Etage der Villa Hammerschmidt, ausgenommen die freien Wochenenden, die sie gemeinsam in Essen verbrachten.

Hilda Ordemann hatte in Marburg bei dem Theologen Rudolf Bultmann studiert, bekannt durch seine Versuche zur «Entmythologisierung» des Neuen Testaments. Ihre Mutter war die Tochter eines Berner Pastors. Man sagt, Gustav Heinemann sei erst durch seine Frau zum überzeugten Christen geworden und nicht vorher durch sein Elternhaus oder eigene Erkenntnis. Hilda hat, wie Gustav Heinemann, in der NS-Zeit der Bekennenden Kirche angehört, der mutigen Bewegung innerhalb der evangelischen Kirche, die sich als christliche Opposition gegen die Unterdrückung durch die Nationalsozialisten zur Wehr setzte.

Frau Heinemann ist ihrem Ehemann, der sich erst nach dem verlorenen Krieg in herausragender Position politisch engagierte, auf allen seinen Wegen und zu all seinen Zielen gefolgt: bei der Ausübung seines Oberbürgermeister- und Ministeramtes in den ersten Nachkriegsjahren, bei seinem Bruch mit Konrad Adenauer, beim Austritt aus der CDU, bei der Gründung einer eigenen Partei, beim Beitritt zur SPD, beim Aufstieg in der Sozialdemokratie bis zum Bundespräsidenten.

Als Frau des Bundespräsidenten war Hilda Heinemann die First Lady des westdeutschen Staates oder «Erste Dame», eine Bezeichnung, die ihr besser gefiel. Pflichtbewusst und auch mit Genugtuung erfüllte sie die gesellschaftlichen Aufgaben und schuf sich wie ihre Vorgängerinnen Elly Heuss und Wilhelmine Lübke ihren eigenen Wirkungskreis, der traditionsgemäß auf sozialem Gebiet lag. Aber sie zeigte auch viel Interesse für moderne Kunst und förderte durch Ausstellungen in der Villa Hammerschmidt junge Künstler. Das Leben als «Erste Dame» im Staate hat sie, wie Wilhelmine Lübke vor ihr, mit weltläufiger Würde genossen. An der Seite von Prinzen, Königen und Präsidenten zu dinieren, bereitete ihr Vergnügen, entschädigte sie für die mitunter langen und strapaziösen Reisen. Als sie an der Seite ihres

Mannes im Mai 1970 nach Japan fuhr, war sie immerhin schon fünfundsiebzig Jahre alt.

Aus eigener Initiative gründete sie die «Hilda Heinemann-Stiftung Wohnstätten für Behinderte», die als «Bundesvereinigung Lebenshilfe für geistig Behinderte» fortbesteht. Ihr soziales Engagement galt besonders den Benachteiligten unserer Gesellschaft, den geistig und körperlich Behinderten, aber auch den Drogensüchtigen und den weiblichen Gefangenen. Für «Amnesty International» übernahm sie die Schirmherrschaft und veranstaltete einen großen Bazar in Bonn.

Gustav Heinemann, der aus nächster Nähe ihre Verdienste um die Eingliederung kranker und sozial benachteiligter Menschen kannte, schätzte immer auch den politischen Rat seiner Frau. Scherzhaft ernannte er sie zum «Staatssekretär ehrenhalber». Der Abschied von der Villa Hammerschmidt im Alter von fast achtzig Jahren ist ihr nicht leicht gefallen. Hilda Heinemann wäre wie ihre Vorgängerin wohl gerne noch eine Weile «Erste Dame» geblieben. Ihr Mann hatte indessen nicht die Absicht, 1974 erneut zu kandidieren.

Sie hat Gustav Heinemann, der drei Monate vor ihrer goldenen Hochzeit am 7. Juli 1976 in Essen starb, überlebt. Drei Jahre nach seinem Tod ist Hilda Heinemann im Huyssenstift in Essen gestorben.

## Dramatische Jahre

Gustav Heinemanns Wahl zum Bundespräsidenten folgten die wohl dramatischsten Jahre in der Geschichte der Bundesrepublik. Schon in den Jahren vor seiner Präsidentschaft hatte sich vor allem in der jüngeren Generation ein politischer und geistiger Bewusstseinswandel abgezeichnet. 1968, nach dem Attentat auf Rudi Dutschke, seit 1966 als führendes Mitglied des Sozialistischen Deutschen Studentenbundes Organisator und Agitator der außerparlamentarischen Opposition und ihrer Protestaktionen, insbesondere auch gegen das militärische Engagement Amerikas im Vietnamkrieg, sagte der damalige Justizminister Heinemann am Ostermontag, dem 14. April: «Zu den Grundrechten gehört auch das Recht zu demonstrieren, um öffentliche Meinung zu mobilisieren. Auch die junge Generation hat einen Anspruch darauf, mit ihren Wünschen und Vorschlägen gehört und ernst genommen zu werden.» Und in der Zeitschrift «Die Neue Gesellschaft» schrieb er: «Die Ideenstille, die bislang bei uns herrschte, war kein erfreuliches Zeichen für die Entwicklung unserer Demokratie.» Nicht nur die Jugend applaudierte dem alten Herrn in der Rosenburg, dem Bonner Justizministerium.

Beim Einzug in die Villa Hammerschmidt, die für ihn renoviert wurde, tauschte Gustav Heinemann die Gemälde alter Meister, die noch Theodor Heuss ausgewählt hatte, gegen moderne Bilder aus – als sichtbares Zeichen des Wandels, des Abschieds von lieb gewordenen Traditionen.

Fünf Monate nach Heinemanns Einzug in das Präsidentenamt zog Willy Brandt im Oktober 1969 als Bundeskanzler in das Palais Schaumburg ein, von dem aus zwanzig Jahre die Christdemokraten regiert hatten. Damit erfolgte ein signifikanter Machtwechsel. An der Spitze der Bundesrepublik standen nun Sozialdemokraten, Gustav Heinemann als Präsident und Willy Brandt als Regierungschef.

Die Tatsache, dass die Christdemokraten erstmals nicht an der Regierung beteiligt waren, löste in der Bevölkerung viele Emotionen aus, Hoffnungen, Erwartungen und Befürchtungen. Die Sozialdemokraten wollten nicht nur neue Akzente und Schwerpunkte setzen. Sie wollten den völligen, den radikalen Neubeginn. Willy Brandt verkündete ein umfangreiches Reformprogramm für die nächsten zwanzig Jahre. Doch bei der Überreichung der Ernennungsurkunden in der Villa Hammerschmidt rief Bundespräsident Heinemann dem neuen Bundeskanzler und seinen Ministern ins Gewissen: «Niemand von uns ist der Staat.»

Der Ruf nach einer neuen Politik mit dem Ziel, bisherige Rechtsansprüche aufzugeben und dafür die Beziehungen zur Sowjetunion und zu den übrigen Ostblockländern zu verbessern, einschließlich der DDR, drang über die Medien in die Wohnstuben fast aller Bürger. Nicht zuletzt sollte versucht werden, Erleichterungen im Reise- und Transitverkehr im geteilten Deutschland zu erreichen. Aber keineswegs alle Bundesbürger befürworteten radikale Veränderungen. Eigentlich war es nur eine Minderheit, die mit der alten Politik gänzlich unzufrieden war und eine total neue Gesellschaft wollte.

Den großen Worten und Gesten von Willy Brandt in seiner Regierungserklärung vom November 1969 vor dem Deutschen Bundestag folgten zunächst keine großen Taten, aber viele kleine Schritte. Den einen, den Anhängern von Brandt, ging vieles zu langsam; die anderen, die nun ihr politisches Leben in der Opposition fristeten, klagten über voreilige Änderungen der Ostpolitik, während die Bürger von politischen Entscheidungen wie zuvor weitgehend ausgeschlossen blieben. Auch Bundespräsident Heinemann konnte, trotz seiner Reden vom mündigen Bürger, wenig daran ändern.

Die Kontakte mit Moskau, von Konrad Adenauer dreizehn Jahre vorher eingeleitet und von Bundeskanzler Kurt Georg Kiesinger erneut aufgegriffen, führten zunächst zu keinen spektakulären Ergebnissen (erst als die von Egon Bahr ausgehandelten Verträge bekannt wurden, gab es massive Kritik vonseiten der CDU/CSU). Dafür überstürzten sich die Ereignisse in der Bundesrepublik. Demonstrationen der Jugendlichen blieben auch der SPD/FDP-Regierung nicht erspart, obwohl viele junge Menschen mit den Sozialdemokraten Willy Brandt und Heinemann sympathisierten. Doch vom Regierungswechsel allein war die streitbare Jugend nicht umzustimmen, zumal sie vom damals siebzigjährigen Staatsoberhaupt zur Ungeduld ermuntert worden war. Die Jugend drängte auf eine radikale Veränderung des politischen Systems; Teile von ihr verlangten nach einer marxistischen Räterepublik und riefen auf zum offenen Kampf gegen das verhasste «Establishment».

Junge Männer, viele langhaarig und mit wilden Bärten, und junge Mädchen, die sich wie ihre männlichen Gesinnungsgenossen betont antibürgerlich kleideten und gebärdeten, beunruhigten die Bevölkerung durch gezielte Attentate. Einige extrem fanatische Angehörige der studentischen Protestbewegung begannen 1968-70, angeführt von Andreas Baader und Ulrike Meinhof, mit dem Aufbau der Roten-Armee-Fraktion (RAF). Inspiriert von Mao Tse-tungs Aufsatz von 1929 «Über die Mentalität umherschweifender Rebellenhaufen», bildete die bewaffnet im Untergrund operierende RAF in deutschen Großstädten nach den Methoden der Stadtguerilla «Revolutionäre Zellen». Das Geld zum Lebensunterhalt und zur Ausführung der Terroranschläge, mit denen sie die Republik aus den Angeln heben wollten, beschafften die Bandenmitglieder sich zu einem Großteil aus Banküberfällen.

Viele Jugendliche sympathisierten gleichzeitig mit den terroristischen Gruppen, die in der Bundesrepublik ein revolutionäres Klima schaffen wollten, und mit dem Bundespräsidenten. Dass die Terrorakte immer brutaler wurden, war für Heinemann besonders bitter. Er forderte die Regierung zur Besonnenheit im Kampf gegen die Terroristen auf, deren Aktionen er entschieden verurteilte. Aber: «Die Staatsmacht schien machtlos, wirkte hilflos» (Arnulf Baring). Heinemanns wohlmeinende Worte wurden weder von den Revolutionären noch von den Regierenden beherzigt.

In Krisenzeiten kann der Bundespräsident zur zentralen Figur der Politik werden. Heinemann, der sich für die Ereignisse mitverantwortlich fühlte, versuchte erneut, mahnend und beschwörend in das dramatische Geschehen einzugreifen. «Der Staat muss diese Kampfansage mit angemessenen harten Mitteln beantworten. Er ist stark genug, Gewalttäter aller Art zu überwinden.» Die Terroristen wollte er öffentlich auffordern, ihren

Kampf zu beenden, auf Wunsch von Bundeskanzler Brandt aber wurde sein Aufruf, der sich auch an Polizisten richten sollte, nicht veröffentlicht. Die Regierung Brandt und die Regierungschefs der Länder beschlossen im Januar 1972 den «Radikalenerlass». (Nach den «Grundsätzen über die Mitgliedschaft von Beamten in extremen Organisationen» müssen die Angehörigen des öffentlichen Dienstes sich positiv zur freiheitlich-demokratischen Grundordnung bekennen.)

Erst die Festnahme Ulrike Meinhofs und ihrer Gesinnungsgenossen im Juni 1972 beendete die schlimmste Schreckenswelle. Diejenigen, die nicht von der Polizei gefasst werden konnten, setzten ihren Kampf gegen die Republik fort.

Tief erschüttert reagierte Gustav Heinemann auf das Attentat während der Olympischen Sommerspiele 1972 in München, über die er die Schirmherrschaft übernommen hatte. Die palästinensische Terroristenorganisation «Schwarzer September» hatte im olympischen Dorf die israelische Mannschaft überfallen, zwei Sportler ermordet und neun als Geiseln genommen. Als die Polizei die Geiseln befreien wollte, töteten die Terroristen auch diese Sportler. Bei der Trauerfeier sagte Heinemann: «Wer sind die Schuldigen der Untat? Im Vordergrund ist es eine verbrecherische Organisation, die da glaubt, dass Hass und Mord Mittel des politischen Kampfes sein können. Verantwortung tragen aber auch jene Länder, die diese Menschen nicht an ihrem Tun hindern. Allen Menschen in allen Teilen der Welt ist in den letzten Stunden vollends klar geworden, dass Hass nur zerstört.«

Zu einem spannungsreichen Ereignis wurde das vom CDU-Politiker Rainer Barzel, der Bundeskanzler werden wollte, inszenierte Misstrauensvotum gegen Kanzler Willy Brandt. Noch immer war nach den Wahlen von 1969 die Fraktion der CDU/CSU, dicht gefolgt von der SPD, die stärkste im Bundestag; sie hatte demnach auch den Parlamentspräsidenten, Kai Uwe von Hassel, zu stellen.

Als die Mehrheit für die Regierung durch Parteienwechsel immer knapper geworden, fast eine Pattsituation entstanden war, die die Regierungsarbeit stark beeinträchtigte, sah Rainer Barzel seine Stunde gekommen. Durch ein Überwechseln von nur zwei FDP-Abgeordneten zur CDU hätten die Christdemokraten die Mehrheit im Parlament gewonnen. Dies verführte Barzel, ebenso ehrgeizig wie machtorientiert, nachdem er sich der Zustimmung zweier FDP-Politiker versichert hatte, zu dem Versuch, Bundeskanzler Willy Brandt durch ein Misstrauensvotum zu stürzen. Aber das Vorhaben scheiterte.

Der 27. April 1972 wurde zum Jubeltag für Brandt und zur großen Niederlage für Rainer Barzel. Heinemann wurde von den Ereignissen im Deutschen Bundestag, nur dreihundert Meter vom Präsidialamt entfernt, laufend informiert. Er wollte vorbereitet sein für den Fall der Bildung einer neuen Regierung, des Rücktritts von Willy Brandt und der Ernennung von Rainer Barzel zum Bundeskanzler. Beeinflussen konnte er den Gang der Dinge nicht, aber auch er atmete wie seine Freunde in der SPD auf, als Barzels Coup gescheitert war.

Zwei Mal in seiner fünfjährigen Amtszeit musste Gustav Heinemann dem Kanzler und SPD-Vorsitzenden Willy Brandt, der ihm die Chance geboten hatte, Bundespräsident zu werden, Entlassungsurkunden überreichen. Das erste Mal im September 1972, als Brandt wenige Monate nach dem missglückten Misstrauensvotum Barzels im Parlament die Vertrauensfrage stellte und die erste Regierung Brandt/Scheel aufgelöst wurde, damit Neuwahlen stattfinden konnten.

Aus der Bundestagswahl am 19. November 1972 ging die SPD als stärkste Partei hervor. Sie erhielt 45,8 Prozent der Stimmen, die CDU/CSU mit ihrem Kanzlerkandidaten Barzel 44,9 Prozent. Zehn Tage vor Weihnachten konnte Gustav Heinemann zum zweiten Mal Willy Brandt die Ernennungsurkunde zum Bundeskanzler überreichen.

Eine Affäre in der Bundeshauptstadt ließ im Frühling 1974

ein politisches Gewitter über die Bundesrepublik hereinbrechen. Ein Spion aus Ost-Berlin, der in das Kanzleramt eingeschleust worden war, hatte seine Auftraggeber mit wichtigen Nachrichten versorgt.

Im April gab die Bundesanwaltschaft bekannt, dass ein enger Mitarbeiter des Bundeskanzlers unter dem Verdacht der Spionage festgenommen worden sei. Der «Meisterspion» Günter Guillaume, ein persönlicher Referent von Willy Brandt, und dessen Frau Christel waren in der Nacht vom 24. zum 25. April 1974 verhaftet worden. Nach dreizehn dramatischen Tagen (und Nächten) erklärte Brandt, der Friedensnobelpreisträger von 1971, in einem Brief an den Bundespräsidenten seinen Rücktritt:

*«Sehr geehrter Herr Bundespräsident,*
*ich übernehme die politische Verantwortung für Fahrlässigkeit im Zusammenhang mit der Agentenaffäre Guillaume und erkläre meinen Rücktritt vom Amt des Bundeskanzlers. Gleichzeitig bitte ich darum, den Rücktritt unmittelbar wirksam werden zu lassen und meinen Stellvertreter, Bundesminister Scheel, mit der Wahrung der Geschäfte des Bundeskanzlers zu beauftragen, bis ein Nachfolger gewählt wird.*
*Mit ergebenen Grüßen*
*Ihr Willy Brandt.»*

Zehn Tage später empfing der Bundespräsident Helmut Schmidt, am 16. Mai 1974 zum Bundeskanzler gewählt, und sein Kabinett zur Ernennung. Einen Tag zuvor war in der Bonner Beethovenhalle der provisorisch amtierende Bundeskanzler und Außenminister Walter Scheel zum Nachfolger von Gustav Heinemann als Bundespräsident gewählt worden, im ersten Wahlgang und mit deutlicher Stimmenmehrheit vor Richard von Weizsäcker.

## Eine neue Gesellschaft?

In den zwei Jahrzehnten der Republik, unter den Präsidenten Theodor Heuss und Heinrich Lübke, hatte sich in der Bundeshauptstadt eine politische Klasse gebildet, von Politikern für Politiker und ihren Tross: die Beamten. Zwanzig Jahre gehörten die Sozialdemokraten nur zur zweiten Garnitur dieser neuen Klasse. Nun standen sie «oben».

Als Gustav Heinemann Staatsoberhaupt wurde (ein Begriff, den er nicht schätzte), war die Bonner Gesellschaft bereits so fest etabliert, dass es kaum Chancen gab, ihre Strukturen zu verändern. Heinemann setzte aber einige neue Akzente. Zu Beginn der siebziger Jahre forderte nicht nur der Bundespräsident eine neue Gesellschaft: eine offene, eine demokratische, eine sozial gerechte Gesellschaft. Das war die Bundesrepublik auch bisher gewesen. Und eine neue Gesellschaft bildet sich nicht allein durch den Wunsch einiger Neuerer, auch nicht durch neue Umgangsformen. Dennoch drückt sich in den Formen des Umgangs der Menschen miteinander und auch in der Kleidung der Zeitgeist aus. Das Festliche, das in festlicher Kleidung zum Ausdruck kommt, das Feierliche, das sich durch Zeremonien ausdrückt, das wurde nun zurückgedrängt und auf ein Minimum reduziert.

Man sprach und schrieb viel vom «Abschied von Pomp und Pracht» in der Villa Hammerschmidt. Aber übertriebenen Prunk hatte es auch bei den bürgerlich auftretenden Präsidenten Heuss und Lübke nie gegeben. Und Gustav Heinemann war zu bürgerlich erzogen, um antibürgerlich aufzutreten. Er blieb, auch wenn er das Bier mit Arbeitern aus der Flasche trank oder sich die Jacke locker um die Schultern hängte, bei offiziellen Anlässen den hergebrachten Formen treu, ähnlich wie Willy Brandt, der im Palais Schaumburg nicht ohne Würde regierte. Der Handkuss, besonders unter Adligen üblich, verlor an Bedeutung, dafür wurde der Wangenkuss unter Genossen umso beliebter. Als jedoch der Generalsekretär der Sowjetunion Leonid Breschnew Bonn besuchte, begrüßte er im Garten auf dem Venusberg Rut Brandt, Frau des Kanzlers, mit charmantem Handkuss.

Es war nicht nur Bewegung in die Außenpolitik gekommen, eine neue Gesellschaft versuchte sich zu formieren oder die alte umzufunktionieren. Dass in Bonn neue Gesichter auftauchten, nachdem man der alten überdrüssig war, wurde allgemein begrüßt. Schriftsteller allerdings, Heinrich Böll, Günter Grass und Siegfried Lenz, der über Gustav Heinemann schrieb, «ein Abschied von trauten Vorstellungen wird hier nämlich von uns verlangt», blieben der Bundeshauptstadt fern.

Wie zuvor versammelte sich die Bonner Gesellschaft um Regierung, Parlament und das Diplomatische Corps. Und noch immer handelte es sich bei denen, die sich zu Empfängen und Festakten drängten, allermeist um Durchschnittsbürger der gehobenen mittleren Schicht – mit den berühmten Ausnahmen. Neu war allerdings, dass in den Amtssitz des Bundespräsidenten nun auch Bademeister, Schlosser und Krankenschwestern eingeladen wurden und Müllarbeiter ins Berliner Schloss Bellevue. Zum Neujahrsempfang, einem Relikt aus kaiserlicher Zeit, bat Gustav Heinemann nicht mehr nur amtliche Würdenträger, es kamen auch Gastarbeiter und Behinderte in die Villa Hammerschmidt, um dem Staatsoberhaupt ein glückliches neues Jahr zu wünschen. Das stärkte zwar das Selbstbewusstsein sozialer Randgruppen, veränderte aber nicht die Gesellschaft, schon gar nicht die Bonner. Sie war und blieb eine «geschlossene Gesellschaft», auch unter Gustav Heinemann. Da er zu großen Staatsempfängen in Schloss Brühl nur noch etwa zweihundert Gäste lud – statt wie vor seiner Zeit zweitausend –, konnte sogar der Eindruck entstehen, die Gesellschaft sei im Unterschied zu früher noch exklusiver geworden.

Völlig neu war, dass die eingeladenen Herren nicht mehr nur ihre Ehefrauen mitbringen durften. Willkommen waren auch – ohne Namensnennung – nicht angetraute Frauen. Auf der Einladungskarte erschienen sie als «Begleitung».

Die Eitelkeiten der Gesellschaft soll man nicht kritisieren, man darf sie aber belächeln. Ob Orden die Eitelkeit der Menschen wirklich befriedigen und ob die Verdienstkreuze tatsächlich verdiente Bürger auszeichnen, darüber hat sich auch Gustav Heinemann als Präsident seine Gedanken gemacht. Er mochte Orden nicht. Abschaffen konnte er die von Theodor Heuss gestifteten Bundesverdienstorden nicht, getan hätte er es sicherlich gerne. Dass die acht Stufen des Bundesverdienstkreuzes zwar im Namen des Bundespräsidenten verliehen werden, er aber nicht die Entscheidung fällt, wer eine Auszeichnung bekommt, auch das konnte er nicht ändern.

Die bürgerlichen Normen hat Gustav Heinemann nicht verändert. Aber immerhin gelang es ihm, in Bonn eine neue Kleiderordnung einzuführen. So kämpfte er gegen den «elenden Frack», da er ihn sich selbst nicht anziehen mochte. Neben dem Frack war nun auch der Smoking ohne Orden bei den Staatsempfängen im Schloss erlaubt. Bei Kohl und Pinkel, der traditionellen Schaffermahlzeit im alten Bremer Rathaus, hat sich Heinemann zweifellos stets wohler gefühlt als in Bonn beim Neujahrsempfang für die Diplomaten.

Seinem Ruf als «Bürgerpräsident» wurde Heinemann mitunter in einer Weise gerecht, die in der Öffentlichkeit Kopfschütteln, oft auch starken Unwillen hervorrief, etwa dann, wenn er Gefängnisse besuchte oder – wieder einmal – als unbequemer Mahner auftrat. Sein Widerstand gegen das Protokoll aber hielt sich durchaus in Grenzen. Bei ihm ging es nicht «höfisch» zu, eher herrschte eine Atmosphäre kultivierter Bürgerlichkeit. Bei den Konzerten in der Villa Hammerschmidt saßen die jungen Musiker zwar auf dem Teppich, aber die geladenen Gäste lauschten der Musik in Abendkleid und Smoking.

Auf seinen Berliner Gartenfesten für Bürger aus allen Bevölkerungsschichten gab es Bier, Buletten, Soleier, Kümmelstangen und Streuselkuchen. Aber in Bonn wurden für Staatsgäste weiterhin Menüs aus feinsten Restaurants serviert. Auf den Glanz namhafter «Stars» wollte auch Heinemann nicht verzichten, nur dass er sich nicht davon blenden ließ. Zum Berliner Fest im Schloss Bellevue erschienen Hildegard Knef und O. E. Hasse und ließen sich mit dem Bundespräsidenten fotografieren. Auch in die Villa Hammerschmidt bat Gustav Heinemann die damalige deutsche Filmprominenz. Drei Monate vor seinem Ausscheiden aus dem Amt waren dort Maria Schell, Margot Hielscher, Lieselotte Pulver, Gila von Weitershausen, Johanna Matz, Hardy Krüger, Johannes Heesters und Bernhard Wicki zu Gast.

## Dunkler Anzug als Purpurmantel

Heinemann kam nicht umhin, dem ungeliebten, oft als hinderlich empfundenen Protokoll auch gute Seiten abzugewinnen. Er akzeptierte es zumindest als nützliche Stütze bei der Ausübung seiner repräsentativen Verpflichtungen, die den Hauptteil seiner «Arbeit» als Staatsoberhaupt ausmachten. Sein «Zeremonienmeister» war, nach Hans Schwarzmann, Max Graf von Podewils, ein Diplomat alter Schule, von dem ein Vorfahr am Wiener Hof bei Kaiserin Maria Theresia preußischer Botschafter gewesen war.

Heinemann versuchte zwar diplomatische Gesten, Standes- und Höflichkeitsformalien auf ein Minimum zu reduzieren, hielt sich aber streng an erprobte protokollarische Regeln, um nicht unangenehm aufzufallen. Den dunklen Anzug trug er wie einen Purpurmantel. Zum Empfang hochrangiger ausländischer Gäste zog er den Frack mit Orden und Schärpe an. Als er in die nordischen Königreiche reiste, ließ er sich sogar, weil es die Tradition so wollte, auf Wunsch des Auswärtigen Amtes einen Wappenring mit einem Eschenzweig und einem Metzgerbeil anfertigen, ein symbolischer Hinweis auf den Beruf seiner Vorfahren, die in Eschwege Metzger gewesen waren.

Das Protokoll beim Empfang ausländischer Botschafter, das auf internationalen Übereinkünften basiert, hat Heinemann geringfügig geändert. Er schaffte die bei der Überreichung des Beglaubigungsschreiben üblichen Reden ab. Sie schienen ihm überflüssig, weil sie vorher ohnehin schriftlich ausgetauscht werden. Er trug bei dieser Zeremonie auch nicht wie Theodor Heuss und Heinrich Lübke einen Frack, sondern «nur» einen dunklen Anzug. Verändert hat Heinemann auch die vorgeschriebene Kleiderordnung beim Neujahrsempfang des Diplomatischen Corps. Auch hier wurde auf Frack, Orden und Diplomatenuniformen zum Kummer mancher Botschafter verzichtet.

Nicht der Bundespräsident, wie immer er auch heißt, bestimmt den gesellschaftlichen Verlauf der vielen großen und kleinen, der exklusiven und der «bürgerlichen» Empfänge, die zu geben ihn sein Amt verpflichtet. Hinter jeder offiziellen Einladung des Bundespräsidenten steht das Protokoll, das seinen Sitz nicht direkt beim Präsidenten im Bundespräsidialamt hat, sondern vom Auswärtigen Amt aus dirigiert wird, aus historischen Gründen.

Nach dem Ende der Monarchie in Deutschland im November 1918 wurde auch das Amt des Zeremonienmeisters, der die offiziellen Auftritte des Kaisers begleitet hatte, abgeschafft. Ohne geregelte Formen im Umgang miteinander und mit ausländischen Gästen wollte auch die Regierung der Weimarer Republik mit dem ersten republikanischen Staatsoberhaupt, dem Sozialdemokraten Friedrich Ebert, an der Spitze nicht auskommen. So entstand aus der Not der Situation das Protokoll, dessen Beamte aber nicht im Berliner Präsidentenpalais, sondern im Auswärtigen Amt in der Wilhelmstraße untergebracht waren. Als Bonn Regierungssitz der zweiten deutschen Republik wurde, hielt man an dieser Tradition fest. Der Protokollchef wird mit Zustimmung des Bundespräsidenten ernannt. Er ist auch zuständig für den Bundeskanzler, den Außenminister und das in der Bundeshauptstadt akkreditierte Diplomatische Corps.

Heinemann versuchte, oft zum Kummer seines Protokollchefs Graf Podewils, Reminiszenzen an monarchische Zeiten aus den bis dahin praktizierten protokollarischen Vorschriften zu beseitigen. Er wollte so bürgerlich und bürgernah sein wie nur möglich. Das ist ihm zur Freude vieler, die ähnliche Ziele verfolgten, gelungen. Die Reduzierung staatlicher Symbole, in Bonn ohnehin kaum vorhanden, fand aber nicht nur Zustimmung. Gerade die einfachen Bürger vermissten etwas Glanz.

Die Villa Hammerschmidt bot dem Bundespräsidenten nur bescheidene Auftritte. Beim Abendessen im schmalen Esszimmer konnten nur drei Dutzend Gäste bewirtet werden. Die Küche im Keller wärmte nur das von Hotels angelieferte Essen auf, ein selbstständiger Koch gehörte nicht zum Personal.

Der Bundespräsident – ob er sich, wie Gustav Heinemann, als «erster Bürger» fühlt oder als «Ersatzmonarch» – ist immer die Nummer eins im Protokoll. Auch Heinemann hat das gerne akzeptiert. Den Ehrenplatz, den ihm niemand streitig machen konnte, trat er nur vorübergehend an ein zu Besuch weilendes ausländisches Staatsoberhaupt ab. Etwas schwieriger zu platzieren ist die Frau des Bundespräsidenten. Nach dem Protokoll soll sie links neben dem Präsidenten, ihrem Mann, gehen und stehen. Heinemann jedoch legte diese Regel großzügig aus.

Gegen die protokollarische Regel, dem Bundespräsident nicht mit rauchender Zigarette oder Zigarre gegenüberzutreten, ist zu Heinemanns Zeiten oft verstoßen worden, zumal er selbst Zigarettenraucher war. Ebenso missachtet wurde die alte «Benimm-Regel», dem Staatsoberhaupt und der Ersten Dame nicht den Rücken zuzukehren: Im Gewühl der Bonner Staats- und Großempfänge blieb aus Platzmangel keine andere Möglichkeit.

Dass der Bundespräsident in Bonn in einer bürgerlichen Villa und nicht in einem Schloss residierte, war für ihn eher ein Vorteil als ein Nachteil. Der «Erste Bürger» der Republik ist bürgerlich geboren – selbst wenn er einen Adelsnamen trägt. So bedurfte es keiner größeren Umstellung auf einen neuen Lebensstil. Allerdings fand Heinemann großes Gefallen am Schloss Bellevue, seinem Berliner Amtssitz. «So ein Schloss müsste ich auch in Bonn haben», sagte er bei seinem ersten Besuch in Bellevue.

## Zu Gast bei Kaisern und Königen

Gustav Heinemann wollte ein «Bürgerpräsident» sein. «Wo der Ausdruck herkommt, weiß ich nicht, ich habe ihn nicht erfunden, ich wehre mich auch nicht dagegen, dass er gebraucht wird», stellte er befriedigt fest. Alle Bundespräsidenten waren Präsidenten der Bürger. Als solche reisen sie zu Staatsbesuchen ins Ausland, empfangen Staatsoberhäupter anderer Länder und versuchen selber, ihr Land so würdig zu vertreten, wie es der Bürger als selbstverständlich erwartet.

Während seiner Amtszeit hat Gustav Heinemann alle Monarchen auf Europas Thronen besucht und sie in Bonn empfangen. Zu seinem ersten Staatsbesuch reiste er im November 1969 auf Einladung von Königin Juliana in die Niederlande. Es war eine schwierige Visite. Die Schatten der deutschen Vergangenheit begleiteten Gustav Heinemann auf Schritt und Tritt, von einer Tischrede zur nächsten. Er begegnete einer niederländischen Königin, die nach dem deutschen Bombenangriff auf Rotterdam mit ihrer Mutter, Königin Wilhelmina, und ihrem Gemahl, dem deutschstämmigen Prinzen Bernhard, ins Exil nach England gegangen war, wo sich der Widerstand der Niederländer gegen die deutsche Besetzung formierte. Auch wenn sich die sechzigjährige Königin und der siebzigjährige Gustav Heinemann «glänzend» verstanden, die Erinnerungen an den Überfall Hitler-Deutschlands mit allen Folgen waren allgegenwärtig. Gemeinsam fuhren sie in der offenen Staatskarosse mit den vier Rappen zum großen Amsterdamer Schloss. Die Bevölkerung nahm von dem Gast aus dem Nachbarland kaum Notiz.

Dabei sollte der Besuch ausdrücklich ein Beitrag zur Aussöhnung mit den Niederländern sein, die unter der Besetzung der Deutschen besonders gelitten hatten. Dass keine Stinkbomben die friedliche und freundliche Atmosphäre verdüsterten, galt schon als Erfolg. Zwei Jahre später, 1971, besuchten Königin Juliana und Prinz Bernhard offiziell die Bundesrepublik.

Im Mai 1970 reiste Gustav Heinemann auf Einladung von Kaiser Hirohito nach Japan, um den deutschen Pavillon der Weltausstellung in Osaka zu eröffnen. Wegen der «gemeinsamen negativen Vergangenheit» – auch Japan, seit 1940 im «Dreimächtepakt» mit Deutschland und Italien, hatte den Zweiten Weltkrieg verloren und wurde einer Militärregierung unterstellt – war dieser Besuch problemlos. Nur vor der Reise hatte es einigen Ärger gegeben. Heinemann wollte am Mahnmal von Hiroshima, das an den Abwurf der amerikanischen Atombombe im August 1945 erinnerte, einen Kranz niederlegen und eine Rede halten. Das Auswärtige Amt äußerte Bedenken. Heinemann: «Dann reise ich nicht.» Er kam dann doch nach Hiroshima.

Einen Monat später, im Juni 1970, besuchte Gustav Heinemann das Königreich Dänemark. Auch die Dänen hatten im Krieg – wenn auch nicht so stark wie die Holländer – unter der deutschen Besatzung gelitten. König Frederik II., aus dem Hause Oldenburg und seit 1947 König der Dänen, und Gustav Heinemann verstanden sich auf Anhieb, nicht zuletzt wohl wegen des Gleichklangs ihrer Gesinnung. Eineinhalb Jahre danach reiste Heinemann zur Trauerfeier für den verstorbenen König nach Kopenhagen. Frederiks Tochter, Königin Margarethe II., kam zwei Jahre später auf Einladung des Bundespräsidenten zum Gegenbesuch nach Bonn.

Wieder war es seine persönliche Ausstrahlung, seine angenehm zurückhaltende und in sich ruhende Präsenz, die dem Bundespräsidenten Sympathien eintrugen, wo immer er zu offiziellen Besuchen im Ausland erschien. Ebenfalls noch im Sommer 1970 reiste er nach Schweden, im Herbst desselben Jahres nach Norwegen.

Die Absicht, zur 2500-Jahr-Feier des Pfauenthrons zu fahren, zu der Schah Reza Pahlawi alle Staatsoberhäupter der Welt nach Persepolis eingeladen hatte, musste Heinemann aufgeben, obwohl er zunächst zugesagt hatte. Er ließ sich in den Tagen der Jubelfeiern an den Augen operieren. An seiner Stelle flog Bundestagspräsident Kai Uwe von Hassel nach Persien, wo sich damals, im Oktober 1971, schon starke oppositionelle Kräfte gegen den Schah mobilisiert hatten.

Mit sichtbarem Vergnügen reiste Gustav Heinemann mit seiner Frau Hilda zum Besuch von Königin Elizabeth II. nach Großbritannien. Er genoss es, an der Seite der Monarchin in der goldenen Kutsche durch London zu fahren. Beim Bankett, das der Lord Mayor für ihn gab, hatte er als Tischdame Prinzessin Anne, mit der er sich über einen Dolmetscher angeregt unterhielt.

Seine Reise nach Lateinamerika im März 1971, in die Länder Venezuela, Kolumbien und Ecuador, galt der Vertiefung der Freundschaft zu den traditionell deutschfreundlich eingestellten südamerikanischen Völkern.

Politischer Natur wiederum war im Mai 1971 sein Staatsbesuch in Rumänien. Es war die erste Reise eines Bundespräsidenten in ein Land des Ostblocks. Der damalige Außenminister Walter Scheel begleitete Gustav Heinemann. Stehend im Auto neben Parteichef Nicolae Ceausescu, fuhr er durch Bukarest, an dessen Straßenrändern viele tausend Menschen den ungleichen Politikern zuwinkten. Als Gastgeschenk für Frau Ceausescu hatte der Bundespräsident ein Mokka-Service von der Königlichen Porzellan Manufaktur Berlin mitgenommen.

«Staatsbesuche sind nicht nur Allotria-Unternehmen. Sie dienen vor allem ernsthaften politischen Gesprächen», erklärte Gustav Heinemann während seines Aufenthalts in Rumänien.

Wie jedes Staatsoberhaupt vor und nach ihm reiste Heinemann auch nach Rom, zum italienischen Staatspräsidenten und zur Audienz beim Papst im Vatikan.

In Bonn waren der Bundespräsident und seine Frau für Staatsbesucher mit und ohne Krone freundliche Gastgeber. Ohne Murren zog Heinemann den Frack mit Ordensschärpe an, wenn Königinnen und Könige kamen. Im schlichten Smoking oder schwarzen Anzug empfing er auf Schloss Brühl Parteiführer sozialistischer Staaten, die alle gleich üppig bewirtet wurden. Da er die Empfänge auf Schloss Brühl für tausend, oft auch mehr Gäste nicht mochte, führte er Staatsbankette für einen exklusiven Kreis von Geladenen ein. Die Königin der Niederlande Juliana und Prinz Bernhard, König Baudouin und Königin Fabiola, aber auch der indonesische Staatspräsident Suharto wurden bei ihren Besuchen noch mit großen Empfängen in Brühl geehrt.

1974, drei Tage vor Heinemanns Abschied aus dem Amt des Bundespräsidenten, besuchte der jugoslawische Staatspräsident Josip Broz Tito mit seiner Frau Jovanka die Bundesrepublik Deutschland. Der zweiundachtzigjährige Kommunist und ehemalige Partisanenführer wurde vom Bundespräsidenten vor der Villa Hammerschmidt mit militärischen Ehren empfangen.

Gustav Heinemann wäre, wenn auch unter Vorbehalt, gerne noch fünf weitere Jahre in der Villa Hammerschmidt geblieben, doch das Alter machte ihm, der am 23. Juli 1974 seinen fünfundsiebzigsten Geburtstag feiern sollte, sichtlich zu schaffen. Er hatte miterlebt, wie bei Heinrich Lübke mit zunehmenden Jahren die geistigen Kräfte allmählich nachgelassen hatten. Die Ärzte rieten Heinemann von einer zweiten Kandidatur ab. Die Wiederwahl wäre ihm sicher gewesen.

Als Gustav Heinemann im Sommer 1969 sein Amt als Bundespräsident übernahm, regierte die Große Koalition aus CDU/CSU und SPD unter Kurt Georg Kiesinger als Kanzler, Willy Brandt amtierte als Vizekanzler und Außenminister. 1974, als Heinemann seine Präsidentschaft beendete, hatte Brandt, der erste Bundeskanzler der Sozialdemokraten, unter dem Druck der so genannten Guillaume-Affäre gerade seinen Rücktritt erklären müssen.

Nicht nur für die Sozialdemokraten war Heinemann ein Glücksfall. Auch die Bevölkerung hat von seiner Art profitiert, die Bundesrepublik nach außen und im eigenen Land zu repräsentieren. Sein ehrgeiziges Ziel, den Bürgern größere individuelle Freiheiten zu verschaffen, hatte er nicht verwirklichen können. Das lag nicht in seiner Macht. Es war weder eine neue Gesellschaft entstanden noch eine Revolution ausgebrochen, aber es wehte ein frischer Wind durch die Republik, nicht nur durch Bonn. Das politische Bewusstsein der Menschen war wacher geworden, auch kritischer und anspruchsvoller.

Wenige Tage vor seinem siebenundsiebzigsten Geburtstag, am 7. Juli 1976, ist Gustav Heinemann in Essen gestorben. Bundespräsident Walter Scheel ordnete für ihn einen Staatsakt und ein Staatsbegräbnis an. Militärische Ehren hatte Heinemann sich verbeten.

# 4. Porträt:
## Walter Scheel (1974–1979)

**geboren am 8. Juli 1919 in Höhscheid bei Solingen.**

Wirtschaftsberater

1946 Eintritt in die FDP, Stadtverordneter von Solingen

1950–53 Mitglied des Landtags von Nordrhein-Westfalen

1953–74 Bundestagsabgeordneter

1958–61 Mitglied des Europaparlaments

1961–66 Bundesminister für wirtschaftliche Zusammenarbeit

1967–69 Vizepräsident des Deutschen Bundestages

1968–74 Vorsitzender der FDP

1969–74 Bundesaußenminister und Vizekanzler

«Dann werde ich die sicher recht schwere Nachfolge von Gustav Heinemann antreten; schwer, weil der Anspruch an das Amt, den er gesetzt hat, weiß Gott, hoch geschraubt ist.»

Dies schrieb Walter Scheel drei Tage vor seinem Amtsantritt als Bundespräsident am 1. Juli 1974 an den sieben Wochen vorher zurückgetretenen Bundeskanzler Willy Brandt. Heinemann war für Scheel ein elitärer Bildungsbürger. Das war der neue Bundespräsident – auch nach seinem Selbstverständnis – nicht.

Walter Scheel war so ganz anders als die drei Präsidenten vor ihm – jünger, munterer, unbefangener, gedankenfreier. Er passte nicht so recht zu dem Bild, das sich der Durchschnittsbürger von einem Staatsoberhaupt macht. Ein «politischer Präsident» wollte der ehemalige Parteivorsitzende der Freien Demokraten und Außenminister werden, doch das wollten alle sein und sie waren es auch, der hoch gebildete Theodor Heuss ebenso wie Heinrich Lübke und Gustav Heinemann. Denn das Amt des Bundespräsidenten ist ein politisches Amt.

Scheel wurde der Präsident der sich bereits unter Heinemann ankündigenden Wende in Politik, Gesellschaft und Kultur, obwohl von der «Wende» zum Beginn seiner Präsidentschaft im Sommer 1974 noch niemand sprach. Doch die Bürger waren der Krisen und der permanenten Reformbestrebungen müde geworden und kehrten nur zu gerne zum Herkömmlichen zurück, in den soliden Hafen der Konventionen. Walter Scheel mit seinem sicheren Instinkt für gesellschaftliche und politische Veränderungen spürte das.

Sein Optimismus war gerade in den Krisenzeiten, von denen ständig in den Medien geschrieben und geredet wurde, ermutigend. Die neokonservative Gegenströmung gegen den bisherigen konfliktgeladenen «Zeitgeist» setzte sich jedoch erst zum Schluss seiner Amtszeit durch, die mit dem Ende der siebziger Jahre zusammenfiel.

Walter Scheel wurde zum Vorreiter der «Postmoderne», dieser eigenwilligen Mixtur aus technischer Moderne und Tradition, auch wenn der Begriff noch nicht von «postmodernen» Zeitkritikern erfunden worden war. Mit dem nachmodernen Bewusstsein begann die Restaurierung alter Häuser, die Wiederentdeckung des Jugendstils und der Hang zu schönen Dingen. Scheels Blicke waren in die Gegenwart – eine glückliche Gegenwart – gerichtet, der Blick von Gustav Heinemann heftete sich auf die deutsche Geschichte, auf Fehler, Versäumnisse, unheilvolle Fehlentwicklungen in der deutschen Vergangenheit. Walter Scheel machte mit der ihm eigenen optimistischen Lebensauffassung den Deutschen wieder Mut, an sich und ihr Vaterland zu glauben, statt sich von Schuldgefühlen lähmen zu lassen. In seiner Antrittsrede sprach er von der «Liebe zu unserem Land», von den «geistigen und moralischen Kräften», von Wissenschaft und Kunst und vom Bürgerfleiß.

## Der Weg in die große Politik

Als Oberleutnant der Luftwaffe hatte Walter Scheel das Kriegsende in Schleswig-Holstein erlebt. Vom ersten Kriegstag an, dem 1. September 1939, bis zur Kapitulation am 8. Mai 1945 war er Soldat gewesen, zuletzt als Nachtjäger, ausgezeichnet mit dem Eisernen Kreuz beider Klassen. Mitten im Krieg, im Sommer 1942, hatte er seine Jugendliebe Eva Charlotte Kronenberg geheiratet. In Höhscheid bei Solingen, der weltbekannten Klingenstadt, wurde Scheel am 8. Juli 1919 geboren. Sein Vater war Stellmacher, die Mutter Näherin. Schwiegervater Kronenberg besaß in Solingen eine kleine Fabrik, die Rasierklingen herstellte. Scheel wurde 1945 Prokurist und Geschäftsführer der Firma. Noch vor Kriegsbeginn hatte er 1938 am Solinger Realgymnasium sein Abitur machen und eine Ausbildung zum Bankkaufmann abschließen können.

Noch bevor er Vorstandsmitglied des Fachverbandes der Schneidwarenindustrie und Schatzmeister wurde, nahm Walter

Scheel Kontakte zu den nach Kriegsende neu gegründeten politischen Parteien auf. Er entschied sich 1946 für die FDP, weil sie seinen Vorstellungen von einer liberalen Wirtschaftspolitik am nächsten stand. Zwei Jahre später, 1948, wurde er in den Stadtrat von Solingen gewählt, nach weiteren zwei Jahren war Scheel bereits Landtagsabgeordneter in Düsseldorf.

Das mondäne Düsseldorf wurde ihm zur politischen und auch geistigen Heimat. An der Seite seines Freundes Willi Weyer beteiligte er sich am konstruktiven Misstrauensvotum von SPD, FDP und Zentrum, das im Februar 1956 die CDU-Landesregierung von Nordrhein-Westfalen mit dem Ministerpräsidenten Karl Arnold zu Fall brachte.

Von einer politischen Position zur nächsten – ohne allzu lange auf einem Platz zu verweilen – ist Walter Scheel zum nächsthöheren Posten gesprungen. Dabei hat er keine Stufen der Karriereleiter ausgelassen und auch keine übersprungen. Unruhig, aber auch beharrlich, ehrgeizig und mit sicherem Instinkt für das Mögliche und Machbare, von rascher Auffassungsgabe erfasste er neue politische Trends frühzeitig und nutzte sie. Das brachte ihm Erfolge und kaum Niederlagen.

Der Sprung von Düsseldorf ins nahe Bonn, für viele Landespolitiker eine schwierige Hürde, war ihm schon 1953 geglückt. Mit vierunddreißig Jahren war er als Abgeordneter der Freien Demokraten einer der jüngsten Parlamentarier im Hohen Haus, inmitten vieler altgedienter Herren. Bundeskanzler Konrad Adenauer, der eine Koalitionsregierung leitete, an der auch die FDP beteiligt war, stand im achtundsiebzigsten Lebensjahr. 1955 wurde Scheel als Bundestagsabgeordneter Mitglied des Europäischen Parlaments in Straßburg und Vizepräsident der Liberalen Fraktion. Auch als Bundestagsabgeordneter blieb er in Düsseldorf wohnen und pflegte enge Kontakte zu Wirtschaftsführern. Als Schatzmeister der FDP von Nordrhein-Westfalen kümmerte er sich um Parteispenden.

Walter Scheel war stets sein eigener – und bester – Protegé.

Er hatte Freunde, aber keine Förderer. Seine Erfolge verdankt er sich selbst. Er ist ein Tatmensch, handelt oft rasch, aber nicht ohne vorher die möglichen Folgen gründlich zu überdenken. Rasche Entscheidungen, gut überlegt, und Zielstrebigkeit sind charakteristisch für ihn.

Als die FDP bei den Bundestagswahlen im September 1961 mit der Parole «ohne Adenauer als Bundeskanzler» überraschend 12,8 Prozent Stimmen erhalten hatte, forderte die Partei unter ihrem Vorsitzenden Erich Mende vom Koalitionspartner vier Ministerposten – einen davon für Walter Scheel. Da er sich bisher vorwiegend mit wirtschaftspolitischen Fragen beschäftigt hatte, wollten die Regierungsparteien für Scheel ein neues Handelsministerium gründen, doch dagegen protestierte das Wirtschaftsministerium mit Ludwig Erhard. Man schuf dann für Scheel das Bundesministerium für wirtschaftliche Zusammenarbeit, eine vornehme Umschreibung für «Entwicklungsministerium». Im Europaparlament in Straßburg war Scheel bereits seit 1958 Präsident des Ausschusses für die Zusammenarbeit mit Entwicklungsländern. Mit der ihm eigenen Tatkraft baute er in der Kaiserstraße in Bonn, parallel zur Adenauerallee, die damals noch Koblenzer Straße hieß, ein neues Ministerium auf und reiste für die Bundesrepublik durch die Welt. Als Bundesminister für Entwicklungshilfe begleitete er Präsident Heinrich Lübke auf dessen zahlreichen Missionen in die jungen Staaten Afrikas und Asiens.

Als es Ende Oktober 1966 zwischen den Regierungsparteien, der großen CDU/CSU und der kleinen FDP, wegen des Haushaltsetats zu einem Bruch des Bündnisses kam und die FDP aus der Regierung von Ludwig Erhard ausschied, musste Walter Scheel seinen Ministerposten räumen. Einen Monat später erfüllte sich der lang gehegte Wunsch der SPD, sich an der Macht in Bonn zu beteiligen: Kurt Georg Kiesinger und Willy Brandt bildeten am 1. Dezember 1966 die Große Koalition. Walter Scheel saß nun mit der FDP-Fraktion zum ersten Mal auf der Oppositionsbank. Hans-Jürgen Wischnewski wurde sein Nachfolger als Minister für wirtschaftliche Zusammenarbeit.

Die bitteren Jahre in der Opposition trieben Walter Scheel keineswegs in die Resignation. Er wurde 1967 Bundestagsvizepräsident, ein Jahr später mit großer Mehrheit zum Parteivorsitzenden gewählt und schmiedete an seiner politischen Zukunft. Eine Rückkehr zur Zusammenarbeit mit der CDU war für die nächsten Jahre ausgeschlossen, also suchte er Kontakte zu den Sozialdemokraten.

Immer wieder denkt der FDP-Oppositionsführer darüber nach, wie er seine Partei zurück an die Macht in Bonn bringen kann. Bei der Wahl des dritten Bundespräsidenten im März 1969 setzt er dafür ein deutliches Zeichen: Mit den Sozialdemokraten stimmt er mit der Mehrheit der FDP-Delegierten in Berlin für den SPD-Kandidaten Gustav Heinemann. Damit wird der Weg frei für die Rückkehr der FDP in die Regierungsverantwortung. Im Oktober 1969 bildet Walter Scheel gemeinsam mit der SPD unter ihrem Vorsitzenden Willy Brandt das sozial-liberale Regierungsbündnis, obwohl die Freien Demokraten bei der Bundestagswahl am 28. September 1969 nur 5,8 Prozent Stimmen und dreißig Sitze im Bundestag erhalten hatten. Walter Scheel wird unter Willy Brandt Außenminister und Vizekanzler.

Das Auswärtige Amt in der Adenauerallee war bis zum Regierungsumzug nach Berlin Bonns feinste Adresse. In den nüchternen Korridoren des AA war noch etwas vom Geist Bismarcks zu spüren, unter dem es 1870 als Behörde des Norddeutschen Bundes gegründet worden war. Der Start in dem Nobel-Ministerium fiel Walter Scheel keineswegs leicht. Arnulf Baring bemerkte dazu: «Scheels Anfang als Außenminister war schwierig. Sein eigenes Auswärtiges Amt wie die Öffentlichkeit glaubten und zeigten, dass der neue Minister nichts zu sagen habe.» Aber Scheel wäre nicht Scheel, wenn er nicht auch hier bald erfolgreich gewesen wäre.

Dem ehrgeizigen und zielstrebigen Außenminister fiel es nicht schwer, sich den feinen Sitten und dem guten Ton im Auswärtigen Amt anzupassen. Er pflegte nun nicht mehr nur Kontakte zu Politikern und Wirtschaftsmanagern, sondern hatte auch Umgang mit Adligen. Mit dem Baron Holzschuher, der durch Erbschaft Besitzer des kleinen Wasserschlosses Gymnich bei Bonn geworden war, verhandelte er über die Renovierung des verfallenden Barockschlösschens als nobles «Regierungsschloss» für hohe Staatsgäste.

Der Weg zur Verständigung mit Moskau, von Willy Brandt zielstrebig verfolgt, wurde auch für Walter Scheel eine politische Herausforderung. Dass die Ostpolitik vom Bundeskanzleramt und nicht von erfahrenen Diplomaten des Auswärtigen Amtes gemacht wurde, störte mehr die Ostexperten des AA als ihren Chef. Wohlgelaunt reiste Walter Scheel mit dem Kanzler im August 1970 nach Moskau, um den Vertrag über Gewaltverzicht und Zusammenarbeit – bekannt als Moskauer Vertrag – zu unterzeichnen. Vier Monate später fuhr Scheel mit Brandt nach Warschau zum Abschluss des Vertrags über die Normalisierung der Beziehungen zwischen der Bundesrepublik Deutschland und der Volksrepublik Polen. Was für viele Deutsche, die im Osten ihre Heimat verloren hatten, ein Trauertag war, soll für Scheel einer der glücklichsten Tage in seinem Leben gewesen sein.

Die eifrige Bonner Ostpolitik beschränkte sich nicht nur auf eine «Normalisierung» der Beziehungen zur Sowjetunion und Polen, sie konzentrierte sich auch verstärkt auf die Herstellung eines besseren Verhältnisses zur DDR. Als die beiden deutschen Staaten am 21. Dezember 1972 den «Vertrag über die Grundlagen der Beziehungen zwischen der Bundesrepublik Deutschland und der Deutschen Demokratischen Republik» unterzeichneten, war Außenminister Scheel nicht dabei, weil das östliche Deutschland für Bonn nicht als Ausland galt.

Dieser Vertrag war jedoch die Voraussetzung für die Aufnahme der Bundesrepublik und der DDR in die Vereinten Nationen. Im September 1973 reiste Scheel nach New York. Vor dem Forum der Weltöffentlichkeit in der UN-Vollversammlung erinnerte er daran, dass vor siebenundvierzig Jahren, fast auf den Tag genau, Deutschland in den Völkerbund eingetreten war. Gustav Stresemann, der damalige Chef des Auswärtigen Amtes in der berühmten Berliner Wilhelmstraße, war Scheels Vorbild. Bei den Verhandlungen über die Aufnahmeanträge zur UNO, die am 18. September 1973 akzeptiert wurden, kritisierten verschiedene Länder die Politik der Siegermächte, die – wie im Falle Deutschlands – zur Teilung von Staaten geführt hatte.

Fünf Jahre hat Walter Scheel als Minister im Kabinett Erhard sein Amt in loyaler Pflichterfüllung versehen. Mit gleicher Loyalität und in voller Übereinstimmung mit ihren Reformvorhaben, vor allem auch mit den Zielen ihrer Ostpolitik, diente er als Außenminister der Regierung Brandt, ja, er konnte es sich als Verdienst anrechnen, diese Politik mit der Vorbereitung der Berlin- und der Ostverträge entscheidend mitgestaltet zu haben, mit großem Ansehensgewinn auch für sich selbst. Oder strebte er nach noch höheren Zielen?

## Scheel für Scheel

Der Weg vom Solinger Stadtverordneten zum Düsseldorfer Landespolitiker, dann nach Bonn, wo er Bundesminister für wirtschaftliche Zusammenarbeit wurde und es schließlich, nach kurzer Episode als Bundestagsvizepräsident, zum Außenminister und Vizekanzler brachte – dieser Weg verlief gradlinig, ohne Bruch, ohne Niederlagen. Er war begleitet von glücklichen politischen Umständen, war von Zielstrebigkeit und persönlichem Ehrgeiz bestimmt. Mit großer Energie hat Walter Scheel nach immer neuen und höheren Zielen gestrebt. Hinter seinem Frohsinn steckte ein harter Wille, hinter seiner freundlichen Verbindlichkeit ein kaltes Kalkül nach Macht und Prestige.

Sein Optimismus, auch durch Niederlagen nicht besiegbar, nahm Skeptikern und Miesmachern den Wind aus den Segeln. Seine gelöst-heitere Art wirkte ansteckend; wo immer er auftrat, verbreitete er eine Atmosphäre gelassener, fast fröhlicher Ruhe.

In Hinterthal, in seinem österreichischen Ferienhaus mit weitem Blick auf die Gipfel, erklärte Scheel im Winter 1973 seinen erstaunten Mitarbeitern Harald Hofmann und Guido Brunner, er wolle nicht mehr Außenminister bleiben – er sei fest entschlossen, Bundespräsident zu werden. Wer seine einsamen Entschlüsse kannte, wusste, dass er sie mit Beharrlichkeit verfolgte und durchsetzte. «Sie alle hatten den Eindruck, niemand werde Scheel davon abhalten können, Heinemanns Platz einzunehmen. Er duldete keinen Widerspruch», schreibt Arnulf Baring in «Machtwechsel».

Mit Entschlossenheit und Zuversicht baute er seine Kandidatur zum Bundespräsidenten auf. Er setzte auf Popularität. «Hoch auf dem gelben Wagen», das beliebte Volkslied, wurde ein Erfolgsschlager. Ihn plagten weder Skrupel noch falsche Bescheidenheit, unwillig fegte er Missfallen und Bedenken von Parteifreunden beiseite.

Aber noch war nicht entschieden, ob Gustav Heinemann nicht ein zweites Mal für das Amt des Bundespräsidenten kandidieren wollte. Die Sozialdemokraten brachte Scheel mit seinem Anspruch, Nachfolger von Heinemann zu werden, in große Verlegenheit. Einige überlegten sogar, Willy Brandt in die Villa Hammerschmidt wählen zu lassen. Selbst in Scheels eigener Partei war seine Selbstkandidatur mehr als umstritten. Scheels einsamer Entschluss, Bundespräsident zu werden und den Parteivorsitz aufzugeben, verärgerte zunächst vor allem Hans-Dietrich Genscher, den damaligen Innenminister. Die Freien Demokraten, die immer noch um ihr politisches Überleben bangten, glaubten auf ihren Parteiführer nicht verzichten zu können.

Für die Christdemokraten war dagegen von Anfang an klar, dass sie Walter Scheel nicht zum Bundespräsidenten wählen würden. Zu groß war bei ihnen noch die Verbitterung über den von ihm vor fünf Jahren durch die Wahl Heinemanns zum Bundespräsidenten eingeleiteten Machtwechsel in Bonn. Sie wollten einen eigenen Kandidaten aufstellen, auch wenn sie wussten, dass dieser kaum Chancen hatte, gewählt zu werden.

Kritik an der Nominierung Walter Scheels durch seine Partei, der die Sozialdemokraten nur murrend zustimmten, übten einige linke Schriftsteller. Sie fanden, Scheel sei nicht «würdig» genug, die Nachfolge von Gustav Heinemann, ihrem großen Verehrten, anzutreten. Günter Grass sprach ihm sogar die Eignung für das Präsidentenamt ab: «Scheels Art vom Missverständnis rheinischer Fröhlichkeit ist nicht das, was wir brauchen.»

Die Bürger, die nach dem Grundgesetz von der Nominierung wie auch von der Wahl ihres Staatsoberhauptes ausgeschlossen waren, hatten keine Einwände gegen Walter Scheel. Manche empfanden sogar Mitleid mit dem wieder einmal an Nierensteinen operierten Außenminister und gönnten ihm einen ruhigeren Posten. Viele von ihnen waren auch der Mahnungen überdrüssig, die sie immer wieder von Gustav Heinemann zu hören bekommen hatten. Scheel mit seiner Lebensfreude schien ihnen gerade in diesen Zeiten, in denen auch die Meinungsmacher viel, allzu viel Kritik übten, willkommen als Bundespräsident. Walter Scheel wusste, dass seine Kandidatur die Chance war, nach Theodor Heuss noch einmal einen Liberalen zum Bundespräsidenten zu wählen. Er hatte auch erkannt, dass nach dem zum Moralisieren neigenden Gustav Heinemann wieder ein «normaler Bürger» das Amt des Staatsoberhauptes übernehmen müsste.

## Am Ziel

Ein Vierteljahrhundert war die Bundesrepublik Deutschland alt, als Walter Scheel am 15. Mai 1974 in der Bonner Beethovenhalle zu ihrem vierten Präsidenten gewählt wurde. Er war in diesem Amt der zweite Freidemokrat nach Theodor Heuss, der fünfundzwanzig Jahre vorher zum ersten Bundespräsidenten in Bonn gewählt worden war.

Walter Scheel war der Kandidat der Freien Demokraten und der Sozialdemokraten, die sich mit ihrer Entscheidung für Scheel quasi dafür bedankten, dass er vor fünf Jahren für Heinemann gestimmt und den Machtwechsel in Bonn ermöglicht hatte. Mit 530 Stimmen wurde er bereits im ersten Wahlgang gewählt. Richard von Weizsäcker, der Kandidat der Christdemokraten, erhielt 498 Stimmen von der Bundesversammlung. Walter Scheel war am Ziel. Er hatte das höchste Staatsamt erreicht – ein Wunschtraum, nachdem er Gustav Heinemann zu diesem hohen Amt verholfen hatte. Fast hatte der sonst so Selbstbewusste ein schlechtes Gewissen, dass er gegen einen Kandidaten angetreten war, den er als Bundespräsident für noch geeigneter hielt als sich selbst: Richard von Weizsäcker. Mit ihm verband ihn aus seiner Düsseldorfer Zeit ein fast freundschaftliches Verhältnis.

Glück und Erfolg blieben Walter Scheel auch weiterhin treu, wenn auch die fünf Jahre seiner Amtszeit für die Bundesrepublik eine zumindest innenpolitisch schwierige Periode waren. «Ich habe dieses Amt gewollt, weil ich gerade in diesem Amt eine Möglichkeit gesehen habe, das, was ich über Jahrzehnte in der Politik in anderen Funktionen ja tat, fortzusetzen in einer anderen Art, nämlich Einfluss auf eine vernünftige Politik zu nehmen.»

Die Zeit nach seiner Wahl bis zum Amtsantritt am 1. Juli 1974 nutzte Scheel, um sich gesundheitlich und geistig für seine Aufgaben als Bundespräsident zu rüsten. Er machte Urlaub in der Thyssen-Klinik in Prien am Chiemsee und in seinem Ferienhaus in Hinterthal bei Salzburg.

Bei seinem Amtsantritt am 1. Juli sagte der vierte Bundespräsident im Bonner Bundeshaus: «Groß sind die Leistungen der letzten fünfundzwanzig Jahre, noch größer sind die Probleme, die vor uns liegen.» Das größte Problem waren die Gewalttaten jugendlicher Terroristen, die noch immer und immer wieder Bürger und Politiker beunruhigten. Die Entführung des CDU-Politikers Peter Lorenz in Berlin Ende Februar 1974 durch Mitglieder der linksextremen Bewegung «2. Juni», für dessen Freilassung der ehemalige Regierende Bürgermeister Heinrich Albertz mit den freigepressten Kidnappern in die Volksrepublik Jemen flog; im April die Besetzung der deutschen Botschaft in Stockholm, bei der zwei Diplomaten erschossen wurden; die Banküberfälle und Bombenanschläge; die Ermordung von Jürgen Ponto und schließlich die Erschießung des im September 1977 gekidnappten Industriellenführers Hanns Martin Schleyer – all das waren Gewalttaten, die weithin Entsetzen und Unsicherheit verbreiteten.

In der Wirtschaft trat zum ersten Mal nach einem Vierteljahrhundert Aufschwung ein Wachstumsstillstand ein, dem bald eine Regression folgte. Immer mehr Menschen wurden arbeitslos, immer mehr Bürger zweifelten an den Machtmechanismen der Politik und der Fähigkeit der Regierung, die Zukunft zu meistern.

«Das Amt prägt den Mann», sagte Bundespräsident Walter Scheel. Aber auch: «Ich werde mich nicht ändern.» Mit dem ihm eigenen Optimismus trat er sein hohes Amt an. Doch der Anfang war für ihn, der so ganz anders war als seine Vorgänger, nicht leicht. Er hatte zu kämpfen gegen ein «falsches Image», zu dem er selbst wesentlich beigetragen hatte. Die Unbekümmertheit eines Erfolgsmenschen, die auch etwas Draufgängerisches an sich hatte, passte in der Tat nicht zum Bild eines Staatsoberhauptes, das immer auch eine moralische Instanz für seine Bürger sein soll, an der sie sich in schweren Zeiten orientieren können. Walter Scheel war kein Moralist, auch kein Schulmeister der Nation. Doch bald akzeptierte man seine Art, den Staat würdevoll, gelegentlich auch mit Humor und Eleganz zu repräsentieren.

Er wolle der Präsident aller Bürger sein, sagte Scheel. Dafür wurde das überparteiliche Amt geschaffen. Gewiss ist der

Bundespräsident das Staatsoberhaupt aller Bürger, die er auch gegenüber dem Ausland vertritt. Aber der Präsident kann nicht jedem Bürger «gefallen».

Das galt damals wie es heute gilt und traf auf Scheels Amtsvorgänger ebenso zu wie auf ihn selbst. Der Gegensatz zwischen ihm und Gustav Heinemann konnte kaum größer sein. Dem strengen, überzeugungstreuen Moralisten folgte, weltläufig, kontaktfreudig und sichtlich den angenehmen Seiten des Lebens zugetan, eine gleich charaktervolle, aber unverkennbar geschmeidigere Persönlichkeit. Ansehen und Beliebtheit genossen sie beide.

Jeder Bundespräsident darf auf Kosten des Staates die Villa Hammerschmidt, die auch sein Wohnsitz ist, nach seinem Wunsch einrichten. Am liebsten wäre Walter Scheel aber nicht in die weiße Villa am Rhein eingezogen, die an ein Zarenschloss auf der Krim erinnert, sondern in das Poppelsdorfer Schloss im Herzen der Stadt. Das Barockschloss mit schöner Gartenanlage, das sich einst der in Bonn residierende Kölner Kurfürst Joseph Klemens bauen ließ, befindet sich im Besitz der Universität, und diese dachte nicht daran, es dem Staat für den Bundespräsidenten abzutreten.

So richtete sich Scheel die Villa Hammerschmidt nach seinem Geschmack, der mehr von Düsseldorfer Designkultur als von preußischen Vorbildern geprägt wurde, wohnlich ein. Er hatte ein befreundetes Architektenteam mit der Neuausstattung der Villa beauftragt, mit viel rotbraunem Mahagoni und schwarzem Leder. Die Modernisierung der aus dem vorigen Jahrhundert stammenden Villa stieß auf Kritik. Moderne Bilder, darunter auch einige Aktzeichnungen, in der Residenz des Staatsoberhauptes?

«In diesem Haus sollen sich auch meine Gäste wohl fühlen», sagte Scheel, als er die umgestaltete Villa der Öffentlichkeit vorstellte. Nicht alle waren von seinem modischen Geschmack begeistert. Die Bürger, so sie denn schon einmal Gelegenheit haben, Gast des Bundespräsidenten zu sein, bekommen von seinem Amts- und Wohnsitz ohnehin nicht viel zu sehen. Bürgerempfänge, in Gruppen, finden in der großen Halle statt, wo die Porträts ehemaliger Präsidenten der ersten und zweiten Republik von den Wänden herabschauen, mit Ausnahme des Reichspräsidenten Paul von Hindenburg, jenes umstrittenen Mannes, der 1933 Hitler zur Macht verhalf.

Große Besuchergruppen dürfen auch einmal in das Speisezimmer. Der Salon, klein, aber fein, und das Teezimmer, noch weniger geräumig als ein normales bürgerliches Wohnzimmer, sind hohen Würdenträgern anderer Staaten und Botschaftern vorbehalten. Die Wohnräume des Bundespräsidenten in der ersten Etage sind für Besucher tabu. Der traditionelle Neujahrsempfang findet in allen Repräsentationsräumen statt.

Die großen Staatsbankette für ausländische Staatsoberhäupter gab auch Walter Scheel im Barockschloss Brühl. In Berlin residierte er, wie vor ihm Heinrich Lübke und Gustav Heinemann, im Schloss Bellevue, das Theodor Heuss als zweiten Amtssitz hatte einrichten lassen. Die Scheels verfügten auch dort über elegante Wohnräume, über zwei Bäder und Gästezimmer. Walter Scheel gefiel es im Berliner Schloss so gut, dass er seinen Nachfolger Karl Carstens bat, dort auch als Altbundespräsident wohnen zu dürfen. Die Bitte wurde ihm jedoch nicht gewährt. Walter Scheel war es, der sein Arbeitszimmer vom Präsidentenamt, dem Bürohaus neben der Villa, in die eigentliche Villa Hammerschmidt verlegte.

Scheel war ein großer Jäger. Die Diplomatenjagden, Relikt aus monarchischen Zeiten, die der Nicht-Jäger Theodor Heuss auf Wunsch des Protokolls für die Bonner Diplomaten einführte, ohne sich am Jagen und Schießen zu beteiligen, bereiteten Scheel höchstes Vergnügen, bis er von Tierfreunden so heftig angegriffen wurde, dass er sie ausfallen ließ und nur noch privat auf die Jagd ging.

## Wie fröhlich darf ein Bundespräsident sein?

Obwohl es an Anlässen nicht fehlte und sich oft genug Gelegenheit dazu ergab, vermied es Walter Scheel, sein Amt zu direkter öffentlicher Kritik zu nutzen. Die Deutschen lobte er für ihre Tüchtigkeit, ihren Fleiß, ihren Gemeinsinn. Den Berufskritikern war Scheel zu fröhlich. Auf die Frage eines Journalisten: «Wie fröhlich darf ein Bundespräsident sein?», antwortete er mit den Worten: «Er kann getrost fröhlich mit den Fröhlichen sein, wenn er auch mitträgt an den Sorgen und Nöten, die Einzelnen und der Gemeinschaft zu tragen aufgegeben sind.»

Auch Walter Scheel stellte die Frage nach der Schuld der Deutschen in der NS-Zeit. «In unserem Namen geschah millionenfacher Mord an Juden, Zigeunern, Geisteskranken, politischen Gefangenen und vielen anderen.» Er sagte aber auch: «Unser Volk hat für die zwölf Jahre der Gewaltherrschaft gebüßt.» In seiner Rede zum dreißigsten Jahrestag der Beendigung des Zweiten Weltkriegs gedachte er aller Toten des Krieges in Achtung und Ehrfurcht. «Am 8. Mai fiel nicht nur die Hitler-Diktatur, es fiel auch das Deutsche Reich. Das Deutsche Reich war kein Werk Hitlers, es war der Staat der Deutschen ... Es war für Generationen von Deutschen das Vaterland, das wir liebten, wie jeder Mensch auf Erden sein Vaterland liebt.»

Das war besonders Angehörigen der älteren Generation, welche die Gewaltherrschaft miterleben mussten, ohne darin schuldig zu werden, aus dem Herzen gesprochen.

Während Scheels fünfjähriger Amtszeit erreichte die Welle terroristischer Gewalt neue schreckliche Höhepunkte. Fünf Monate nach Scheels Amtsantritt wurde in West-Berlin der Kammergerichtspräsident Günter von Drenkmann an seiner Wohnungstür von Terroristen erschossen. Bei der Trauerkundgebung vor dem Schöneberger Rathaus am 21. November 1974 mahnte der Bundespräsident: «In eine irreale Gedankenwelt verrannte Menschen aus unserer Mitte zerstören fremdes und eigenes Leben, weil sie unsere Gesellschaft als unerträglich empfinden. Wandel und Entwicklung unserer Gesellschaft sind notwendig. Jeder kann daran mitwirken. Wandel und Veränderung aber allein im Rahmen unserer Verfassung. Wer das Wort vom mündigen Staatsbürger wirklich ernst nimmt, leistet einen Teil zur Bekämpfung von Terror und Gewalttätigkeit. Wer dem politischen Terror nicht widersteht, hilft Kräften zur Macht, die ausschließlich der Gewalt vertrauen.»

An die deutschen Schriftsteller, von denen einige mit den Terroristen sympathisierten, wandte sich Scheel in November 1974 mit der Frage, wie sie es mit der Gewalt als Mittel der Veränderung unserer Gesellschaft hielten: «Diese Gretchenfrage an Sie als Schriftsteller zu stellen ist meines Amtes, und es wäre unredlich von mir, Sie nicht zu drängen, sie vor sich selbst eindeutig zu beantworten. Wer auf der Seite dieser freiheitlich-rechtlichen Grundordnung steht, kann Mord und Terror als Mittel des politischen Kampfes nicht hinnehmen. Wer allerdings in dieser freiheitlichen Gesellschaft, in der wir leben, seinen verhassten Feind sieht und sie mit allen Mitteln bekämpft, der darf sich nicht wundern, wenn die Folgen auf ihn selbst zurückfallen.»

Nach der Ermordung von Hanns Martin Schleyer durch Terroristen im Oktober 1977 sagte Scheel in seiner Trauerrede: «Keiner von uns kann ermessen, was der Tote, um den wir hier trauern, in den letzten sechs Wochen gelitten hat. Wir neigen uns vor dem Toten. Im Namen aller deutschen Bürger bitte ich Sie, die Angehörigen von Hanns Martin Schleyer, um Vergebung. Die Wochen, die wir durchlebt haben, sind gewiss die schlimmsten in der Bundesrepublik Deutschland gewesen.»

Scheel bewies Mut, als er auch jene anklagte, die offen oder insgeheim mit den Terroristen sympathisierten: «Haben diejenigen, die die Terroristen geistig oder materiell unterstützen, überhaupt begriffen, was eine demokratische Lebensordnung ist, so haben diejenigen, die auf der menschlichen Würde des Terroristen bestehen, die Demokratie zu Ende gedacht. Die Kritik ist das

Lebenselixier der Demokratie. Die legitime Kritik hat nichts, aber auch gar nichts mit dem Terrorismus zu tun. Wir würden einem schicksalhaften Irrtum unterliegen, wenn wir dieses Lebenselixier mit dem tödlichen Gift des Terrorismus verwechselten. Der Tod Hanns Martin Schleyers ist, so meine ich mit nachdenklichen Menschen in unserem Land, ein Einschnitt in der Geschichte der Bundesrepublik Deutschland.»

Zu den vornehmsten Pflichten des Bundespräsidenten gehört die öffentliche Ansprache, die Rede. Die öffentliche Rede ist ein politisches Überzeugungsmittel seit der Antike. Nicht nur an offiziellen Gedenktagen, Weihnachten und nationalen Trauertagen muss der Bundespräsident reden. Er spricht auch zur Eröffnung von Kongressen, Ausstellungen, bei Staatsbesuchen und Staatsbegräbnissen.

Walter Scheel war, schon ehe er Präsident wurde, ein guter Redner. Da er jedoch die Texte nicht selbst schrieb wie noch Theodor Heuss und teilweise auch Gustav Heinemann, nannten ihn einige seiner Kritiker, die es auch gab, den «teuersten Vorleser der Republik». Aber es waren immer seine Reden, die er hielt, auch wenn er sie nicht selbst verfasst hatte.

Der Ton seiner Ansprachen lag ganz auf Aussöhnung, auf Verständigung zwischen Staaten, Völkern, gesellschaftlichen Gruppen. Ihm lag daran, Getrenntes zu vereinen, Gegensätze zu glätten. «Es ist eine großartige Erfahrung, dass man Probleme gemeinsam bewältigen kann, die uns früher entzweiten», erklärte Scheel im Oktober 1974 beim «Festival der Freundschaft» in der Westfalenhalle in Dortmund vor deutschen und ausländischen Arbeitern. Vor dem Deutschen Gewerkschaftsbund sprach er kaum anders als zum Bundesverband der Deutschen Industrie, auch wenn ihm dieser persönlich näher stand: «Der Deutsche Gewerkschaftsbund hat allen Grund, auf seine Leistungen dieser zweieinhalb Jahrzehnte stolz und zufrieden zurückzublicken. Er hat sich, das möchte ich als Bundespräsident in aller Form feststellen, um unseren Staat und unser Volk verdient gemacht», sagte er zum fünfundzwanzigjährigen Bestehen des DGB am 1. Oktober 1974.

«Sie haben sich um unser Volk und unseren Staat verdient gemacht», erklärte Scheel auch vier Wochen später, als der Bundesverband der Deutschen Industrie ebenfalls den fünfundzwanzigsten Jahrestag seiner Gründung feierte. «Ich werde die Legitimität gegensätzlicher Interessen in einem Gemeinwesen immer anerkennen. Aber gleichzeitig werde ich deutlich machen: Die Bürger unseres Staates haben ein über die unterschiedlichen Interessen hinausgehendes gemeinsames Interesse, nämlich: friedlich zusammenzuleben, ohne dass der eine sich auf Kosten des anderen entfaltet und damit die für alle lebenswichtige Gemeinschaft aufs Spiel setzt.»

Zur Bundeswehr hatte Walter Scheel, der ehemalige Luftwaffenoffizier, ein völlig ungestörtes Verhältnis. «Ich freue mich, dass ich jetzt auch einen Besuch bei der Luftwaffe machen kann. Über den Ausbildungsstand von Marine und Heer habe ich mich schon im vorigen Jahr unterrichtet. Ich habe vor, während meiner Amtszeit immer wieder einmal mit unseren Soldaten zu sprechen. Was mich bei meinen bisherigen Begegnungen mit Offizieren und Mannschaften am meisten beeindruckt hat, ist die Nüchternheit, mit der alle ihre Aufgaben sehen. Eine bessere Lösung unserer sicherheitspolitischen Probleme als die Eingliederung in die Nato konnte es nach dem verlorenen Krieg für uns nicht geben.» (Interview in der «Neuen Osnabrücker Zeitung», 15. Mai 1975).

Unproblematisch war auch sein Verhältnis zu Helmut Schmidt, der im Mai 1974, sechs Wochen vor Scheels Einzug in die Villa Hammerschmidt, sein Amt als Regierungschef der SPD/FDP-Koalition antrat.

Scheel kannte den als schwierig geltenden und machtbewussten Sozialdemokraten und ehemaligen Wirtschaftsminister aus den Kabinettssitzungen unter Bundeskanzler Willy Brandt. Die bisher kollegial-kameradschaftliche Beziehung verwandelte sich in eine fast freundschaftliche. «Schmidt hatte hohen Respekt vor dem Amt des Bundespräsidenten wie alle Bundeskanzler», betonte Walter Scheel.

## Mildred Scheel

Im April 1967 erholte sich Walter Scheel in einem Alpensanatorium am Tegernsee von einer Nierenoperation. Die Ärztin Dr. Mildred Wirtz, die gerade eine vierwöchige Urlaubsvertretung übernommen hatte, röntgte den bekannten Politiker aus Bonn. Der seit einem halben Jahr verwitwete Scheel und die ledige Ärztin, Mutter einer vierjährigen Tochter, empfanden füreinander große Sympathie.

«In meinem eigenen Leben habe ich oft erfahren, wie der Zufall Weichen stellt», sagte Mildred Scheel. Erst zwei Jahre später, im Sommer 1969, gingen der fünfzigjährige Walter Scheel und die siebenunddreißigjährige Mildred Wirtz in München-Schwabing zum Standesamt. Nach der Heirat kehrte Mildred Scheel an den Rhein zurück. In Köln war sie am 31. Dezember 1932 geboren worden, als Tochter eines Arztes, der aus einer alten Brauereifamilie bei Düren stammte. Die Mutter Elsi, geborene Braun, war die Tochter eines deutschen Weinimporteurs in New York.

Über ihre Kindheit und Jugend in der Obhut der Eltern hat Mildred Scheel noch kurz vor ihrem Tode in dem Buch «Mein Elternhaus» berichtet: «Wenn ich heute in ruhigen Stunden mein Leben Revue passieren lasse, stelle ich erstaunt fest, wie viele persönliche Einstellungen und Verhaltensweisen, die mir heute selbstverständlich erscheinen, auf Eindrücke und Anregungen zurückzuführen sind, die ich in überaus prägender Weise in meinem Elternhaus empfangen hatte.»

Vater Wirtz war Röntgenarzt und hatte eine große Praxis in Köln. Tochter Mildred durfte ihn dort häufig besuchen. «Ich fühlte mich zutiefst von dieser Atmosphäre angezogen. Diesen Stunden in meines Vaters Praxis verdanke ich für mein späteres Leben unendlich viel.» Die frühen Erfahrungen von Krankheit und Tod und das dankbare Gefühl, Menschen helfen zu können, weckten in der Arzttochter den Wunsch, nach dem Abitur selbst Ärztin zu werden.

Im vornehmen Köln-Marienburg lebte die Familie Wirtz mit zwei Töchtern und einem Sohn, der noch als Kind starb, in einer repräsentativen Villa. Im Krieg, als die Bombenangriffe heftiger wurden, zog der Vater mit seinen Kindern in den Bayerischen Wald nach Amberg. Er war dort Direktor des Krankenhauses. Tochter Mildred studierte Medizin. Nach dem Staatsexamen ließ sie sich in Berlin und München zur Röntgenärztin ausbilden. Es war ihr Wunsch, die Praxis des Vaters in Köln zu übernehmen, doch Hubert Wirtz starb noch vor dem Abschluss ihrer Ausbildung.

Ihr Beruf als Fachärztin war für Mildred Wirtz verlockender als der einer Ehe- und Hausfrau. Dass sie dennoch, nach der Geburt der Tochter, die Ehe wünschte, hing mit dem Bedürfnis zusammen, ihrem Kind ein normales Familienleben zu geben. Nach der Heirat adoptierte Walter Scheel die 1963 geborene Cornelia. Sein Sohn Ulrich aus erster Ehe heiratete einige Monate nach dem Vater. Sein Wunsch, mit ihm etwa zur gleichen Zeit noch einmal Vater zu werden, erfüllte sich nicht. (Erst nach mehrjähriger Ehe wurden dem Sohn ein Sohn und eine Tochter geboren.)

Als Walter Scheel seine zweite Ehefrau in Bonn zum ersten Mal bei einem Empfang in Bonns guter Stube, der kurfürstlichen Redoute, vorstellte, wurden Mildred Scheels eigenwillige Art sich zu kleiden, ihre offene Sprache und ihr natürliches Selbstbewusstsein sofort bewundert, aber auch kritisiert. Besonders ihre Geschlechtsgenossinnen waren von ihrem selbstsicheren und souveränen Auftreten begeistert. Bei den Herren der Schöpfung war gerade das eher Anlass zur Kritik.

Walter Scheel war zu dieser Zeit, seit Januar 1968, Parteivorsitzender der Freien Demokraten, die jetzt angesichts der bevorstehenden Bundestagswahlen um ihr Überleben bangten. Drei Monate nach der Hochzeit wurde dann aus dem Oppositionsführer Scheel der Außenminister und Vizekanzler der sozial-liberalen Koalition. Mildred Scheel stand nun an der Seite ihres Mannes auf dem glatten diplomatischen Parkett und begleitete ihn auf seinen vielen Auslandsreisen, wo sie nicht immer diplomatisch, dafür manchmal etwas egozentrisch auftrat.

Auf dem Venusberg, in einem hübschen Reihenhaus gegenüber den Universitätskliniken, richteten sich die Scheels elegant und modern ein. 1970, ein Jahr nach der Hochzeit, wurde die Tochter Andrea-Gwendolyn geboren. Die Geburt nach genauem Termin, vier Tage vor der Reise des Außenministers Scheel mit Bundeskanzler Willy Brandt nach Moskau, erregte sogar bei dem kommunistischen Parteiführer Leonid Breschnew einige Bewunderung. Von einer Reise nach Lateinamerika 1971 brachten die Scheels einen einjährigen Indianerjungen aus Bolivien, ein Waisenkind, mit nach Bonn und adoptierten ihn.

In den Blickpunkt der breiten Öffentlichkeit geriet Mildred Scheel jedoch erst, als ihr Mann den erstaunten Parteifreunden und Bürgern seine Kandidatur zum Bundespräsidenten ankündigte. Er war noch nicht nominiert, als die Scheel-Kinder ihren Spielkameraden auf der Straße erzählten, ihr Papa sei der Bundespräsident. Die Röntgenärztin Mildred Scheel erklärte ihrem Mann und befreundeten Korrespondenten, wenn er noch lange den Stress des reisenden Außenministers auf sich nehme, werde er immer wieder Nierensteine bekommen, viele Operationen könne auch ein ansonsten gesunder Mann nicht durchstehen.

Es kam, wie es sich die Scheels gewünscht hatten: Walter Scheel wurde 1974 Bundespräsident. Der Einzug in die Villa Hammerschmidt eröffnete Mildred Scheel neue Perspektiven und erstrangige Kontakte. Sie hatte bereits einen festen Plan für das, was sie als Präsidentengattin tun wollte. Drei Monate nach dem Einzug in das neue Domizil gründete sie die Deutsche Krebshilfe. Das Echo auf diese Initiative angesichts der weltweiten Zivilisationskrankheit, an der viele Menschen sterben, war in der Bevölkerung, zumal bei den Frauen, immens groß. Der Wunsch, die Forschung voranzutreiben und den Leidenden zu helfen, führte zu einem reichlichen Spendenaufkommen.

Mildred Scheel nutzte ihre guten Beziehungen zu Journalisten von Funk und Fernsehen zu Aufrufen für große Spendenaktionen. Nach Fernsehsendungen gingen Schecks und Überweisungen waschkörbeweise im Büro der Deutschen Krebshilfe ein. In der Nähe des Bundeshauses hatte sich die Präsidentin Scheel ein großes Büro eingerichtet. Der Public-Relations-Berater von Walter Scheel, Friedrich Ludwig Müller, beriet nun mit großem Erfolg und gegen hohes Honorar auch Mildred Scheel. Es gab auch Kritik. Fachärzte hielten ihre Euphorie – «Krebs ist heilbar» – für zu optimistisch. Mildred Scheel ließ sich davon nicht beeindrucken.

Auch als First Lady war sie eine Frau, die es gewohnt war, selbst zu entscheiden. Sie war eine so emanzipierte Frau und eigenwillige Persönlichkeit, dass sie tat, was sie für richtig hielt, wobei sie das Wort «Emanzipation» nicht hören wollte.

Mildred Scheel begleitete den Bundespräsidenten auf allen seinen Auslandsreisen. Sie interessierte sich dabei besonders für die Medizin des jeweiligen Landes und besuchte Krankenhäuser. Statt der Friseurin nahm sie ihre elektrischen Lockenwickler mit. Sie reiste gelegentlich auch allein, nach New York, in die Heimat ihrer Mutter, und nach Israel.

Mit Walter Scheel waren in die Villa Hammerschmidt Kinder und heiterer Lärm eingezogen. Scheels Freunde, die Düsseldorfer Schickeria, und Mildreds Freunde, die Münchner Schickeria, freuten sich, nun sogar zu Staatsempfängen geladen zu werden. An Sonntagen sah man die Scheels nicht selten bei Pferderennen oder auf Golfplätzen.

Dass der Krebs immer eine wissenschaftlich noch nicht voll

erforschte und medizinisch nicht in jedem Fall heilbare Krankheit ist, hat Mildred Scheel selbst erfahren müssen. Doch noch auf dem Krankenbett rief sie die Frauen auf, Vorsorgeuntersuchungen nicht zu versäumen. Am 13. Mai 1985 ist Mildred Scheel dieser tückischen Krankheit im Alter von zweiundfünfzig Jahren in einer Kölner Klinik erlegen. Ihr Tod erschütterte viele. 1988 heiratete Walter Scheel die Heilgymnastin Barbara Wiese, die er im Jahr zuvor in Ascona kennen gelernt hatte.

## Glückliche Reisen

Walter Scheel reiste als Bundespräsident weniger ins Ausland als seine zwei Vorgänger, die er beide, Lübke als Bundesminister für wirtschaftliche Zusammenarbeit und Gustav Heinemann als Außenminister, begleitet hatte. Aber auch er hat, nachdem er 1974 in das höchste Staatsamt gewählt worden war, offizielle Auslandsreisen unternommen, die mehr als nur Repräsentationszwecken dienten. An fast alle knüpften sich auch außenpolitische Erwartungen.

Seine erste Reise in die Vereinigten Staaten von Amerika, im Juni 1975, war, wie nicht anders zu erwarten, ein Erfolg – für die Bundesrepublik, für die Amerikaner und für Walter Scheel. Seine Rede vor dem Kongress in Washington, in der er von der sozialen Verantwortung in der Weltpolitik sprach, beeindruckte die Amerikaner sehr: «Wir haben lernen müssen, dass nicht nur der einzelne Mensch sterblich ist, sondern die Menschheit als Ganzes. Sterblich durch Vernichtungswaffen in wenigen Tagen, sterblich durch Umweltvernichtung und Raubbau an ihren natürlichen Lebensgrundlagen.» Vor dem Leo-Baeck-Institut in New York sprach Scheel über den jüdischen Beitrag zur deutschen Kultur. Leo Baeck, ein gelehrter Berliner Rabbiner, hatte das NS-Konzentrationslager Theresienstadt überlebt. Scheel erinnerte in Amerika an die Schrecken der NS-Herrschaft, sagte aber auch: «Die jüngeren Menschen haben an den Verbrechen der Hitlerzeit keinen Teil gehabt.»

Für Mildred Scheel war es eine Reise in die Wahlheimat ihres Großvaters. Mit Ehrendoktorhüten und Ehrenbürgerschaften der drei größten US-Städte New York, Los Angeles und Chicago kehrte das Präsidentenpaar glücklich in das kleine Bonn zurück.

Als erster Präsident der Bundesrepublik reiste Scheel im November 1975 nach Moskau. Rund hundert Jahre zuvor, im Mai 1873, hatten Kaiser Wilhelm I. und der Reichsgründer und Reichskanzler Otto Fürst von Bismarck in St. Petersburg Zar Alexander II. besucht. Der russische Kaiser war ein Neffe von König Friedrich Wilhelm III. und ein Cousin des deutschen Kaisers. Der neue Besuch verfolgte vor allem das Ziel, die von der Regierung Brandt/Scheel eingeleitete neue Ostpolitik der Bundesrepublik zu bekräftigen.

Auch diese Reise war ein Erfolg – nicht nur für Walter Scheel, sondern auch für die Sowjets. Radio Moskau sprach von konstruktiven und nützlichen Gesprächen und einer «unverändert offenen und freundschaftlichen Atmosphäre». Aber Scheel war nicht Gast des Parteichefs Leonid Breschnew, sondern des Präsidenten des Obersten Sowjets, Nikolai Podgorny, Staatsoberhaupt der UdSSR. Dass Scheel von Breschnew zu einem kurzen Gespräch empfangen wurde, wurde als besondere Ehre und Auszeichnung betrachtet.

Kritik an seiner Reise gab es in der Bundesrepublik. Scheel, der Gourmet, hatte das Essen für die sowjetischen Gäste im Restaurant «Goldene Ähre» mit einer Boeing der Bundesluftwaffe einfliegen lassen. Ein Münchner Gastronom hatte niederbayerische Gänsebrust und Rotkohl, Helgoländer Hummer samt den dazu passenden Weinen, Tellern und Gläsern in die sowjetische Metropole transportiert. Der in Moskau geborene Publizist Klaus Mehnert, der Scheel begleitete, meinte nach dem Staatsbesuch in der Sowjetunion jedoch, «der teure Besuch habe sich gelohnt, auch wenn Scheel und Podgorny und die Außenminister Genscher und Gromyko nur über Belanglosigkeiten geplaudert hätten.» «So haftet der Fröhlichkeit, mit der Scheel seinen Aufenthalt in der Sowjetunion absolvierte, etwas Unrealistisches an», schrieb Carl Ström («Die Welt»).

Offizielle Auslandsreisen eines Staatsoberhaupts führen gewöhnlich in Länder, deren Beziehungen zum eigenen Land frei sind von Konflikten – zumindest zum Zeitpunkt der Einladung. Nur so wird jene freundschaftliche Atmosphäre garantiert, von der auf den anschließenden Pressekonferenzen die Rede ist. Walter Scheels berühmte rheinische Fröhlichkeit und sein Sinn für heitere Situationen sorgten dafür, dass keine Misstöne aufkamen und eine gute Stimmung herrschte.

Scheels Besuch in Finnland im Juni 1976, der auf Einladung des Staatspräsidenten Urho Kekkonen stattfand, zeichnete sich dadurch aus, dass die Behandlung weltpolitischer und europäischer Probleme ausgeklammert wurde. Das Programm sah stattdessen Besichtigungsfahrten vor, auf denen Walter Scheel großes Interesse für die Kunst, Architektur und Musik des Landes zeigte.

Von Helsinki reiste Scheel als oberster Repräsentant der Bundesrepublik zur Hochzeit des schwedischen Königs Carl XVI. Gustav mit der aus Deutschland stammenden bürgerlichen Silvia Sommerlath. Walter Scheel dinierte beim Hochzeitsessen im Stockholmer Schloss neben der norwegischen Königin Sonja, und Mildred Scheel saß neben Regierungschef Olof Palme. Als das Königspaar drei Jahre später Bonn besuchte, erwartete Königin Silvia ihr zweites Kind. Scheel war von der ehemaligen Hostess der Olympischen Spiele in München, wo sie den schwedischen Thronfolger kennen und lieben lernte, beim Festessen des Königs in der Bonner Redoute so begeistert, dass er meinte: «Die behalten wir bei uns.»

Der Umgang mit gekrönten Häuptern wurde für den Handwerkersohn aus Solingen zur Routine. Scheel gab sich ungezwungen und selbstbewusst, auch beim Besuch des spanischen

Königs Juan Carlos im April 1977 in Bonn. Galant küsste er Königin Sofia, Urenkelin des letzten deutschen Kaisers und Tochter der griechischen Königin Friederike, die Hand und führte ihr bei der Begrüßung vor der Villa Hammerschmidt seine beiden jüngsten Kinder Andrea-Gwendolyn und Adoptivsohn Simon Martin vor. Nach Jahren puritanischer Schlichtheit zeigte sich Bonn in Glanz und Glorie, die Politik trug wieder Frack und Schärpe, Walter Scheel das «Grand Collier», eine üppige goldene Ordenskette, die ihm der König als Gastgeschenk aus Spanien mitgebracht hatte.

Zu den Staatsvisiten in Mexiko und Costa Rica im Sommer 1977 gehörten Besuche von touristischen und sportlichen Attraktionen. Nicht ganz zufällig reiste Scheel zu dem Zeitpunkt nach Mexiko, da die deutsche Fußballnationalmannschaft in Mexico-City spielte. Von der Ehrenloge verfolgte er mit dem mexikanischen Präsidenten Lopez Portillo das Spiel im Morast. Nach dem Remis gegen die mexikanische Mannschaft gab der Bundespräsident zu Ehren der deutschen Spieler und ihres Trainers Helmut Schön ein Mitternachtsbankett. Mit Revolutionsliedern und großem Jubel hatten die Mexikaner, deren Vorfahren im vorigen Jahrhundert ihren aus Österreich «importierten» Kaiser Maximilian erschossen, das deutsche Staatsoberhaupt empfangen.

Vor Mexiko hatte der Bundespräsident als erstes europäisches Staatsoberhaupt die mittelamerikanische Republik Costa Rica besucht.

Im April 1978 reiste er zum Staatsbesuch nach Japan, um dem «himmlischen Kaiser», dessen Dynastie von der Sonnenkönigin Amaterasu hergeleitet wird, die Aufwartung zu machen. Hirohito, der 123. Kaiser von Japan, empfing den deutschen Präsidenten mit japanischer Höflichkeit in seinem Goldpavillon in der alten Kaiserstadt Kyoto. Scheel revanchierte sich mit einem Bankett auf dem Schulschiff «Deutschland», das nach Ostasien gesegelt war und in Japan angelegt hatte. «Blaue Jungs» sangen an Bord für den als unnahbar geltenden Kaiser deutsche

Volkslieder. Bei der Loreley («Ich weiß nicht, was soll es bedeuten») summte Kaiser Hirohito, der den deutschen Text kannte, die Melodie mit. Scheel war aber nicht als Sänger nach Japan gereist, sondern als Förderer des Kulturaustausches zwischen beiden Ländern. Ein Forschungsstipendium, das er stiftete, war nach dem deutschen Japanreisenden und Ethnografen Franz von Siebold benannt.

Nach einer inoffiziellen Stippvisite in Schanghai, der Gründungsstadt der Kommunistischen Partei Chinas, wo er von den Rotchinesen freundlich empfangen und großzügig bewirtet wurde, reiste Scheel mit seiner großen Delegation zum Schah-in-Schah nach Teheran, um die traditionell guten Beziehungen zwischen Persien und Deutschland zu vertiefen. In der offenen goldenen Kutsche, gezogen von sechs Schimmeln, fuhren Walter Scheel und Schah Reza Pahlawi, gegen dessen Macht sich eine zunehmend stärker werdende Opposition gebildet hatte, durch die Straßen Teherans, vorbei an Zehntausenden jubelnden Iranern zum Schah-Yade-Monument, das die «weiße Revolution» des Schah in einem Museum demonstrierte.

Die Gespräche, die der deutsche Präsident mit dem iranischen Herrscher unter vier Augen führte, verliefen positiv. Der Schah wünschte eine noch stärkere Beteiligung deutscher Firmen an Modernisierungsprojekten, er bestellte zwei weitere Mammut-Atomkraftwerke und bei deutschen Werften einige Fregatten. Von Teheran reiste Scheel in die 2500 Jahre alte Palaststadt Persepolis. Zum Abschluss lud der Bundespräsident das persische Kaiserpaar nach Bonn ein. Neun Monate später ging der Schah mit seiner Familie für immer ins Exil.

Wie jeder Bundespräsident vor ihm stattete auch Walter Scheel der Schweiz einen offiziellen Besuch ab. Das gutnachbarliche Verhältnis zwischen der Eidgenossenschaft und der Bundesrepublik hatte sich in den vergangenen achtundzwanzig Jahren zu einer problemlosen Partnerschaft entwickelt. «Der Besuch des deutschen Bundespräsidenten bedeutet eine weitere Besiegelung dieses erfreulichen Zustandes, dem man Dauer wünscht», schrieb die «Neue Zürcher Zeitung». Überschattet wurde der Besuch, der im September 1977 stattfand, jedoch durch ein trauriges innerdeutsches Ereignis. Am 5. September hatten deutsche Terroristen den Präsidenten der Bundesvereinigung der Deutschen Arbeitgeberverbände und des Bundesverbandes der Deutschen Industrie, Hanns Martin Schleyer, entführt. Die Ungewissheit über sein Schicksal bedrückte nicht nur die Politiker in Bonn. Am 19. Oktober wurde die Leiche Schleyers im Kofferraum eines Autos in Mühlhausen im Elsass gefunden.

Als erstes deutsches Staatsoberhaupt reiste Scheel ins ferne Neuseeland mit den Cookinseln und nach Australien. Auf seiner Rückreise besuchte er noch Mauritius, die kleine Insel im Indischen Ozean, die 1968 von Großbritannien unabhängig geworden war.

In Bonn war der Bundespräsident ein perfekter und großzügiger Gastgeber, der nie nach den Kosten fragte, zumal die Staatskasse sie übernimmt. Als Königin Elizabeth II. und Prinz Philip im Mai 1978 zum zweiten Mal zum Staatsbesuch kamen, war dieser zwar um einige Tage kürzer als der erste vor genau dreizehn Jahren zur Zeit von Heinrich Lübke, es war aber auch diesmal ein glanzvolles Ereignis. Schloss Augustusburg in Brühl kannte die Monarchin bereits; sie war aber erneut begeistert von der barocken Pracht des Lustschlosses, das sich vor mehr als zweihundert Jahren der Kölner Kurfürst Clemens August errichten ließ. Walter Scheel, als «Schlossherr» Gastgeber der Königin, war glänzender Stimmung und sah wie ein leibhaftiger Barockfürst aus. Scheel und seine Frau Mildred kannten Königin Elizabeth von ihrem Besuch zum fünfundzwanzigsten Jahrestag ihrer Thronbesteigung, als sie auf dem Truppenübungsplatz in der Heide eine Parade im Beisein Prinz Philips und des deutschen Präsidenten abnahm.

Es hatte sich eingebürgert, dass ausländische Staatsgäste von Bonn aus auch der geteilten alten Hauptstadt Berlin einen Besuch abstatteten. Beim Abstecher der britischen Königin an die Spree wurde sie von Bundespräsident Scheel und vom Kanzler Helmut Schmidt begleitet. Die Rundfahrt durch den Westteil der Stadt zum Schloss Charlottenburg kam einem Triumphzug gleich, es herrschte Volksfeststimmung.

Aber noch wurde die Bundesrepublik von Bonn aus regiert. Die Stadt wurde zum Weltschauplatz, als sich im Sommer 1978 Staatschefs von sieben Ländern – den Vereinigten Staaten von Amerika, Kanada, Japan, Großbritannien, Frankreich, Italien und der Bundesrepublik Deutschland – am Rhein zum «Weltgipfel» trafen. Der amerikanische Präsident Jimmy Carter nutzte das Ereignis zu einer vorherigen Staatsvisite. Sie dauerte nur sechsunddreißig Stunden und lief wie ein Film ab: Jimmy Carter und Frau Rosalyn, die ihre elfjährige Tochter Amy mitgebracht hatten, vor der bekannten Bonner Kulisse. Unter der gewandten Regie von Walter Scheel und Helmut Schmidt wurde der Weltwirtschaftsgipfel ein voller Erfolg für die Teilnehmer wie auch für die Gastgeber.

Drei Jahre vor Jimmy Carter hielt sich sein Vorgänger Gerald Ford für ebenfalls sechsunddreißig Stunden zum offiziellen Besuch in Bonn auf. Walter Scheel hatte Ford zu einer Rheinfahrt eingeladen und für die Bewirtung den Münchner Gastronomen Käfer engagiert. Nach einer launigen Rede des Bundespräsidenten durfte an Bord getanzt werden. Eine der eifrigsten Tänzerinnen: Wilhelmine Lübke. Am nächsten Morgen besprach der US-Präsident wohlgelaunt auf Schloss Gymnich mit Bundeskanzler Helmut Schmidt Energiefragen und politische Probleme, wie die Ost-West-Beziehungen.

Seine vorletzte Reise ins Ausland führte Scheel im Februar 1979 nach Wien. Es war ein schlichter Freundschaftsbesuch. Der österreichische Bundespräsident Rudolf Kirchschläger, wie Scheel Außenminister ehe er zum Staatsoberhaupt gewählt wurde, begrüßte ihn als guten Freund. Bei aller historischen Verbundenheit Deutschlands und Österreichs und bei allen Übereinstimmungen in jüngerer Vergangenheit betonte Kirchschläger die österreichische Eigenständigkeit. Dagegen Scheel: «Wenn wir uns Rechenschaft ablegen über die dunklen Phasen der Vergangenheit, dann brauchen wir uns auch nicht zu scheuen, uns des großen geschichtlichen Erbes zu erfreuen, das uns gemeinsam gehört.»

Scheel wäre nicht Scheel, wenn er den Termin seines Staatsbesuchs nicht so gelegt hätte, dass er noch auf dem Wiener Opernball erscheinen konnte.

Seinen letzten Besuch bei der traditionellen Kieler Woche benutzte er, um im Süden Jütlands mit der dänischen Königin Margarethe II. und Prinz Hendrik auf der königlichen Yacht zu dinieren. Die deutsche Minderheit im Süden Dänemarks empfing das deutsche Staatsoberhaupt anschließend mit überschwänglicher Freude.

Als Staatsgäste nach Bonn kamen auf Einladung von Walter Scheel auch der Großherzog Jean von Luxemburg, der Staats- und Parteichef der Tschechoslowakei Gustav Husak, der syrische Präsident Hafez Al Assad, der brasilianische Staatspräsident Ernesto Geisel, der Präsident der Republik Zaire, General Mobutu, der senegalesische Staatspräsident Leopold Senghor, der Präsident der Republik Gabun, Omar Bongo, der portugiesische Staatspräsident Antonio Eanes, König Hussein I. von Jordanien und der ägyptische Präsident Anwar As Sadat.

### Positive Bilanz

Je länger Scheel im Amt war, umso positiver beurteilte ihn die Öffentlichkeit. In allen Volksschichten erfreute sich der liberale Präsident großer Beliebtheit, da er wieder einführte, was Gustav Heinemann abgeschafft hatte: das bisschen Glanz, das Bonn zu bieten hat. Geringer war Scheels Ansehen bei den Intellektuellen, da er selbst kein Intellektueller war.

Sogar jene, die ihn nicht gewählt hatten, die Christdemokraten, fanden seine Art, die Bundesrepublik Deutschland im In- und Ausland zu repräsentieren, lobenswert. Die Sozialdemokraten, mit deren Stimmen Walter Scheel zum Staatsoberhaupt gewählt worden war, übten jedoch Kritik an manchen seiner Äußerungen. Aber Kritik war ihm oft willkommener als Lobhudelei.

Die fünf Jahre seiner Amtszeit waren keine besonders glücklichen, aber auch keine unglücklichen Jahre unserer Republik. Nachdem die meisten der Terroristen in Gefängnissen saßen, verebbte die Welle der Gewalttaten. Die Christdemokraten hatten sich mit ihrer Rolle als Opposition abgefunden, hofften jedoch auf eine baldige Rückkehr an die Macht – mithilfe der Freien Demokraten. Die Sozialdemokraten hatten sich so sehr ans Regieren gewöhnt, dass sie hofften, wenigstens noch ein Jahrzehnt die Bundesrepublik nach ihren Vorstellungen regieren zu können. Bei den Bundestagswahlen im Oktober 1976 hatte die CDU/CSU zwar mehr Stimmen erhalten als die SPD, aber die Freien Demokraten, die leicht verloren, dachten noch nicht daran, ins alte politische Lager zurückzukehren.

Zum achtzigsten Geburtstag von Ludwig Erhard im Februar 1977 hielt Scheel die Festrede und lobte Erhards Politik der sozialen Marktwirtschaft und seine demokratische Gesinnung: «Sie haben in Ihrem Gegenüber immer den Partner, den Mitbürger, den Mitmenschen zu erreichen gesucht, Sie haben damit unserer jungen Demokratie einen großen Dienst geleistet. Sie haben das Volk wie Moses in das Land geführt, wo Milch und Honig fließen. Und ebenso wortgewaltig wie dieser haben Sie den Tanz um das Goldene Kalb verurteilt.»

Walter Scheel wäre gerne noch fünf weitere Jahre Bundespräsident geblieben, aber die Christdemokraten drängten an die Macht. 1979, am dreißigsten Jahrestag der Verkündung des Grundgesetzes, sie war am 23. Mai 1949 erfolgt, reichte ihre Stimmenmehrheit, um ihren Kandidaten Karl Carstens zum neuen Bundespräsidenten zu wählen.

Im Rückblick auf seine Zeit als Präsident äußerte sich Walter Scheel zufrieden und mit stolzer Genugtuung:

«Es waren für mich sehr erfüllte Jahre. Nicht die aufregendste Zeit meines Lebens, aber vielleicht die glücklichste und schönste. Mein Glück war, dass ich in Zeiten die Funktionen des Bundespräsidenten wahrnehmen konnte im Anschluss an die sehr bedeutenden Verträge mit Moskau und Warschau und nach dem Prozess der Integration der Jugend nach den krisenhaften Zuständen der sechziger Jahre.

Wenn ich auch schnell gemerkt habe, dass der Bundespräsident keine Machtbefugnisse besitzt, so habe ich doch außergewöhnlich viel Einfluss auf das Geschehen in der Bundesrepublik nehmen können. Unsere Bürger sind so sympathisch, sich an dem zu orientieren, was sie als verbindlich betrachten, und das ist für sie der Bundespräsident. Die Orientierung auf den Bundespräsidenten bestimmt ihr Verhalten zum Staat.»

## Altbundespräsident in München

Nicht Düsseldorf, wo er seine politische Karriere begann, und auch nicht Nordrhein-Westfalen, sein Herkunftsland, wählte Walter Scheel zu seinem Wohnsitz als Altbundespräsident. Vielmehr zog es ihn nach München, wo er mit seiner dritten Frau Barbara in einer großen Villa in der Nähe seines Büros am Herzogspark wohnt.

«In der Reihe der so bedeutenden Präsidenten der Bundesrepublik nimmt Walter Scheel eine Sonderstellung ein», schrieb die «Süddeutsche Zeitung» über ihren prominenten Münchner Neubürger. «Bei ihm saß der Anzug der Macht etwas lockerer.» Scheel habe trotz seiner politischen Härte ein Quäntchen des Unseriösen in die bis dahin nüchtern-graue Steifheit der Republik gebracht. Und dafür sollte man ihm dankbar sein.

Nur selten lässt sich Walter Scheel noch in Bonn sehen, wo

sein politischer Aufstieg begann, wo er seit 1953 lebte und wirkte. Im Sommer 1998 war er Ehrengast und Redner der Stresemann-Gesellschaft in der Diplomatenschule auf dem Venusberg, um vor Botschaftern und Politikern über den Beitritt der Bundesrepublik zu den Vereinten Nationen vor fünfundzwanzig Jahren zu sprechen. Scheel, schon immer ein guter Redner, erzählte Amüsantes und Nachdenkliches aus dem «Nähkästchen». Er war Außenminister, als die beiden deutschen Staaten in die Vereinten Nationen aufgenommen wurden.

Wenig Erfreuliches berichteten die Zeitungen über den Altbundespräsidenten, als er als Aufsichtsratsmitglied der Deutschen Entwicklungsgesellschaft, die Gelder veruntreute, 50 000 Mark als Bußgeld zahlen musste. Den Unternehmern blieb Walter Scheel, der immer gute Beziehungen zur Industrie pflegte, auch weiterhin verbunden. Bis zur Fusion von Thyssen mit Krupp war er im Aufsichtsrat der Thyssen AG. In seiner Partei, der FDP, ist Walter Scheel als Altbundespräsident bereits seit Juni 1979 Ehrenvorsitzender.

## 5. Porträt:

# Karl Carstens (1979–1984)

geboren am 14. Dezember 1914 in Bremen,
gestorben am 30. Mai 1992 in Meckenheim.

Rechtswissenschaftler, Professor für Staats- und Völkerrecht
1949–54 Bevollmächtigter des Landes Bremen beim Bund
1954–55 Vertreter der Bundesrepublik beim Europarat
1960–66 Staatssekretär im Auswärtigen Amt
1966–67 im Verteidigungsministerium
1968–69 im Bundeskanzleramt
1973–76 Fraktionsvorsitzender der CDU/CSU im Bundestag
1976–79 Bundestagspräsident

Als im Frühjahr 1979 der fünfte Bundespräsident gewählt wurde, besaßen die Christdemokraten zum ersten Mal die absolute Mehrheit in der Bundesversammlung. Deshalb war es für die Unionspolitiker selbstverständlich, dass sie einen Mann aus ihren Reihen als Kandidaten aufstellten, mit der sicheren Aussicht auf Stimmenmehrheit. Es war Karl Carstens, der sich bereits auf verschiedenen politischen Posten bewährt hatte, zuletzt als Bundestagspräsident. Von seiner Persönlichkeit und seinem politischen Profil her schien er für das höchste Staatsamt am besten geeignet.

## Von Bremen nach Bonn

Als Karl Carstens am 14. Dezember 1914 in Bremen geboren wurde, lebte sein Vater, der Studienrat Dr. Klaus Carstens, bereits nicht mehr. Sechs Wochen vor seiner Geburt, drei Monate nach Beginn des Ersten Weltkriegs, war der Oberleutnant der Reserve in Frankreich gefallen. Karl Carstens äußerte sich später über seinen Vater, den er nie gekannt hat: «Mein Vater war sicherlich, nach allem, was ich von ihm weiß, ein liberaler Mensch.» Die Mutter, Gertrud Carstens, hatte ebenfalls den Lehrerberuf ergriffen. Mit Nachhilfestunden besserte sie die kleine Studienratspension auf.

In der Hansestadt Bremen mit ihrer liberalen und weltoffenen Tradition ist Karl Carstens aufgewachsen. Am Alten Gymnasium, an dem der Vater unterrichtet hatte, machte er mit achtzehn Jahren sein Abitur. Bremen war es auch, wohin Carstens nach dem Ende des Zweiten Weltkriegs zurückkehrte. Davor lagen das Studium der Rechts- und Politikwissenschaften in Frankfurt, Dijon, München, Königsberg und Hamburg, das er mit der Promotion abschloss. Von einer eigenen Anwaltspraxis, die er 1945 in seiner Heimatstadt gründete, wechselte Carstens im Jahr darauf zu einer angesehenen Bremer Anwaltssozietät.

1948 erhielt er ein Jahresstipendium an der renommierten Yale University. Der Sozialdemokrat Wilhelm Kaisen, seit 1945 Bremer Senatspräsident, wurde Carstens' politischer Ziehvater. Als er von seinem Studienaufenthalt in den Vereinigten Staaten nach Bremen zurückkehrte, holte Kaisen ihn in seine Senatskanzlei. «In meiner Kanzlei hatte ich keinen Staatsrat, keinen Juristen; und wir mussten die Gesetze vorbereiten, die nach einem tüchtigen Juristen verlangten, der ein Mann sein musste, dem man vertrauen konnte.» Dieser Mann war Karl Carstens. Dreißig Jahre später, als er zum Bundespräsidenten gewählt wurde, sagte der Vollblutpolitiker Kaisen über ihn: «Für mich persönlich ist er die Inkarnation der guten Eigenschaften des deutschen Bürgertums.» Karl Carstens bekannte bei der Trauerfeier für den im Dezember 1979 gestorbenen Wilhelm Kaisen in Bremen: «Ich bin dankbar dafür, dass mich mit ihm eine jahrzehntelange Freundschaft verbunden hat.»

«Junge, du sollst mal mein Nachfolger werden, aber nun geh erst mal nach Bonn», hatte Kaisen 1949 zu dem fünfunddreißigjährigen Juristen gesagt. Fünf Jahre war Carstens dann sein «Stellvertreter» als Bevollmächtigter des Bremer Senats beim Bund, in dem die Christdemokraten unter Konrad Adenauer regierten. Nebenher habilitierte er sich 1952 an der Kölner Universität als Privatdozent.

Nur drei Häuser von Carstens' Bonner Dienststelle entfernt lag das Auswärtige Amt. 1954 suchte Kanzler Konrad Adenauer, damals auch Außenminister in seiner Regierung, für den Europarat in Straßburg einen ständigen Vertreter der Bundesrepublik. Seine Wahl fiel auf den Bremer. Eine neue Karriere, die des hohen Beamten im Auswärtigen Amt, begann für Karl Carstens ein Jahr darauf, als er, der inzwischen als Experte für Europafragen galt, offiziell in den Dienst des Bonner Außenministeriums berufen wurde. Die zwölf Jahre, die er hier verbrachte, waren für ihn die wichtigsten in seinem Leben. Gustav Stresemann, der Außenminister der Weimarer Republik, war sein Vorbild. In seinen Anfangsjahren im Auswärtigen Amt fielen historisch wichtige Entscheidungen: 1955 der Beitritt der Bundesrepublik zur Nato, die Aufnahme diplomatischer Beziehungen zur Sowjetunion und das deutsch-französische Abkommen über die Rückkehr des Saargebiets, 1957 die Unterzeichnung der Verträge über die Europäische Wirtschaftsgemeinschaft und Euratom, um nur die wichtigsten zu nennen.

Niemand, der im Auswärtigen Amt, Bonns Nobel-Ministerium, nur einige Jahre gearbeitet hat, wurde von diesem Amt nicht auch geprägt. «... Karl Carstens ließ sich vom Charme des auswärtigen Dienstes einfangen», schrieb Wolfgang Wiedemeyer. Neben seiner Bonner Tätigkeit widmete er sich seinen wissenschaftlichen Arbeiten in Köln, hielt dort Vorlesungen über Staats- und Völkerrecht und wurde 1960 Leiter des Instituts für das Recht der Europäischen Gemeinschaften.

Als er im selben Jahr Zweiter Staatssekretär im Auswärtigen Amt wurde, stand Carstens vor der nicht leichten Aufgabe, seine Verpflichtungen an der Kölner Universität so zu regeln, dass daneben die Arbeit im Staatsdienst nicht zu kurz kam. Es galt, neue Prioritäten zu setzen. Die Entscheidung für das AA und die deutsche Außenpolitik ist Carstens nicht ganz leicht gefallen. «Erleichtert wurde sie allerdings nachträglich durch die Verleihung der akademischen Rechte eines ‹persönlichen Ordinariats›. So brauchte ich trotz meines Verbleibens im Auswärtigen Amt nicht auf Wissenschaft und Universität verzichten.» Den «persönlichen Ordinarius» gibt es kein zweites Mal in Deutschland.

Ein Jahr später, im Sommer 1961, wurde Carstens Stellvertreter des Außenministers Gerhard Schröder. Mit ihm ging er 1966, nach der Bildung der Großen Koalition, vom Auswärtigen Amt ins Verteidigungsministerium auf der Hardthöhe. Bei seinem Ausscheiden aus dem auswärtigen Dienst sagte der neue Außenminister Willy Brandt, Carstens' Wirken habe auf unser staatliches Leben «ausgestrahlt». Brandt lobte seinen ungewöhnlichen Reichtum an Führungsqualitäten und seine geistige Unabhängigkeit: «Ihr Wesen ist unverkennbar bestimmt durch die Herkunft aus der Atmosphäre einer Stadt, in der die persönliche Unabhängigkeit stets viel gegolten hat.» Anfang 1968 holte ihn Bundeskanzler Kurt Georg Kiesinger ins Palais Schaumburg: Carstens wurde als Staatssekretär mit der Leitung der Geschäfte des Bundeskanzleramts betraut.

Mit dem Machtwechsel vom Oktober 1969, der Bildung der sozial-liberalen Regierung unter Bundeskanzler Brandt, schien für Carstens die politische Karriere beendet. Er schied zwar aus dem Staatsdienst aus, übernahm aber bereits 1970 die Leitung des Forschungsinstituts der Deutschen Gesellschaft für Auswärtige Politik. «Aber: Ich habe meine Tätigkeit nicht allein unter dem Blickwinkel der Forschung, sondern auch unter dem der Lehre gesehen. Die Lehrveranstaltungen boten mir die Möglichkeit, die Verbindung zur jungen Generation aufrecht zu erhalten. Manche Erfahrung, die ich daraus gewinnen konnte, ist mir, auch in meiner Tätigkeit als Bundespräsident, bei meinen Gesprächen mit jungen Menschen zugute gekommen», so Karl Carstens 1984 bei der Verleihung der Ehrenbürgerwürde der Universität Köln.

Karl Carstens wäre nicht ungern Hochschullehrer geblieben, hätte ihn nicht Gerhard Stoltenberg, erfolgreicher CDU-Politiker und damals Ministerpräsident von Schleswig-Holstein, ermuntert, in die aktive Politik zu gehen mit der Möglichkeit, nach einem Sieg der CDU/CSU bei der nächsten Bundestagswahl Außenminister zu werden. Carstens tat wie ihm geraten. Er kandidierte für den Deutschen Bundestag und wurde 1972 CDU-Abgeordneter. Doch verloren die Christdemokraten unter ihrem Kanzlerkandidaten Rainer Barzel die Wahl vom 19. November 1972 mit 44,9 Prozent der Stimmen gegen 45,8 Prozent für die SPD und 8,4 Prozent für die FDP. Carstens konnte nicht, wie erhofft, auf der Regierungsbank Platz nehmen, doch er reüssierte auch in der Opposition.

Ein halbes Jahr nach seinem Einzug in den Bundestag wurde der Neuling im Parlament als Nachfolger von Rainer Barzel Fraktionsführer. Überraschend war die bissige Schärfe seiner Reden, die man ihm bis dahin nicht zugetraut hatte. Carstens rechtfertigte sich: «Viele meiner engsten Freunde, auch meine Familienangehörigen, haben mir gesagt, sie fänden das bedauerlich, dass diese etwas schärfere und zeitweilig polemische Seite in mir so stark hervorgetreten sei. Ich glaube kaum, dass man den innenpolitischen Kampf ohne eine gewisse Schärfe führen kann». (Interview mit dem Norddeutschen Rundfunk, Oktober 1980).

Nach der Bundestagswahl vom 3. Oktober 1976, bei der die CDU/CSU wieder zur stärksten Fraktion im Parlament wurde, nicht aber die absolute Mehrheit zum Regieren erhielt, wurde Carstens mit den Stimmen der FDP und einigen Stimmen der SPD zum Bundestagspräsidenten gewählt. In dieser Position fand er rasch das Vertrauen auch der politischen Gegner. Der Wechsel vom Oppositionsführer zum überparteilichen Parlamentspräsidenten war ihm, dem Streit eigentlich nicht lag, alles andere als schwer gefallen.

«Mehr und mehr hat sich in unserer Bevölkerung die Überzeugung gefestigt, dass im Deutschen Bundestag das ganze deutsche Volk und alle seine Gruppen vertreten sind», meinte Carstens einmal. Der Bundestagspräsident ist der Präsident aller vom Volke gewählten Abgeordneten und wird von diesen gewählt. Er repräsentiert damit politisch alle Bürger. Es gibt nur noch ein höheres Amt, das des Bundespräsidenten.

Nachdem er Bundestagspräsident geworden war, ist sein Name zwar des Öfteren im Zusammenhang mit der Ablösung Helmut Schmidts im Kanzleramt nach den Bundestagswahlen 1980 genannt worden, Carstens jedoch zeigte wenig Neigung, Bundeskanzler zu werden. Sein Amt als Fraktionschef hatte unterdessen Helmut Kohl, nach Barzels Rücktritt im Mai 1973 Bundesvorsitzender der CDU, angetreten. Kohl wurden auch weit größere Chancen als Kanzlernachfolger eingeräumt, während Carstens sich mehr und mehr darauf vorbereitete, 1979 von Walter Scheel das Amt des Bundespräsidenten zu übernehmen.

Die Unionsparteien hatten inzwischen so viele Abgeordnete im Bundestag und in den Landtagen, dass sie bei der nächsten, 1979 anstehenden Präsidentenwahl die größte Chance hatten, ihren Kandidaten zum Präsidenten der Bundesrepublik Deutschland wählen zu lassen. Er hieß Karl Carstens.

## Kein Machtwechsel

Am 23. Mai 1979, dem dreißigsten Jahrestag der Verkündung des Grundgesetzes für die Bundesrepublik Deutschland, wählte die Bundesversammlung in der Bonner Beethovenhalle den fünften Bundespräsidenten. Er hieß, wie erwartet, Karl Carstens. Die Sozialdemokraten hatten Annemarie Renger, seine Vorgängerin im Amt des Bundestagspräsidenten, für das höchste Staatsamt nominiert. In seiner Eigenschaft als Parlamentspräsident hatte Karl Carstens diesen Tag für seine Wahl vorgeschlagen, von der er wusste, dass er sie gewinnen werde.

Die Wahl von Karl Carstens war nicht unumstritten. Nicht nur in den Reihen seiner politischen Gegner gab es Kritiker, die eine Stärkung von restaurativen oder gar reaktionären Tendenzen in der Republik befürchteten, obwohl sie wussten, dass Carstens sich in seinen hohen Ämtern bewährt hatte und weder ein Reaktionär noch ein hart gesottener Konservativer war. Seine Selbsteinschätzung deutete mehr auf die politische Mitte: «Ich selbst sehe mich als liberal an, obwohl andere bestreiten, dass ich es sei.»

Seiner Nominierung für das höchste Staatsamt waren heftige Proteste gefolgt. Selbst diejenigen, die den ehemaligen Staatssekretär im Auswärtigen Amt, im Verteidigungsministerium und im Kanzleramt, aber auch noch den Bundestagspräsidenten geschätzt oder doch mitunter akzeptiert hatten, kritisierten nun zumindest die Art seiner Amtsführung heftig. Vorbehalte und Vorwürfe kamen vor allem von Politikern der SPD und von den «linken» Medien. Oskar Lafontaine, SPD-Landesvorsitzender im Saarland, griff Carstens wegen seiner Mitgliedschaft in der NSDAP an und weil er als Parlamentarier nicht der Ostpolitik der SPD zugestimmt hatte. Vielen seiner Widersacher gefiel sein konservativer Habitus nicht, sie nannten ihn einen «Herrenreiter» oder äußerten Zweifel an seiner Fähigkeit zur Integration.

Mit der Kritik, auch wenn sie unqualifiziert war, wollte man erreichen, dass Walter Scheel, der einst den Machtwechsel hin zur SPD/FDP-Regierung eingeläutet hatte, in seinem Amt blieb, um damit einen erneuten Wechsel in Bonn zu blockieren. Die Angst davor war nach Ansicht von Karl Carstens völlig unbegründet. «Mir liegt nichts ferner, als meine Wahl mit der Vorstellung eines Machtwechsels in unserem Lande in Verbindung zu bringen», sagte er in einem «Zeit»-Interview im März 1979, drei Tage nach seiner Nominierung zum Bundespräsidenten.

Hauptgegenstand der Kritik an Carstens war seine Mitgliedschaft in der NSDAP. War er deswegen ein «Nazi»? Sein Lebensweg seit 1933 zeigt, exemplarisch für seine Generation, wie sehr Ausbildungsmöglichkeiten und -förderung von der allein herrschenden Partei abhängig waren. Carstens hat sein Abitur am Alten Gymnasium in Bremen an dem Tag gefeiert, an dem in Berlin der gebürtige Österreicher Adolf Hitler die Macht übernahm. Nach der Feier erlebten die Abiturienten auf dem Bremer Marktplatz die Ansprache des Gauleiters von Bremen und Oldenburg an die Bevölkerung. «Wegen der derben und durch und durch ungeistigen Art empfanden wir alle einen regelrechten Widerwillen, eine Abneigung gegen diesen Mann», erinnerte sich Karl Carstens.

Im Frühjahr 1933 begann Carstens sein Jurastudium in Frankfurt am Main. Da er als Halbwaise auf Unterstützung angewiesen war, bewarb er sich um ein Stipendium, war er in der

Schule doch immer Klassenprimus gewesen. Carstens wurde, nachdem er einen Aufnahmeantrag gestellt hatte, Mitglied der NSDAP und bald danach in die SA (Sturmabteilung) überführt.

Nach einjährigem Studium in Dijon und seiner Rückkehr nach Deutschland drängte er auf Entlassung aus der SA mit der Begründung, er werde demnächst in die Wehrmacht eintreten. Als er ein Jahr später erneut Studienbeihilfe beantragte, da er nicht in die Reichswehr eintreten durfte, wurde der Antrag abgelehnt: «Staatliche Beihilfen dürfen selbstverständlich nur solchen Bewerbern bewilligt werden, die sich in einer Gliederung der Bewegung einsetzen und auch nach außen hin ihre nationalsozialistische Gesinnung und Haltung dartun. Sie haben im Oktober 1935 Ihre Entlassung aus der SA beantragt mit der Begründung, dass Sie in die Wehrmacht eintreten würden. Seit der Neugliederung der SA haben Sie in der SA keinen Dienst mehr geleistet und auch nicht zu erkennen gegeben, dass Sie zu weiterem Dienst bereit gewesen wären. Nachdem Sie bei der Wehrmacht nicht angenommen wurden, haben Sie wiederum nichts getan, um Ihre Dienstwilligkeit in der SA zu beweisen.» Immerhin durfte Carstens weiter studieren.

Im Herbst 1936 machte er nach weiteren Semestern in München, Königsberg und Hamburg sein Referendarexamen, 1937 promovierte er zum Dr. jur. Während der Referendarzeit in Bremen beantragte Carstens, da es damals noch keine regulären Bezüge für Referendare gab, Beihilfe vom Staat. Diese konnte er jedoch nur erhalten, wenn er Mitglied der NSDAP war. Carstens stellte erneut einen Antrag auf Aufnahme in die Partei. Der Antrag wurde abgelehnt mit der Begründung, er habe seine Unterlagen nicht rechtzeitig beschafft und weitergeleitet. Inzwischen gab es eine Mitgliedersperre. Als die im ersten Kriegsjahr aufgehoben wurde, gab man dem Aufnahmeantrag von 1937 statt. Carstens, inzwischen Soldat, war somit nur nominelles Mitglied der Partei.

Beim Entnazifizierungsverfahren in Bremen stellte die

Spruchkammer fest, dass er sich nichts habe zuschulden kommen lassen; vielmehr habe er «nach dem Maß seiner Kräfte aktiven Widerstand gegen die Nazi-Gewaltherrschaft geleistet und auch dadurch Nachteile erlitten».

Trotz dieses Entlastungszeugnisses äußerte sich Carstens später selbstkritisch über seine Mitgliedschaft in der NSDAP: «Ich sehe das nicht als ein Ruhmesblatt in meiner Geschichte.» Carstens bekannte damit, dass er aus der Geschichte, der eigenen und der seiner Generation, gelernt hatte. Warum also die Kampagne gegen diesen Präsidentschaftskandidaten, zumal auch der noch amtierende Bundespräsident Walter Scheel Mitglied der NSDAP gewesen war? Hier ist wohl unbewusst die Vorahnung vom bevorstehenden Ende der sozial-liberalen Reformpolitik mit im Spiel gewesen. Der Erfolg der CDU/CSU bei der Bundestagswahl löste nicht erst im unmittelbaren Vorfeld der anstehenden Präsidentenwahl mehr oder weniger heftige Abwehrreaktionen aus, Umfragen hatten schon in den Monaten vorher einen deutlichen Zuwachs des bürgerlichen Wählerlagers signalisiert.

Die Wahl von Karl Carstens zum Staatsoberhaupt hatte «atmosphärische» Bedeutung. Sie leitete einen Stimmungs- und Bewusstseinswandel ein, wie er einem politischen Machtwechsel vorauszugehen pflegt. Die ihn am heftigsten kritisierten, wussten am besten, dass während der Amtszeit von Carstens die Phase des sozial-liberalen Bündnisses zu Ende gehen würde. An der Schwelle zu den achtziger Jahren kündigte sich in Bonn eine politische Wende an, von der aber noch niemand sagen konnte, wann und mit welchen neuen Weichenstellungen sie vonstatten gehen werde.

## Geliebtes Vaterland

«In diesem Sinne bitte ich Sie, mir zu helfen, die Aufgaben, die mir für die nächsten fünf Jahre übertragen worden sind, so gut wie möglich zu erfüllen. Im Maße meiner Kräfte will ich allen Bürgern dienen: zum Wohl unseres Landes, unseres – trotz der schweren Bürden, die es trägt – geliebten Vaterlandes.» Die Worte von Karl Carstens bei seinem Amtsantritt am 1. Juli 1979 waren Bekenntnis und Verpflichtung zugleich. Zehn Jahre zuvor hatte an der gleichen Stelle, bei gleichem Anlass Bundespräsident Gustav Heinemann in seiner Antrittsrede gesagt: «Es gibt schwierige Vaterländer. Eines davon ist Deutschland.»

Aus Liebe zu seinem Vaterland mit der Fülle landschaftlicher Schönheiten und kultureller Reichtümer versprach Carstens den erstaunten Bürgern bei Beginn seiner Präsidentschaft, sich dieses Land nach und nach auf Fußwanderungen zu erschließen und dabei zu versuchen, die für jede Region typischen Eigenheiten der Bewohner kennen zu lernen.

Seit dreißig Jahren stand Karl Carstens inmitten der aktiven Politik. Er hatte alle vier Bundespräsidenten vor ihm, fünf Bundeskanzler gekannt, teilweise mit ihnen zusammengearbeitet und war vielen «Großen» seiner Zeit wie Charles de Gaulle, John F. Kennedy und Andrej Gromyko begegnet. So konnte er aus einem reichen Fundus von Erfahrungen schöpfen, als er das höchste Staatsamt antrat.

Wenn Carstens dem Amt auch eigene Akzente gab, so übernahm er doch im Wesentlichen die traditionellen Aufgaben und Verpflichtungen seiner Vorgänger, in gewisser Weise auch deren Gesinnung und politische Moral. Von Theodor Heuss das demokratische Gewissen sowie die Überzeugung, dass jeder Bürger ein gehöriges Maß an Selbstverantwortung für seine Freiheit trägt. Heinrich Lübke folgte er in dessen positiver Einstellung zu den Ländern der Dritten Welt. Wie Gustav Heinemann erinnerte auch Karl Carstens an die deutschen Revolutionen, besonders die von 1848, die ein wichtiger Schritt war zur Überwindung veralteter monarchischer Regierungsformen auf dem langen Weg zur Demokratie. Von Walter Scheel übernahm er dessen Sinn für Stil und Formen öffentlicher Repräsentation.

Es hat damals tatsächlich kein Machtwechsel, nur ein Amtswechsel in der Villa Hammerschmidt stattgefunden. Dennoch war der Start für Karl Carstens nach den massiven Angriffen auf seine Person alles andere als leicht, doch schon nach einigen Wochen schwiegen auch die schärfsten Kritiker. In seiner Antrittsrede vor dem Deutschen Bundestag hat er, der genau wusste, worauf es zu seiner Zeit im Amt des Bundespräsidenten ankommen würde, seine Absichten klar bekundet. Dass der Vorsitzende des DDR-Staatsrates Erich Honecker unter den Ersten war, die ihm Glückwünsche zu seiner Wahl aussprachen, nahm Carstens als ermutigendes Zeichen für die weitere Entwicklung in den Beziehungen der beiden deutschen Staaten und im Gesamtinteresse des Friedens. Er stellte auch die Frage nach noch mehr Wachstum und sprach offen die Sorge an um die Erhaltung einer gesunden Umwelt.

Besonders am Herzen aber lag ihm die Schul- und Bildungspolitik. «Meines Erachtens sollte stärker als bisher an den Schulen die deutsche Kultur und namentlich die deutsche Geschichte behandelt werden, die deutsche Geschichte mit ihren Höhen und Tiefen. Ziel der Erziehung sollte die Heranbildung von Staatsbürgern sein, die in eigener Verantwortung demnächst die Geschicke dieses Landes bestimmen werden. Dazu gehört auch die Vermittlung bestimmter Wertüberzeugungen wie Achtung vor der Menschenwürde, Toleranz, Hilfsbereitschaft, Gerechtigkeit und Frieden.»

Karl Carstens bedauerte den Mangel an Nationalbewusstsein bei den Deutschen, sah es aber nicht gänzlich im Schwinden begriffen: «Vielleicht nennen die Menschen das nicht Nationalbewusstsein, aber es ist eine Verbindung, eine emotionale, tiefe Verbindung zu Deutschland bei sehr, sehr vielen unserer Bürger festzustellen.»

Dass Gustav Heinemann gesagt hatte: «Ich liebe nicht den Staat – ich liebe meine Frau», auch das konnte Karl Carstens verstehen. «Den Staat zu lieben, ist sicherlich nicht jedermanns Sache. Aber ich finde: unser Land lieben, das, was wir unser Vaterland nennen, lieben, das könnten wir eigentlich alle. Das können wir mit gutem Gewissen tun, obwohl in unserer Geschichte dunkle Kapitel sind.»

Vielleicht machte es sich Carstens zu leicht, wenn er versuchte, das geschwächte Nationalbewusstsein der Deutschen dadurch zu stärken, dass er immer wieder an traditionell deutsche Tugenden – Pflichtgefühl, Fleiß, Einsatzbereitschaft – erinnerte, während gleichzeitig das Bild vom vereinigten Europa mehr und mehr Kontur gewann. Was den Älteren als lang vermisste Bestätigung eigener Ideale gelten mochte, empfanden viele Jugendliche als unzeitgemäß. Dabei waren es gerade sie, an die sich Carstens wandte.

## Dialog mit der Jugend

«Auch die Jugend unseres Landes hat ebenso Ideale und ist bereit, Schwierigkeiten auf sich zu nehmen, Nachteile zu tragen, Opfer zu bringen, um anderen Menschen zu helfen, wie die Jugend früherer Generationen. Mehr noch als die Erwachsenen fragt sich die junge Generation, wie es weitergehen soll.» Mit diesen Sätzen seiner Antrittsrede vor dem Bundestag gab Carstens immerhin zu erkennen, dass er von dem Zwiespalt wusste, der nicht nur Generationen, sondern auch einen Teil der Jugend vom anderen trennte.

Der Dialog mit der Jugend, ein Schwerpunkt seines Wirkens als Bundespräsident, war die wohl schwerste Aufgabe, die sich Karl Carstens gestellt hatte. Der ehemalige Professor der Kölner Universität wusste, dass er sich einer kritischen Jugend zur Beantwortung kritischer Fragen gegenübersah. Zwischen den Idealen der Jugend, den «neuen Gefühlen», der «neuen Sinnlichkeit» und ihrer «neuen geistigen Mentalität» und den Vorstellungen der älteren Generation, die sich zu herkömmlichen

Werten und Normen bekannte, lag ein fast unüberbrückbar tiefer Graben. Die Jugendlichen verstanden auch unter Kultur etwas ganz anderes als ihre Eltern und Großeltern.

Carstens war indessen weit davon entfernt, diesen Teil der Jugend zu verurteilen. Im Gegenteil, er ermunterte die Jugendlichen sogar zur Kritik, wenn er auch wusste, dass es Gruppen von jungen Menschen gibt, die unsere demokratische Ordnung, das «System», wie sie es nennen, ablehnen, ja sogar bekämpfen. Sie waren für Carstens nur eine Minderheit. «Eine überwiegende Mehrheit unserer jungen Mitbürger hat ein positives Verhältnis zu unserem Staat, zu seinen Institutionen und zu der Gesellschaft. Das heißt nicht, dass sie unkritisch sind, aber ihre Kritik entfaltet sich auf dem Boden einer grundsätzlichen Zustimmung.» Dass die Jugend kritisch ist, auch gegenüber den Parteien und den Institutionen des Staates, sah Karl Carstens nicht als Negativum. «Die Jugend ist skeptischer als die erwachsene Generation, aber auch von der Jugend kann man nicht allgemein sagen, dass sie in diesen Staat und in unsere gesellschaftliche Ordnung kein Vertrauen hätte.» Und: «Wir sollten ihnen das Recht geben, Missstände zu kritisieren.»

Die Gespräche in der Villa Hammerschmidt, zu denen Carstens Schülerklassen, Studenten und Auszubildende einlud, gaben ihm die Möglichkeit, die Einstellungen, Erwartungen und Ideale der jungen Gäste kennen zu lernen. Der Bundespräsident war ein guter Zuhörer und nahm die Fragen der Jugendlichen zu gegenwärtigen und Zukunftsproblemen ernst. Kritische Meinungsäußerungen über seine Person beantwortete er souverän. Als er von einem Schüler gefragt wurde, warum er sich zum Bundespräsidenten habe wählen lassen, wo doch sein Vorgänger Walter Scheel so populär gewesen war, antwortete er: «Warte erst einmal das Ende meiner Amtszeit ab.» Carstens war zum Schluss seiner Amtszeit bei der Jugend populärer als Walter Scheel.

Carstens setzte den von seinem Vorgänger zum Tag der Verfassung 1977 gestarteten Versuch, Jugendliche zum Empfang und

Gespräch in die Villa Hammerschmidt einzuladen, im Mai 1980 fort. Tausend Jugendliche im Alter von sechzehn bis zwanzig Jahren, von den Kirchen und der «Stiftung für staatsbürgerliche Mitverantwortung – Die Mitarbeit» in Heiligenhaus ausgewählt, kamen und diskutierten mit ebenfalls geladenen Politikern, natürlich auch mit dem Gastgeber, dem Bundespräsidenten.

«Jeder Begegnung mit jungen Menschen sehe ich mit besonderer Erwartung entgegen», sagte der kinderlose Karl Carstens. Der sich ständig wiederholende Wechsel der Generationen mit ebenso regelmäßig wiederkehrenden Konflikten war für ihn eine Herausforderung. Er appellierte an die Jugendlichen, sich nicht von der Gemeinschaft abzuwenden: «Unser Gemeinwesen braucht Sie. Es braucht Ihren Einsatz für die Mitmenschen, Ihre Hilfsbereitschaft, auch Ihre Unruhe und Ihre Kritik», sagte er zu den jungen Bürgern. «Ich weiß, dass manches an unserem Staat auszusetzen ist. Unsere gesellschaftliche und rechtliche Ordnung bietet Ansatz zur Kritik. Unser Staat ist nicht vollkommen.»

Immer wieder, bei jeder Begegnung mit den oft schwierigen Jugendlichen, bat er um Kritik und gleichzeitig um Engagement für diesen, unseren Staat. «Ich möchte allen Jugendlichen empfehlen: Setzen Sie sich ein für unseren Staat. Er ist der freieste in der deutschen Geschichte und einer der freiesten Staaten in der gegenwärtigen Welt.» Darum: «Wirken Sie mit bei der Gestaltung unserer Gesellschaft, indem Sie helfen, in ihr Menschlichkeit und Brüderlichkeit zu stärken.»

Da er glaubte, der Jugend seien durch eine verfehlte Bildungspolitik zum Teil falsche Leitbilder vermittelt worden, versuchte Carstens, ihr von Menschen zu berichten, an denen er sich selbst einmal orientiert hatte. Die besten Vorbilder waren für ihn die Eltern, gute Lehrer, aber auch Menschen, die sich für andere einsetzen, zum Beispiel die Entwicklungshelfer. «Immer wieder treffe ich mit Jugendlichen zusammen, die sich mit großem Engagement für das allgemeine Wohl einsetzen: als freiwillige Helfer in sozialen Einrichtungen, im kirchlichen Leben, in ungezählten Jugendinitiativen. Das setzt eine positive Grundeinstellung zu unserer Gesellschaft, zum Staat voraus.» Statt ungehemmter Entfaltung des Einzelnen, egoistischer Selbstverwirklichung und der verbreiteten Neigung zu unbekümmertem Genussleben wünschte Carstens sich bei den Jugendlichen mehr Pflicht- und Verantwortungsgefühl gegenüber der Gemeinschaft.

Den Dialog mit Jugendlichen suchte Karl Carstens in Ausbildungsstätten, in Universitäten und Schulen. Dabei gab es gelegentlich Krawalle, nicht selten aber auch Applaus. Als der Bundespräsident die Hochschule in Bremerhaven besuchte, nach Meinung vieler damals eine «linke Kaderschule», flogen leichte Wurfgeschosse und faule Eier, die ihn jedoch nicht trafen. In der neu gegründeten Universität von Rheinland-Pfalz in Trier-Kaiserslautern wurde er von lauten Trillerpfeifen empfangen und konnte die vorbereitete Ansprache nicht halten. Beim Besuch in Marbach, der Geburtsstadt von Friedrich Schiller, begrüßten ihn die Schüler des dortigen Gymnasiums mit kühler Ablehnung.

«Der ändert seine Auffassung ja doch nicht», war die Meinung einiger Jugendlicher nach dem Gespräch in der Villa Hammerschmidt über das Thema der Gewaltlosigkeit. Bei einem Gespräch mit Vertretern des Bonner Allgemeinen Studentenausschusses (AStA) konnte nicht mal mehr von einem Dialog die Rede sein, jedenfalls sagten die Studentenvertreter nach dem Empfang im Speisesaal der Villa Hammerschmidt: «Der Dialog fand nicht statt.» Schon über die Gesprächsthemen war man sich nicht einig geworden.

Karl Carstens ließ sich durch dieses nicht stattgefundene Gespräch mit Bonner Studentenvertretern nicht entmutigen. «Nach meiner Erfahrung sind alle, von ganz wenigen Ausnahmen abgesehen, zum Dialog bereit. Diesen Dialog zu führen, der jungen Generation deutlich zu machen, welche Aufgaben unserem Staat und unserer Gesellschaft unausweichlich gestellt sind, und für Vertrauen in die Zukunft zu werben, scheint mir eine der wichtigsten Aufgaben der Politik zu sein.»

## Das Wandern, das Wandern

Die Überraschung bei Bürgern und Politikern war nicht gering, als Karl Carstens bei seiner Vereidigung im Deutschen Bundestag erklärte, er wolle während seiner Präsidentschaft den Westen Deutschlands von der Ostsee bis zum Alpenrand zu Fuß durchwandern. Damit wollte er die wieder zunehmende Freude am Wandern fördern und helfen, auf die landschaftlichen Schönheiten Deutschlands sowie die großen Zeugnisse der Kunst und Architektur aufmerksam zu machen, die überall am Wege liegen. Außerdem war Carstens schon immer ein leidenschaftlicher Wanderer gewesen.

Groß war dann sein Erstaunen, als sich ihm auf seinen Wegen so viele anschlossen. Bis zu dreitausend Bürger wanderten manchmal mit dem Bundespräsidenten, neben echten Wanderfreunden die Ministerpräsidenten der jeweiligen Länder, Bundestagsabgeordnete, «Carstens-Fans», Journalisten und Neugierige, sodass zumal an den Wochenenden oft keine reine Wanderlust aufkommen wollte. «Das ist ja nicht zu fassen», meinte er beim Anblick der vielen Mitmarschierer. Doch fand er die Volksfeststimmung derer, die mit ihm zogen, «wundervoll».

Bis zu dreißig Kilometer am Tage wanderte Carstens mit seiner Frau Veronica. Das Wetter konnte er sich nicht aussuchen, wohl aber die Routen. Meist herrschte jedoch «Kaiserwetter». Die Begrüßung in den Kleinstädten und Dörfern glich häufig dem Empfang gekrönter Häupter. Der Bundespräsident war für den Beifall dankbar und sichtlich davon angetan.

Die Wanderungen des Präsidenten waren gut organisierte Unternehmungen. Alle Wanderstrecken wurden vorher minuziös mit sämtlichen Stationen ausgearbeitet. Überall gab es Begrüßungen: von den Bürgermeistern, von Gesangvereinen, von Schulklassen mit Kindern, die Gedichte aufsagten. Ein Grenzschutz-Helikopter begleitete den Präsidenten, außerdem Sanitäter, Polizisten und ein Tross von Beamten. Als für die Bergwanderung in den Alpen von übereifrigen Organisatoren ein Bus für Carstens bereitgestellt wurde, winkte er fast verärgert ab. In derben Schuhen und mit einem Rucksack marschierte er mit mächtigen Schritten den Berg hinauf.

Eintausendsechshundert Kilometer hat Karl Carstens als Bundespräsident auf seinen Wegen durch deutsche Landschaften und Städte zurückgelegt. Seine letzte Wanderung führte ihn durch den Grunewald von Berlin. Mit ihm zogen tausend Berliner, darunter der Regierende Bürgermeister Richard von Weizsäcker, damals noch nicht ahnend, dass er der Nachfolger von Carstens werden würde. Bei der Begrüßung überreichte er Karl Carstens als Geschenk des Berliner Senats den «Wanderführer auf den Spuren Fontanes». Anders als zu Fontanes Zeiten aber war der Weg in die Mark Brandenburg versperrt. Die in Wilmersdorf begonnene Wanderung endete an der «Staatsgrenze» der DDR in Kleinglienicke, dem westlichsten Punkt des West-Berliner Stadtgebiets mit Blick auf die Havel und die Türme von Potsdam.

Carstens' Wanderungen haben viel zu seiner Volkstümlichkeit beigetragen. Aus dem «Herrenreiter» war fast über Nacht ein in der Bevölkerung geachteter Präsident geworden, ein «Bürgerpräsident», der im Gespräch mit Landsleuten immer den rechten Ton fand. Er war ein Präsident zum «Anfassen», bürgernah, freundlich, fast jedem vertraut.

Die Wanderungen zählten zu den schönsten Erlebnissen seiner Zeit als Bundespräsident. «Ich habe sie wirklich genossen, trotz der Anstrengungen», sagte Carstens. Sogar die Chinesen bewunderten den wandernden Präsidenten. Die «Pekinger Volkszeitung» berichtete unter der Überschrift «Westdeutscher Präsident legt langen Marsch zu Fuß zurück», Carstens und seine Frau Veronica würden auf Schritt und Tritt von zwanzigtausend Menschen begleitet (ganz so viele waren es nicht). Eine solche «Mammutveranstaltung» habe es auf der Welt noch nicht gegeben. Mao hatte seinen «Langen Marsch», 4500 Kilometer, hoch zu Pferde zurückgelegt.

Auf seinen Fußmärschen sah sich der Bundespräsident auch mit Kernkraftgegnern und Umweltschützern konfrontiert. Carstens, keineswegs ein hundertprozentiger Anhänger der Kernkraft und des Baus von immer mehr Autobahnen: «Es kann nicht die Aufgabe des Bundespräsidenten sein, diese Fragen zu entscheiden, aber ich meine, dass alle Beteiligten in der Diskussion stärker als bisher auf die Argumente der jeweils anderen Seite hören sollten.» In seiner «Philosophie des Wanderns» bekannte Carstens nicht nur, dass es Freude bereite, zu wandern und sich Ziele zu setzen, er sprach auch von der Sorge um die Erhaltung der Umwelt und die Bewahrung der natürlichen Lebensbedingungen: «Ich nehme das Waldsterben bitter ernst.»

Aus Lust am Wandern stiftete der Bundespräsident die «Eichendorff-Plakette». Der Dichter aus Schlesien, preußischer Beamter in Breslau, Berlin, Danzig und Königsberg war nicht nur selbst ein eifriger Wanderer; viele seiner Gedichte sind als unvergessliche Wanderlieder Volksgut geworden. Mit der Eichendorff-Plakette, als Auszeichnung für deutsche Gebirgs- und Wandervereine, soll auch der Jahrhunderte alten kulturellen Tradition der deutschen Ostgebiete gedacht werden.

Karl Carstens erwies sich nicht nur als ein unermüdlicher Wanderer, er war auch ein großer Segler. Doch bei seinen Segeltörns auf hoher See blieb er allein. Sein Staatssekretär Hans Neusel musste bei gutem Segelwetter manches Wochenende im Begleitboot des Bundespräsidenten verbringen und das Segeln erlernen.

## Veronica Carstens

Wie Walter Scheels Frau Mildred war auch Veronica Carstens Ärztin. Aber erst nach ihrer Heirat, als Carstens Staatssekretär im Auswärtigen Amt wurde, machte sie an der Bonner Universität ihr medizinisches Staatsexamen und promovierte.

Veronica war das vierte und jüngste Kind des Diplomingenieurs Willi Prior in Bielefeld. Er war in den USA geboren und mit seiner verwitweten Mutter nach Deutschland zurückgekehrt. Seine Frau, Veronicas Mutter, war Handarbeitslehrerin.

Frau Carstens gehörte zum Jahrgang 1923 und damit zu jener Generation, die ihre Schulzeit während der NS-Diktatur ableistete, nach dem Abitur zum Arbeitsdienst verpflichtet wurde und den Krieg bewusst mit allen seinen Schrecken und Folgen erlebt hat. Ihr 1942 in Freiburg begonnenes Medizinstudium musste sie abbrechen, um als Rote-Kreuz-Schwester im Lazarett zu arbeiten.

Am 22. Dezember 1944, kurz bevor an der Ostfront die sowjetischen Armeen ihre Großoffensive begannen, als viele Städte von den Bomben der Amerikaner und Engländer weitgehend zerstört und Straßburg und Mühlhausen bereits von amerikanisch-französischen Truppen befreit waren, heiratete die einundzwanzigjährige Veronica Prior in der Flak-Kaserne in Berlin-Heiligensee den dreißigjährigen Leutnant Karl Carstens, den sie bei der Hochzeit ihrer älteren Schwester im Frühjahr 1943 kennen gelernt und mit dem sie sich im Sommer 1944 verlobt hatte. Bei der Verlobungsfeier in Bielefeld fielen Bomben auf ihr Elternhaus.

Der Trauung im letzten Kriegswinter und der Hochzeitsreise ins Riesengebirge, in das wenig später die Russen einmarschierten, folgte die erste Trennung des Paars. Die junge Frau Carstens arbeitete im Lazarett in Heide, Karl Carstens diente bei der Flak in Bremen. Er traf sie im April 1945 in Hamburg wieder.

Veronica Carstens richtete sich darauf ein, ihrem Mann in dessen Anwaltsberuf zu helfen. Während seines Studienaufenthalts in den USA lernte sie Buchführung, Stenografie und den Umgang mit der Schreibmaschine. Carstens' Wechsel von Bremen nach Bonn in das Amt eines Landesbevollmächtigten aber verlangte von seiner Frau die Erfüllung ganz anderer Pflichten. Unversehens trat sie an der Seite ihres Mannes in das gesellschaftliche Leben der Bundeshauptstadt ein.

Als sich nach zehn Jahren Ehe der Wunsch nach Kindern nicht erfüllt hatte, nahm Veronica Carstens ihr im Kriege begonnenes Medizinstudium wieder auf, unterstützt durch ihren Mann, der inzwischen Diplomat geworden war. 1960 legte die siebenunddreißigjährige Frau des Professors Carstens ihr medizinisches Staatsexamen ab. In einem Bonner Krankenhaus ließ sie sich zur Internistin ausbilden und arbeitete ohne Honorar in Bonner Kliniken. 1968 gründete sie in Meckenheim eine Arztpraxis. Ihr Ruf als Ärztin gründete sich auf Heilerfolge, die nicht nur allgemein üblichen Methoden der Schulmedizin zu danken waren. Bekannter noch wurde Veronica Carstens durch die Anwendung naturheilkundlicher Verfahren, den Mitteln einer «sanften», ganzheitlichen Medizin, die sie mit ihrem Eintreten für eine gesunde und natürliche Lebensweise auch öffentlich immer wieder propagiert hat.

Die Rolle der «zweiten Dame» im Staat fiel ihr 1976 zu, als ihr Mann zum Bundestagspräsidenten avancierte. Schon drei Jahre darauf, 1979, hofierte man sie als First Lady der Bundesrepublik, wiewohl sie keinen Hehl daraus machte, dass ihre Interessen nach wie vor mehr ihrer medizinischen Praxis galten als den unumgänglichen Repräsentationspflichten im Rampenlicht öffentlicher oder halb offizieller Empfänge und Bankette.

Ihre Aktivitäten lagen wie bei ihren Vorgängerinnen im sozialen Bereich und wie bei Mildred Scheel auf medizinischem Gebiet. Wenige Monate nach dem Einzug in die Villa Hammerschmidt, wo sie mit ihrem Mann eine moderne Dreizimmerwohnung bewohnte, wenn sie nicht in ihrem Eigenheim und in ihrer Praxis in Meckenheim war, übernahm sie die Schirmherrschaft über die Deutsche Multiple Sklerose Gesellschaft. Sie vermied spektakuläre Spendenaufrufe und Publizitätsrummel. Dafür ermutigte sie die Multiple-Sklerose-Kranken, durch Malen, Musizieren und Reiten ein sinnvolles Leben mit ihrer Krankheit zu führen. Frau Carstens unterstützte die «Aktion mehr Menschlichkeit im Krankenhaus» und setzte sich für den

«Weißen Ring» ein, eine Hilfsorganisation, die Opfern von Gewaltverbrechen die allmähliche Rückkehr in ihr früheres Berufs- und ziviles Leben ermöglicht.

Die vielfältige Begegnung mit Menschen aus der Arbeitswelt – so fuhr sie mit ihrem Mann im Ruhrgebiet in einen Kohleschacht ein – empfand sie als Bereicherung: «Das erweitert den Horizont.» Menschen aus anderen Kreisen als aus Politik, Diplomatie und Gesellschaft interessierten sie mehr als wohlbetuchte Partygäste. Aber die offiziellen Verpflichtungen an der Seite ihres Mannes hatten absolute Priorität. Der Wechsel vom weißen Arztkittel in die elegante Abendrobe ging oft nahtlos ineinander über: «Der Wechsel erfrischt mich.»

Veronica Carstens hat als First Lady weder ihren Lebensinhalt noch ihren Lebensstil oder auch nur ihre Frisur gewechselt. Ihre hoch aufgesteckten, braunen Haare trug sie mit derselben Selbstverständlichkeit wie die schlichten Tageskleider aus edlen Stoffen. Sie nahm teil an Seminaren in Universitäten und saß oft neben jungen Medizinern und Studenten, um über die Vorzüge von Naturheilmitteln zu debattieren. Mit ihrer Natürlichkeit, Hilfsbereitschaft und Unvoreingenommenheit, die so echt waren wie ihr Engagement für die evangelische Kirche, erhielt sie die Sympathien von Menschen aller Kreise, von Königen wie von Krankenpflegern.

Zwei Jahre nach seinem Amtsantritt gründete der Bundespräsident Karl Carstens mit seiner Frau die «Stiftung zur Förderung der Erfahrungsheilkunde», an die nach beider Tod ihr gesamtes Vermögen überging.

## Positive Halbzeit

Wegen seines souveränen Auftretens, seiner politischen Klugheit und der Bescheidenheit des Lebensstils war Karl Carstens zur «Halbzeit» seiner fünfjährigen Amtszeit ein in allen Bevölkerungsschichten hoch geschätzter, vielfach auch verehrter Bundespräsident. Seine Wanderungen, bei denen er Verbundenheit mit den Bürgern beweisen konnte, verschafften ihm trotz einer gewissen Steifheit Volkstümlichkeit. Die Frage, ob es Carstens in seinen ersten zweieinhalb Amtsjahren gelungen war, Präsident des «gesamten Volkes» zu werden, mussten sogar seine Kritiker mit einem «Ja» beantworten.

Die Beliebtheitskurve ging seit seinem schwierigen Amtsantritt stetig nach oben, von zweiunddreißig Prozent auf fast siebzig Prozent. Diejenigen, die ihn einen Erzkonservativen genannt hatten, hielten ihn nun für einen «netten Konservativen». Carstens selber hatte seine vermeintliche Distanz zu den Bürgern vergessen lassen. Er war ein lächelnder, fast leutseliger, auf jeden Fall persönliches Vertrauen erweckender Präsident, der mit allen ins Gespräch zu kommen suchte. Schwierigkeiten hatte er nur weiterhin mit jenen, die dem Staat skeptisch oder total ablehnend gegenüberstehen. Diese Barriere konnte auch er nicht durchbrechen. Dennoch fehlte es ihm nicht an gutem Willen: «In meinem nächsten Amtsjahr möchte ich den Kontakt zu dieser kritischen Generation verstärken und das Gespräch mit ihnen suchen – sofern das überhaupt möglich ist.»

Vielleicht war es dem Einfluss seiner Frau zu danken, dass er sich der Anliegen gesellschaftlicher Randgruppen annahm, der chronisch Kranken und Behinderten, der Waisenkinder und sozial Schwachen, aller derer, die im Schatten des Wohlstands leben. Er versuchte sie zu ermutigen und setzte sich für ihre Rechte ein. Auf Auslandsreisen und bei Besuchen ausländischer Würdenträger vertrat er die Bundesrepublik mit Würde, Stil und Souveränität.

Wie erfolgreich sein Versuch war, den Bürgern, die durch die berufsmäßigen Kritiker an deutscher Geschichte und Gegenwart verunsichert wurden, ethische Werte wie Nächstenliebe, Hilfsbereitschaft, Gerechtigkeit und Toleranz zu vermitteln, ließ sich durch Umfragen nicht erfassen. Er erwartete keine Identität zwischen seinen Auffassungen und denen der Bevölkerungsmehrheit, umso nachdrücklicher aber warb er um gegenseitiges

Verstehen. Kritik, wenn sie maßvoll war, hielt er für nützlich und normal. Auch Könige haben ihre Kritiker. Die «mündigen» Bürger reagieren sehr sensibel, wenn ihr Oberhaupt ihnen als politischer Vormund gegenübertritt.

Die Kenntnis deutscher Geschichte, nicht nur der jüngsten Vergangenheit, die Beschäftigung auch mit den früheren Entwicklungen, Gestalten und Ereignissen schien ihm zum Verständnis der Gegenwart unerlässlich. Über die Geschichtsdaten von 1848/49, 1919 und 1949 resümierte er: «Da handelt es sich um einen dreimaligen Versuch in der deutschen Geschichte, eine freiheitliche demokratische Staatsordnung in Deutschland zu begründen. Der Versuch 1848/49 ist gescheitert, hat aber starke geistige Wirkungen auf die folgende Zeit, auf die folgenden Generationen ausgeübt und zum Beispiel die Weimarer Verfassung und das Grundgesetz beeinflusst. Der Versuch von 1919, eine freiheitliche Staatsverfassung zu schaffen, ist zunächst geglückt. Aber wir wissen, dass vierzehn Jahre später diese Weimarer Republik unterging. Dennoch sind auch von dieser Epoche sehr wichtige geistige Impulse ausgegangen auf unser Zeitalter. Der dritte Versuch, 1949 eine freiheitliche Staatsordnung in dem Teil Deutschlands zu errichten, den wir dann Bundesrepublik Deutschland nannten, ist geglückt.»

Den dunklen Seiten deutschen Wesens und deutscher Geschichte stellte Karl Carstens das reiche Kulturerbe gegenüber, das trotz Kriegsverlusten immer noch unermesslich und den Deutschen zu ständiger Pflege, aber auch zur Rückbesinnung anvertraut sei. Weniger Gehör fanden seine Appelle, den deutschen Bürgertugenden wieder Geltung zu verschaffen. Ohnehin machte sich vor allem in der Jugend eine spürbare Abneigung gegen Einflussversuche politischer Autoritäten breit, auch wenn ihnen beste Absichten zugrunde lagen. Die Politisierung fast aller Lebensbereiche, von Willy Brandt vor zehn Jahren insbesondere mit seiner Forderung nach «mehr Demokratie» propagiert und von den Sozialdemokraten weitgehend umgesetzt, war bei vielen fast in eine gegenteilige Haltung umgeschlagen. Nicht nur große Teile der jungen Generation wandten sich von der Politik ab. Selbstverwirklichung und eigene Identität suchten viele Jugendliche nicht mehr im politischen, sondern zuallererst im privaten Bereich. Ein neues Lebensgefühl entstand. Das Verlangen nach mehr Ökologie statt nach noch mehr Ökonomie begann das Denken vieler junger Menschen zu beherrschen. Karl Carstens kam diesem neuen Zeittrend in gewissem Grade entgegen: «Wir müssen uns nicht nur kritisch mit der Tradition auseinandersetzen, sondern auch mit dem Fortschritt und seinem größten Symbol, der Technik, und die Grenzen erkennen.» Er sprach von der «Ethik des Fortschritts».

Trotz der Rezession und der Strukturkrisen in einigen Wirtschaftszweigen, die eine dauerhafte Wiederbelebung der Produktion und damit auch die Überwindung der hohen Arbeitslosigkeit erschwerten, war um 1980 eine gewisse Entspannung in der Bundesrepublik eingetreten, die politischen Gegensätze entschärften sich. Dafür tauchten neue «Problemfelder» und neue politische Gruppierungen auf. Der rücksichtslose Umgang mit der Natur und ihren Ressourcen sowie der Einsatz von Atomkraft in der Verteidigungs- und der Energiepolitik führten zu heftigen Kontroversen. Eine neue Bewegung, die der Grünen, war Anfang 1980 aus dem Zusammenschluss verschiedener regionaler Gruppen hervorgegangen und formierte sich zur Partei. Ökologie, «grüne Listen», Basisdemokratie gehörten zu den Schlagworten, welche die Diskussionen beherrschten. Nicht nur das bisherige wirtschaftliche Wachstumsdenken, auch die West-Orientierung der Bundesrepublik sah sich in Frage gestellt. Diese neue Bewegung zog vor allem Jugendliche, Studenten und Intellektuelle an.

Die Hoffnungen der CDU/CSU, mit der Wahl von Karl Carstens zum Bundespräsidenten werde in Bonn ein erneuter Machtwechsel zu Gunsten der Christdemokraten stattfinden, erfüllten sich nicht. Bei der Bundestagswahl im Oktober 1980 unterlag der Kandidat der Unionsparteien, der CSU-Vorsitzende Franz Josef Strauß, dem SPD-Bundeskanzler Helmut Schmidt. Das lag nicht nur an Strauß, der im Juli 1979 seine Kandidatur durchgesetzt hatte. Der seit Mai 1974 regierende Helmut Schmidt, international als Wirtschaftsfachmann hoch angesehen, genoss als Pragmatiker auch unter bürgerlichen Wählern große Sympathien. Die Freien Demokraten waren 1980 noch nicht bereit, eine neue Partnerschaft mit der CDU/CSU einzugehen. Das Wahlergebnis hätte zur Bildung einer gemeinsamen Regierung ausgereicht: Die Christdemokraten erhielten 44,5 Prozent der Stimmen, mehr als die SPD, und die FDP ging mit 10,6 Prozent deutlich gestärkt aus der Wahl hervor. Die Grünen erreichten 1,5 Prozent der Zweitstimmen.

Immerhin war mit dem Wahlausgang deutlich geworden, dass das Regieren für Helmut Schmidt zunehmend schwieriger werden würde. Die Unionsparteien gewannen nach den Jahren der Reformen in der nunmehr immer angespannteren welt- und binnenwirtschaftlichen Situation bei wachsender Unzufriedenheit und Enttäuschung der Bevölkerung wieder an politischem Einfluss, auch wenn sie von der Macht noch weit entfernt waren.

Die Amtsführung des Bundespräsidenten blieb von solchen Entwicklungen und Konstellationen weitgehend unberührt. Nicht nur mit Würde und Noblesse, auch mit Humor, den ihm niemand zugetraut hätte, empfing Karl Carstens Präsidenten, Könige, Bürger und Schüler. Noch mehr als zu Zeiten von Heinemann und Scheel wurde die Villa Hammerschmidt zu einem Forum für Gespräche zwischen Wissenschaftlern, Wirtschaftsführern, Politikern und Künstlern. Hermann Prey sang vor geladenen Gästen und Will Quadflieg rezitierte. Mit Heinrich Böll führte Carstens intensive Gespräche. Karl Raddatz, der Berliner Schauspieler, las aus Carl Zuckmayers Autobiografie «Als wär's ein Stück von mir». Auch Justus Frantz, der Pianist und erfolgreiche Intendant des «Schleswig-Holstein Musik Festivals», war in der Villa Hammerschmidt zu Gast.

## Im Reich der Mitte

Siebzehn Staaten waren es, die Karl Carstens in den fünf Jahren seiner Amtszeit als Bundespräsident besucht hat. Die Reise zur offiziellen Staatsvisite in den USA im Herbst 1983 mag die für ihn wichtigste gewesen sein, spannungsreicher aber verlief ein Jahr vorher der Besuch der Volksrepublik China. Die USA kannte Carstens, in China aber war er noch nie gewesen, und er war das erste deutsche Staatsoberhaupt, das dem Reich der Mitte einen offiziellen Besuch abstattete. «Das war sehr eindrucksvoll. Ich bekam Einblicke in die Politik der Chinesen, und wir haben viel gesehen, die Chinesische Mauer und die alten Königsgräber.» Als Gastgeschenk brachte er zehn Eichen aus Deutschland mit, die im Park beim Himmelstempel in Peking eingepflanzt wurden, um damit den Wert der Natur für den Menschen, um den Wert bleibender zwischenmenschlicher Beziehungen zu symbolisieren.

Voll von Problemen war 1981 der Staatsbesuch ins gar nicht so ferne Rumänien, obwohl oder gerade weil zwischen den Rumänen und den Deutschen über viele Jahrhunderte geschichtliche Gemeinsamkeiten bestehen. Carstens war als Staatssekretär im Außenministerium bei der Aufnahme diplomatischer Beziehungen zur Volksrepublik aktiv beteiligt gewesen. Die Schwierigkeiten begannen schon bei den Reisevorbereitungen. Bundespräsident Gustav Heinemann war 1971 zu einem offiziellen Besuch in Rumänien gewesen und hatte dabei auch die deutsche Volksgruppe in Kronstadt begrüßt. Als Carstens nun den Wunsch äußerte, eine andere «deutsche» Stadt in Rumänien zu sehen, Hermannstadt in Siebenbürgen, waren die Rumänen dagegen.

Carstens ließ sich indessen nicht irritieren. Eine «Frühjahrsgrippe» hinderte ihn, die Reise anzutreten, der Termin musste verschoben werden. Im Oktober 1981 aber reiste der Bundespräsident nach Rumänien und besuchte auch die Siebenbürgen-Deutschen in Hermannstadt. Dennoch war es eine deprimierende Reise. Die Straßen in den Dörfern, durch die er fuhr, waren menschenleer. In einem Karpatendorf, in dem überwiegend Deutsche lebten, zeigte ihm der Pastor die Kirche und sprach ein Gebet. Er betete für die Deutschen um Hilfe, Trost und Frieden. Vielen standen Tränen in den Augen.

«Deutsche und Rumänen leben auf demselben Kontinent. Die Zukunft ihrer Länder ist eng miteinander verbunden. Nehmen Sie, Herr Präsident, diesen Besuch als Beweis unserer Bereitschaft zur Zusammenarbeit und unseres guten Willens», sagte Carstens beim Staatsbankett von Nicolae Ceausescu.

Erfreulicher verlief im September 1983 der Besuch Jugoslawiens. Wenige Monate zuvor war in Belgrad ein Kultur- und Informationszentrum der Bundesrepublik eröffnet worden. «Mein Besuch soll die hervorragende Bedeutung unterstreichen, die wir Deutschen Ihrem Land und der Erhaltung und Festigung der Beziehungen zwischen unseren beiden Ländern beimessen», sagte Carstens zum Vorsitzenden des Präsidiums, Mika Spilka, und erinnerte an die Tage im Mai 1980, als Staatsoberhäupter und Regierungschefs der ganzen Welt zusammenkamen, um Staatspräsident Tito, Josip Broz, einem der Wortführer der «Blockfreien», «dem Schöpfer des modernen Jugoslawien», die letzte Ehre zu erweisen.

Ob Indien, Brasilien oder Indonesien, ob junge afrikanische Staaten wie Niger und die Elfenbeinküste oder europäische Nachbarländer wie Italien und die Schweiz – «Jeder Besuch war ein Erlebnis für sich», stellte Karl Carstens mit Genugtuung fest. Der Umgang mit Monarchen, mit dem thailändischen König Bhumibol – «ein Monarch, wie man ihn sich schöner nicht vorstellen kann» – und dem spanischen König Juan Carlos bereitete ihm keine Probleme. Er erinnerte in der königlichen Sommerresidenz Aranjuéz den König der Spanier daran, dass der preußische König Friedrich der Große zur Entstehung der spanischen Nationalhymne beigetragen hat.

Auf die Frage, ob sich das Ritual der Staatsbesuche heute

noch lohne, antwortete Carstens: «Ich meine, es lohnt sich unbedingt, weil es für die Menschen, für die Völker Anlass ist, sich daran zu erinnern und sich bewusst zu werden, wie eng die Beziehungen sind.»

## Die Unterschrift

Im Herbst 1982 ging durch die politische Landschaft der Bundesrepublik ein mehr als mittelschweres Beben. Bundeskanzler Helmut Schmidt zeigte nicht nur Ermüdungserscheinungen, er hatte auch Schwierigkeiten mit seiner Partei, mit der kritischen wirtschaftlichen Entwicklung und auch mit seiner Gesundheit. Mit einem Herzschrittmacher regierte er, wie es schien, recht unlustig und offenkundig ziemlich erfolglos. Die Arbeitslosenzahlen, im Jahresdurchschnitt 1980 noch 888.900, 1981 bereits 1.271.600, stiegen von Monat zu Monat. Als er keinen Weg mehr sah, seine Partei auf seinen Kurs einzuschwören, stellte Schmidt, auch auf Druck des an die Macht strebenden Oppositionsführers Helmut Kohl, die Vertrauensfrage. Die sozial-liberale Koalition brach auseinander.

Am 1. Oktober 1982 war die CDU/CSU nach anderthalb Jahrzehnten wieder an der Macht – dank Hans Dietrich Genschers FDP. Genscher war seit 1974 Parteivorsitzender und Vizekanzler. Er war es, der den Koalitionswechsel zu den Christdemokraten gegen alle Widerstände aus seinen Reihen durchgesetzt hatte.

Als Karl Carstens den Mitgliedern der neuen Regierung von Christdemokraten und Freien Demokraten in der Villa Hammerschmidt die Ernennungsurkunden überreichte, sagte er: «Als Bundespräsident sehe ich es als meine Aufgabe an, über alle Kontroversen zwischen den politischen Parteien hinweg das Gemeinsame zu betonen. Deswegen freue ich mich, dass sich der Übergang der Geschäfte von der alten auf die neue Regierung in würdigen Formen vollzieht.»

Dem Regierungswechsel folgten jedoch keine ruhigen, vielmehr recht turbulente Zeiten. Im Dezember unterbreitete der neue Kanzler Helmut Kohl dem Bundespräsidenten seinen Plan zur Einleitung der Parlamentsauflösung mit den knappen Worten:

*«Sehr geehrter Herr Präsident,*
*hiermit teile ich Ihnen mit, dass ich den Antrag gemäß Artikel 68 des Grundgesetzes stelle. Ich beabsichtige, vor der Abstimmung über den Antrag am Freitag, dem 17. Dezember 1982, eine Erklärung abzugeben.*
*Mit freundlichen Grüßen*
*Dr. Kohl.»*

Nach dem Willen Kohls sollten der Bundestag vorzeitig aufgelöst werden und Neuwahlen stattfinden. Das hatte es in der Geschichte der Bundesrepublik noch nicht gegeben. Bundespräsident Karl Carstens musste die vorzeitige Auflösung des Parlaments verfügen, doch als er dies am 6. Januar 1983 mit seiner Unterschrift anordnete und für den 6. März Neuwahlen ansetzte, gab es Proteste.

«Für mich war die Auflösung des Bundestages ohne Zweifel die schwerste Entscheidung. Es war eine eminent politische Entscheidung.» Carstens begründete sie mit dem Argument, dass alle im Bundestag vertretenen Parteien Neuwahlen für nötig hielten: «In dieser kritischen Situation, die in der Geschichte der Bundesrepublik Deutschland bisher einmalig ist, erscheint mir die von allen Parteien erhobene Forderung nach Neuwahlen auch politisch begründet», erklärte Carstens in einer Rundfunk- und Fernsehansprache. Sein Hauptargument für die Zustimmung zur Auflösung des Bundestages war, einer Änderung des Grundgesetzes vorzubeugen, die dem Parlament eine Selbstauflösung erlaubt hätte: «Wenn man die bisher geltenden Regeln über die Auflösung des Bundestages ändert, etwa in dem Sinne, dass der Bundestag sich jederzeit selbst auflösen kann, schwächt man damit die Stellung des Bundeskanzlers. Und ob man das tun will, muss man sich sehr reiflich überlegen.»

Zum ersten Mal in der Geschichte der Bundesrepublik wurde wegen Carstens' Anordnung, den Bundestag vorzeitig aufzulösen, eine «Organklage» von Mitgliedern des Bundestages gegen den Bundespräsidenten erhoben. «Das war eine aufregende Zeit», erinnerte sich Karl Carstens. Das Bundesverfassungsgericht hat jedoch, wie er mit Genugtuung erleben konnte, mit großer Mehrheit – sechs gegen zwei Stimmen – seine Entscheidung gebilligt. «Aber es waren schwere Wochen für mich.»

Eine andere wichtige politische Entscheidung wurde Carstens erspart. Die Abgeordneten des Deutschen Bundestages wollten wegen der Parteienspenden ein Amnestiegesetz verabschieden. (Die Parteien, die von der Industrie hohe, nicht versteuerte und nicht gemeldete Spenden über so genannte «Geldwaschanlagen» erhalten hatten, sollten straffrei bleiben). Auf massiven Druck der Öffentlichkeit gelangte das Gesetz im Bundestag nicht zur Abstimmung.

## Der Präsident und die Poesie

Karl Carstens war, im besten Sinne und bezogen auf die Orientierungsmöglichkeiten seiner Generation, der Prototyp des deutschen Bildungsbürgers: von neugieriger Vielseitigkeit, aufgeschlossen und wissensdurstig, überdurchschnittlich interessiert an der Menschheitsgeschichte und ihren Hinterlassenschaften, vor allem aber ernsthaft bemüht, jenseits des Bildungsguts, das zum eigenen beruflichen Werdegang gehörte, auch Zugang zur musisch-literarischen Welt zu finden, zur Philosophie wie zur Malerei und zur Dichtkunst.

Als er im vierten Jahr seiner Amtszeit eine Anthologie mit dreihundert von ihm selbst ausgewählten Gedichten von über einhundertdreißig Dichtern herausbrachte, war das Erstaunen in der Öffentlichkeit nicht gering. Den Anstoß zur Zusammenstellung der Gedichte deutscher Sprache aus fünf Jahrhunderten hatte Georges Pompidou gegeben. Der 1974 gestorbene französische Staatspräsident, wie viele seiner Landsleute ein großer Freund der Literatur, hatte Karl Carstens bei seinem letzten Staatsbesuch in Bonn erzählt, dass er eine Gedichtsammlung herausgegeben habe.

Carstens hat in den Band «Deutsche Gedichte» neben lyrischen auch einige bekannte Kirchenlieder, Werke wie «Lobt Gott ihr Christen alle gleich» von Nikolaus Hermann, «Aus tiefer Not schrei ich zu dir» und «Ein feste Burg ist unser Gott» von Martin Luther aufgenommen, ferner den ersten Brief Paulus' an die Korinther und den Psalm «Der gute Hirte».

Unter Literaturwissenschaftlern und -kritikern blieb die Sammlung umstritten. Carstens bekannte sich trotzdem zu ihr. So lag ihm nach eigenen Worten daran, die «außerordentliche Sprachkraft Luthers» aufzuzeigen. Matthias Claudius' Verse «Der Mond ist aufgegangen» fand er ebenso für aufnehmenswert wie Gedichte von Goethe, Schiller, Hölderlin oder Heinrich Heines berühmtes «Denk ich an Deutschland in der Nacht», in dem der Dichter seine Sehnsucht nach dem verlorenen Deutschland beklagt. Man findet darin aber auch moderne Lyrik, Gedichte von Gottfried Benn, Bertolt Brecht, Paul Celan, Karl Krolow und Reiner Kunze.

Carstens schwebte offenbar ein Volksbuch vor, eine Art Hausschatz alter und moderner Lyrik, zusammengestellt nach seinem Geschmack: «Die Auswahl, die ich getroffen habe, ist ... ganz subjektiv, sie strebt keine Vollständigkeit an, und mit ihr ist keine literarische Wertung verbunden.» Es ging vor allem um die Schönheit der Sprache. «Am schwierigsten war für mich die Auswahl zeitgenössischer Gedichte. Sie lösen die Sprache auf und suchen nach neuen Strukturen.» Dennoch: «Rilke ist in meinen Augen einer der größten Dichter der deutschen Sprache. Und aus der neueren Zeit, denke ich, sollte ich vielleicht auch Bertolt Brecht und Paul Celan nennen.»

Als Theaterfreund suchte Carstens, der die Klassiker liebte, die zeitlose Beziehung zwischen historischen Stoffen und aktuellen politischen Situationen, das ewige Spiel um Ehrgeiz, Macht und Gewissen. Schillers «Wallenstein» war sein Lieblingsdrama, seit er als Junge an einer Schulaufführung mitgewirkt hatte. Um es noch einmal auf der Bühne zu erleben, fuhr er eigens zu einem Theaterbesuch nach Kassel.

### Die Freude am Amt

Carstens hat mit Dankbarkeit auf seine Zeit als Bundespräsident zurückgeblickt. «Ich bin dankbar dafür, dass mir diese Zeit geschenkt wurde. Ich habe die schönen Seiten dieses Amtes mit Freude wahrgenommen und mich bewegt vor allem das Gefühl der Dankbarkeit.» Dennoch wollte er nicht ein zweites Mal für das höchste Staatsamt kandidieren, obwohl Parteifreunde und sogar ehemalige politische Gegner ihn dazu ermunterten. Bei der zweiten Wahl hätte er auch Stimmen von Sozialdemokraten bekommen und die der Freien Demokraten, die sich 1979 der Stimme enthalten hatten.

Karl Carstens hat als Bundespräsident Anhänger und Gegner gleichermaßen überrascht. Zum Erstaunen seiner einstigen Kritiker zeigte er sich weit weniger konservativ, als sie vorausgesagt hatten. Carstens war nicht nur ein Gegner der Atomwaffen und für die Abschaffung dieses Weltuntergangspotenzials. «Das Ziel muss die Abrüstung, die möglichst vollständige Beseitigung der atomaren Waffen sein.» Das sei aber nicht nur eine Aufgabe der Politiker: «Ich glaube, es ist richtig, dass die Wissenschaftler, die die Atombombe entwickelt haben, eine besondere Verantwortung dafür tragen, dass diese Waffe wieder verschwindet.»

Politische Freunde von einst irritierte er mit lobenden Worten für Kriegsverweigerer und Anhänger der Friedensbewegung. Er, der als Oppositionsführer die SPD/FDP-Regierung unter

Helmut Schmidt heftig attackiert hatte, fand als Bundespräsident ein gutes Verhältnis zum sozialdemokratischen Regierungschef. Die Zusammenarbeit zwischen dem Bundespräsidial- und dem Bundeskanzleramt funktionierte wider Erwarten problemlos.

Zu den zweifellos bleibenden Leistungen des Bundespräsidenten Carstens gehört, dem Bewusstsein der Deutschen für ihre Geschichte neue Impulse gegeben zu haben, in einer Zeit, in der dieses Bewusstsein zu schwinden drohte. «Ich war immer davon überzeugt, dass die Kenntnis der Geschichte unerlässlich ist für eine richtige Bestimmung des eigenen Standorts, des Standorts des eigenen Volkes in der Gegenwart.» Die deutsche Geschichte so darzustellen, wie sie war, mit ihren Höhen, aber auch mit ihren Tiefen, und aus der Geschichte die richtigen Schlüsse zu ziehen, war für Karl Carstens im Hinblick auf ein gesundes Nationalbewusstsein unerlässlich.

Das Erscheinen seiner Memoiren «Erinnerungen und Erfahrungen», mit deren Niederschrift er bald nach seinem Abschied von der Villa Hammerschmidt begann, hat Carstens nicht mehr erlebt. Das Buch, das Bundeskanzler Helmut Kohl im Beisein von Veronica Carstens im Dezember 1993 vorstellte, wurde zu einem postumen Vermächtnis: Nachdem er einen zweiten Schlaganfall erlitten hatte, starb Karl Carstens, der fünfte Bundespräsident, am 30. Mai 1992 in seinem Haus in Meckenheim. Richard von Weizsäcker, sein Nachfolger, ordnete für ihn ein Staatsbegräbnis an. Als der Verstorbene nach dem Staatsamt in der Bonner Beethovenhalle mit militärischen Ehren verabschiedet wurde, galt die Trauer einem aufrechten Demokraten.

# 6. Porträt:

## Richard von Weizsäcker (1984–1994)

**geboren am 15. April 1920 in Stuttgart.**

Politiker, Jurist

Seit 1954 CDU-Mitglied

Präsident des Evangelischen Kirchentages 1964–70 und 1979–81

1966 in den CDU-Bundesvorstand gewählt

1969–85 Mitglied des Rates der Evangelischen Kirche Deutschlands

Kandidierte erstmals 1974 für das Amt des Bundespräsidenten

1979–81 Vizepräsident des Deutschen Bundestages

1981–84 Regierender Bürgermeister von Berlin und CDU-Landesvorsitzender

Auch Bundespräsidenten sind, wie alle Menschen, sozusagen Kinder ihrer Zeit, geprägt von Elternhaus und Erziehung sowie jenen Erfahrungen, die als «Schicksal» erlebt werden und die dennoch ihre Wurzeln in politischen Zeitumständen haben, in Entwicklungen und Ereignissen, die sich später zur Geschichte verdichten.

Auf das Leben Richard von Weizsäckers haben solche Ereignisse stärker eingewirkt als auf jeden anderen seiner Generation. Die tragische deutsche Zeitgeschichte war auch sein Schicksal. Die persönliche Konfrontation mit der NS-Zeit musste Richard von Weizsäcker in sich «verarbeiten». Den Willen und die Kraft dazu gewann er nicht nur aus einem ethisch-christlichen Bewusstsein. Sie wuchsen ihm auch aus eigenen Erfahrungen in den dunkelsten Jahren der deutschen Geschichte zu.

## Schicksalsschwere Jahre

In einer Mansarde im Neuen Schloss von Stuttgart ist Richard Freiherr von Weizsäcker am 15. April 1920 geboren worden, mitten in einer Zeit politischer Wirren. Einen Monat zuvor war in Berlin der «Kapp-Putsch», der rechtsradikale Versuch, die Weimarer Republik zu stürzen, gescheitert. Vater Ernst von Weizsäcker, ehemaliger Marineoffizier und Adjutant des letzten deutschen Kaisers, der dabei gewesen war, als Wilhelm II. im November 1918 abdankte und in Spa den Sonderzug ins niederländische Exil bestieg, weilte in Berlin, als sein viertes Kind und dritter Sohn Richard zur Welt kam.

Ernst von Weizsäcker war ein Sohn des späteren württembergischen Ministerpräsidenten Carl von Weizsäcker. Er diente 1900-18 in der Kaiserlichen Kriegsmarine und schlug nach dem Ersten Weltkrieg die Diplomatenlaufbahn beim Auswärtigen Amt in Berlin ein. Die Reichshauptstadt war für ihn jedoch meist nur Zwischenstation, wenn er nicht «auf Posten» im Ausland, als Konsul in Basel, als Gesandtschaftsrat in Kopenhagen, Gesandter in Bern und Oslo und zuletzt, vom Frühjahr 1943 bis zum Kriegsende 1945, als Botschafter beim Vatikan war. Die letzten drei Friedens- und die ersten Kriegsjahre aber – seit 1938 als Staatssekretär – lebte er mit der Familie in Berlin.

Der Beruf des Vaters brachte es mit sich, dass Richard von Weizsäcker einen Teil seiner Schulzeit in Kopenhagen, einen anderen in Bern verbrachte. 1933, als Hitler in Deutschland die Macht übernahm, lebte die Familie in der Schweiz. Richard gelang es erst beim zweiten Anlauf, die Aufnahmeprüfung am Berner altsprachlichen Literaturgymnasium zu bestehen, doch noch vor seinem siebzehnten Geburtstag legte er, wieder zurück in Berlin, am Bismarck-Gymnasium das Abitur ab. Das sich anschließende kurze Studium in Oxford und Grenoble war nicht mehr als eine Art Atempause vor dem unausweichlichen Heeresdienst.

Wie sein älterer Bruder Heinrich trat er 1938 in das traditionsreiche Potsdamer Infanterieregiment 9 ein. Ein Jahr später, am 1. September 1939, gehörte Richard von Weizsäcker zu den deutschen Truppen, die zum Auftakt des Zweiten Weltkriegs auf Hitlers Befehl in Polen einfielen. Bereits einen Tag später wurde der Bruder in der Tucheler Heide tödlich verwundet. Richard von Weizsäcker hielt die Totenwache. Bis zum bitteren Kriegsende hat er die schrecklichen Schlachten, die Ermordung unschuldiger Menschen miterlebt. Er wurde mehrfach verwundet. «Die meisten Deutschen hatten geglaubt, für die gute Sache des eigenen Landes zu kämpfen und zu leiden», sagte Bundespräsident von Weizsäcker in seiner Rede zum vierzigsten Jahrestag des Kriegsendes. Auch er hatte zunächst an «die gute Sache» geglaubt.

Im eisigen Kriegswinter 1944/45, der dem bitteren Ende voraufging, war der Hauptmann von Weizsäcker mit seinem Truppenteil in Ostpreußen von den Russen eingeschlossen. Über das Frische Haff gelangte er über Danzig nach Kopenhagen, wo er sich selbst «demobilisierte». Als einer der vielen Kriegsheimkehrer, die einen Neuanfang suchten, traf er unversehrt im Sommer 1945 bei seiner verwitweten Schwester Adelheid Gräfin von Eulenburg ein, die auf dem Lande in Süddeutschland lebte. Hier verbrachte er die ersten Monate, bis er das 1937 in Oxford und Grenoble begonnene Studium der Geschichte und Rechtswissenschaft in Göttingen fortsetzte. Der Vater blieb noch bis August 1946 in Rom.

Die Weizsäckers sind ihrer Herkunft nach eine bürgerliche Familie. Im Oktober 1916 erhielt Richard von Weizsäckers Großvater Carl als Regierungschef von Württemberg vom württembergischen König den nicht vererbbaren Personenadel, der auch schon seinem Urgroßvater, dem Hofprediger und Kirchengeschichtler Carl Heinz Weizsäcker, verliehen worden war. Unter den Vorfahren sind Müller, Pastoren und Offiziere. Der Großvater mütterlicherseits, Fritz von Graevenitz, war Generaladjutant des württembergischen Königs Wilhelm II., und der acht Jahre ältere Bruder von Richard von Weizsäcker, Carl Friedrich, trat als bedeutender Physiker und Philosoph hervor.

## Von Berlin nach Berlin

«Die Jahre in Berlin haben mich geprägt. Das gilt für meine Jugend, es gilt für ungezählte Besuche in der Nachkriegszeit, und es gilt vor allem für knapp sechs Jahre, die ich zuletzt hier in Berlin mit Ihnen verlebt habe», erklärte Richard von Weizsäcker bei seinem Antrittsbesuch in Berlin als Bundespräsident.

Drei Monate nach seiner Geburt war er in die deutsche Hauptstadt gekommen, und die längste Zeit seines Lebens hat er hier gelebt. Doch seine Heimat ist Baden-Württemberg, seine Geburtsstadt Stuttgart. Wie Theodor Heuss verkörpert er, nach Manfred Rommel, den bekanntesten Typus des «verfeinerten und veredelten Schwaben». «Es entspricht der angeborenen Bescheidenheit von uns Stuttgartern, uns selbst hintanzustellen», sagte Richard von Weizsäcker einmal. Diese Bescheidenheit ist jedoch gepaart mit starkem Selbstbewusstsein und Stolz auf die liberalen und demokratischen Traditionen Schwabens, auf Geistesgrößen wie Schiller, Hölderlin und Hegel. Weizsäcker hat viel vom schwäbischen Geisteserbe in sich aufgenommen und verarbeitet. Politik und Geist sind für ihn keine Gegensätze.

Ähnlich wie bei Theodor Heuss haben dann die Weltoffenheit, Toleranz und kritische Nüchternheit Berlins den größten Einfluss auf ihn ausgeübt. Aber nicht die Kaiserzeit und auch nicht die Weimarer Republik hinterließen Spuren, denn er war erst dreizehn Jahre, als die NS-Zeit begann. In der berühmten Wilhelmstraße lag die Dienststelle des Vaters, die Familie wohnte in der Fasanenstraße in Charlottenburg.

Als Richard von Weizsäcker im Jahre 1979 zum ersten Mal für das Amt des Regierenden Bürgermeisters von Berlin kandidierte, existierte das Auswärtige Amt in der Wilhelmstraße nicht mehr. Die ehemalige Hauptstraße im alten Regierungsviertel mit den wichtigsten Ministerien war im Bomben- und Granatenhagel der letzten Kriegstage untergegangen, hatte teilweise Grünanlagen Platz gemacht und trug jenseits der Sektorengrenze einen anderen Namen: Otto-Grotewohl-Straße. Niemand konnte ahnen, dass die Mauer, die sie teilte, genau zehn Jahre später fallen würde. Die Wahl zum Regierenden Bürgermeister im März 1979 verlor Richard von Weizsäcker, wie er fünf Jahre vorher erfolglos als Kandidat für das Präsidentenamt gegen Walter Scheel angetreten war. Erst bei seiner zweiten Kandidatur, bei den vorgezogenen Berliner Wahlen im März 1981, wurde von Weizsäcker Regierender Bürgermeister Berlins, seiner Wahlheimat.

Die Aufgaben, die ihn erwarteten, waren gewaltig. Die alte Hauptstadt war nicht erst seit 1961, dem Jahr des Mauerbaus, in zwei politisch ungleiche Hälften geteilt. Risse, Spannungen und Konflikte gingen auch durch den Westteil der Stadt. Dessen Insellage mitten in der DDR, die wirtschaftliche Abhängigkeit von Bonn, die Überalterung und der hohe Ausländeranteil der Bevölkerung, zunehmende soziale Gegensätze, hohe Arbeitslosigkeit und die Folgen einer verfehlten Baupolitik – das waren nur einige der Probleme, die auf Richard von Weizsäcker beim Antritt seines Bürgermeisteramts zukamen.

In den knapp drei Jahren vollbrachte er beachtliche Leistungen. Für ihn gab es keinen Grund, in Sachfragen nicht auch mit den Sozialdemokraten zusammenzuarbeiten. Mit gleicher Unvoreingenommenheit reiste er im Herbst 1983 als erster Regierender Bürgermeister in die DDR, wo er als Ratsmitglied der Evangelischen Kirche in Wittenberg sprach. Dass er in Ost-Berlin von Erich Honecker empfangen wurde, kam einer kleinen politischen Sensation gleich.

Deshalb und weil er seine Fähigkeit zur Integration vielfach bewiesen hatte, war das allgemeine Bedauern über seinen Weggang nur allzu verständlich. Er genoss Popularität. Er kannte die Alltagssorgen «seiner Berliner», und sie dankten es ihm mit Zuneigung und Respekt. Doch der vormalige Vizepräsident des Deutschen Bundestages strebte zurück nach Bonn, zu noch höherer Position und Verantwortung. Richard von Weizsäcker kandidierte 1984 für das Amt des Bundespräsidenten und wurde als Nachfolger von Karl Carstens zum sechsten deutschen Staatsoberhaupt gewählt. Wie seinen Vorgängern dienten ihm die Villa Hammerschmidt in Bonn und das Berliner Schloss Bellevue als Amts- und Wohnsitze.

## Über die Industrie zur Politik

Es fällt schwer, sich den feinsinnigen, nachdenklichen und stark musisch interessierten Richard von Weizsäcker als harten Industriemanager und erfolgreichen Bankier vorzustellen. Doch wie viele seiner Generation, die den Krieg überlebten, ging er nach dem Studium nicht in die Politik, auch wenn er schon 1954 als Doktorand in Göttingen in die CDU eingetreten war, sondern in die Wirtschaft.

Weizsäcker hatte sein juristisches Studium eineinhalb Jahre unterbrochen, um seinem Vater, einem der Hauptangeklagten im Nürnberger «Wilhelmstraßen-Prozess», juristischen und seelischen Beistand zu leisten. Dabei bekam er über den Verteidiger des ebenfalls von einem alliierten Gericht angeklagten Industriellen Alfried Krupp von Bohlen und Halbach Kontakte mit der Industrie. Aber nicht zu Krupp nach Essen ging er nach dem Referendarexamen, vielmehr absolvierte er die Referendarzeit im Mannesmann-Röhrenwerk in Gelsenkirchen. Nebenbei promovierte er zum Dr. jur., ein Jahr nach dem Assessorexamen. Er war inzwischen verheiratet und Vater eines Sohnes.

Vorstandsmitglied bei der Mannesmann AG war Wolfgang Pohle, Bundestagsabgeordneter der CDU. Für ihn schrieb Richard von Weizsäcker einige Reden, und aus dieser Zeit stammt auch seine Bekanntschaft mit Walter Scheel. Doch es zog ihn nicht in die Bundeshauptstadt. Durch seine Heirat mit Marianne von Kretschmann, deren Mutter eine Adoptivtochter des Essener Bankiers Fritz von Waldthausen war, wurde von Weizsäcker nach dem Tod der Gebrüder Waldthausen persönlich haftender Gesellschafter des Bankhauses in Essen und Düsseldorf. Bis 1962 war er an dieser Privatbank mit über hundert Mitarbeitern tätig.

Als es Ernst Boehringer, Besitzer der pharmazeutischen Firma in Ingelheim am Rhein, gelang, Richard von Weizsäcker 1962 in die Geschäftsführung von C. H. Boehringer zu holen, gewann dessen Laufbahn eine Dimension, die über die Aufgaben eines Industriemanagers hinausreichte, denn er wurde gleichzeitig Mitglied im Kirchentagspräsidium und begann sich mehr und mehr mit politischen Fragen zu befassen. Ingelheim, die kleine Stadt am Rhein, bekannt neben chemisch-pharmazeutischen Erzeugnissen auch durch Wein und Spargel, liegt nur zwanzig Kilometer von Mainz entfernt. Und in Mainz war zu dieser Zeit Helmut Kohl ein einflussreicher CDU-Politiker. 1966 wurde Richard von Weizsäcker in den CDU-Bundesvorstand gewählt, und im Herbst 1969 gelang ihm der Einzug in den Deutschen Bundestag. Da war er bereits weit über die Unionsparteien hinaus bekannt. Allein schon als Präsident des Evangelischen Kirchentags und Mitglied des Rates der Evangelischen Kirche in Deutschland erfreute er sich großen Ansehens. Sein Weg von der Industrie über die Kirche in die Politik war in der Bundesrepublik ohne Beispiel.

Für den inzwischen fast Fünfzigjährigen begann, obwohl die große Koalition in Bonn nicht mehr bestand, eine nahezu beispiellose politische Karriere, vergleichbar nur mit der seines Vorgängers Karl Carstens. Nach genau zwanzig Jahren mussten die machtgewohnten Christdemokraten zum ersten Mal auf die harten Oppositionsbänke – für Weizsäcker eher ein Ansporn als ein Grund zur Resignation. Als Parlamentsneuling hätte er ohnehin kaum die Chance gehabt, in eine CDU-Regierung einzutreten.

Seine Enttäuschung war jedoch groß, als die CDU auch 1972 mit dem Kanzlerkandidaten Rainer Barzel die Bundestagswahl verlor und auch vier Jahre später, im Oktober 1976, mit ihrem Kandidaten Helmut Kohl nicht das Wahlziel erreichte. Immerhin leitete von Weizsäcker seit 1972 die Grundsatzkommission der CDU. Grundsatzfragen der Politik und ihre Lösung unter aktuellen Gegebenheiten waren es, die ihn bewegten – ständig. Dem Deutschen Bundestag verlieh er mit Reden über grundsätzliche Fragen der Deutschlandpolitik ein wenig Glanz. 1972 wurde er einer der stellvertretenden CDU-Fraktionsvorsitzenden, 1979 einer der Vizepräsidenten des Bundestags.

1969, als die Wahl des dritten Bundespräsidenten bevorstand, war Richard von Weizsäcker als möglicher CDU-Kandidat gegen Gustav Heinemann im Gespräch. Die Chancen aber schienen wenig günstig. Die Unionsparteien nominierten denn auch ihren verdienten Parteifreund Gerhard Schröder, Innen- und Außenminister unter Adenauer, Außenminister unter Erhard und 1966-69 Bundesverteidigungsminister, für das höchste Staatsamt, obwohl er kaum Chancen hatte, mit den Stimmen der Freien Demokraten, die auch bei dieser Wahl das Zünglein an der Waage spielten, gewählt zu werden. Für die FDP war Schröder zu konservativ.

1974, vor der nächsten Präsidentenwahl, ließ sich von Weizsäcker als Gegenkandidat des FDP-Außenministers Walter Scheel aufstellen, wissend, dass er gegen ihn so gut wie keine Chance besaß. Scheel quittierte diesen Mut nach seiner Wahl für das höchste Staatsamt mit Hochachtung: «Meinem Mitbewerber, meinem geschätzten Kollegen Richard von Weizsäcker, möchte ich meinen ganz besonderen Respekt bezeugen.»

Eine Gelegenheit, wenigstens auf regionaler Ebene Regierungsverantwortung zu übernehmen, bot sich, als im März 1979 in Berlin ein neues Abgeordnetenhaus gewählt wurde. Doch Weizsäcker, der Kandidat der Christdemokraten, erzielte zwar für seine Partei die höchste Stimmenzahl, musste aber vorerst auf das Amt des Regierenden Bürgermeisters verzichten. Auch diese vierte Niederlage war für ihn kein Grund zur Resignation.

Zwei Jahre später, bei den vorgezogenen Berliner Neuwahlen, gewann er gegen Hans-Jochen Vogel und war nun, im Juni 1981, Regierender Bürgermeister der Stadt, der er seine stärksten Eindrücke und Erfahrungen verdankte. Über die Berliner Bürgermeister sagte er: «Entweder sie gehen nach Bonn, oder sie kommen in den Himmel.» Von Weizsäcker ging zurück nach Bonn – als Bundespräsident.

## Geheime Wünsche

Um das Amt des Bundespräsidenten bewerbe man sich nicht, man werde in dieses Amt berufen und gewählt, hat Richard von Weizsäcker mehrfach vor seiner «Berufung» geäußert. Doch er hat dieses Amt erstrebt und sich persönlich für seine Kandidatur eingesetzt, wenn auch nicht öffentlich. «Mit seltner Kunst flichst Du der Götter Rat und Deine Wünsche klug in eins zusammen.» Das Zitat aus Goethes «Iphigenie» hat er selbst einmal im Zusammenhang mit seiner Kandidatur für das höchste Staatsamt zitiert.

Im Frühling 1984 war Richard von Weizsäcker am Ziel seines geheimen Wunsches. Der Einzige, der sich ihm in den Weg zur Villa Hammerschmidt hätte stellen können, der amtierende Bundespräsident Karl Carstens, hatte auf eine Wiederwahl verzichtet – freiwillig. Seit eineinhalb Jahren, seit Oktober 1982, stellten die Christdemokraten mit der FDP wieder die Regierung. Bundeskanzler Helmut Kohl, durch den er vor fünfzehn Jahren nach Bonn in den Bundestag gekommen war, war Weizsäckers Duzfreund.

Mit der bis dahin höchsten Stimmenzahl im ersten Wahlgang wurde Richard von Weizsäcker am 23. Mai 1984 zum sechsten Bundespräsidenten gewählt. Achtzig Prozent der Mitglieder der Bundesversammlung, 830 von 1017 gültigen Stimmen, hatten sich für ihn entschieden. Hans-Jochen Vogel, ehemaliger Münchner Bürgermeister und bis 1981 Bundesjustizminister, sein politischer Gegner und Vorgänger im Amt des Regierenden Bürgermeisters in Berlin, hatte seiner Partei, der SPD, empfohlen, Weizsäcker zu wählen und auf einen eigenen Kandidaten zu verzichten, da er ihn für besonders geeignet hielt, die Nachfolge Carstens' anzutreten.

Die Grünen, seit einem Jahr im Deutschen Bundestag vertreten und an der Wahl des Bundespräsidenten zum ersten Mal beteiligt, hatten die Schriftstellerin Luise Rinser nominiert. Es ehrte sie, sodass sie aus Rom angereist war, um der Bekanntgabe des für sie enttäuschenden Ergebnisses – 68 Stimmen – beizuwohnen.

Es gab nach der Wahl kaum Kritik, dafür viel Zustimmung für Richard von Weizsäcker. Aber würde er, der eher leise als laut auftrat, die hohen Anforderungen, die das Amt an ihn stellte, tatsächlich erfüllen? Man wusste, er hatte eine hohe moralische Auffassung vom Amt des Bundespräsidenten. Schon früher, in

Parteiämtern, hatte er das Wohl des ganzen Volkes über Interessen der Partei gestellt und die «geistige Führung» bei Wirtschaftsfragen übernommen.

Wie Karl Carstens vor ihm betonte auch er die Notwendigkeit, das Nationalgefühl der Deutschen zu stärken, und die Bedeutung der Geschichte für die Gegenwart. Zur Überraschung der Christdemokraten zeigte Weizsäcker großes Verständnis für Vorstellungen nicht nur der Sozialdemokraten, sondern auch der Grünen, die im März 1983 als politische Frischlinge mit bunt flatternden Gewändern in den Deutschen Bundestag eingezogen waren und die Etablierten in ihren gedeckten Anzügen das Fürchten lehren wollten.

Richard von Weizsäcker sorgte sich um die bedrohte Natur, um die durch die starke Industrialisierung in unserem Land gestörte Umwelt, und er bezweifelte, dass es gelingen könne, Frieden mit immer mehr Waffen zu schaffen. «Es sind die Rüstungsausgaben, die steigen, aber nicht das Gefühl der Sicherheit», sagte er auf dem Evangelischen Kirchentag in Düsseldorf im Juni 1985. «Ein Schweigen der Waffen durch Waffen zu erzwingen, deren Einsatz alle vernichtet, den Gegner und uns selbst – wie soll der Mensch mit seinem Verstand und Gefühl solche Waffen begreifen?»

Mit vierundsechzig Jahren trat Richard von Weizsäcker das Amt an, für das er, wie viele meinten, geboren war. Ein Sozialdemokrat fasste seine Eindrücke so zusammen: «Schon sein Äußeres verführt zu der Annahme, er habe in der Villa Hammerschmidt das Licht der Welt erblickt.»

## Biedermeier-Klassizismus

Ohne Stilbrüche zu begehen, fiel es Richard von Weizsäcker nicht leicht, das teils feudale, teils bürgerlich-bieder wirkende Ambiente der Villa Hammerschmidt in Bonn mit ihren spätklassizistischen Formen halbwegs in Einklang mit dem persönlichen Geschmack zu bringen.

Die Möbel im Empirestil stammten zum Teil aus dem Schloss in Kassel, in dem der Napoleon-Bruder Jerôme, König von Westfalen, am Anfang des 19. Jahrhunderts kurze Zeit gelebt hatte. Neben kostbaren Gobelins und Gemälden alter Meister ließ der Bundespräsident von Weizsäcker auch Bilder von Malern der Gegenwart aufhängen. Die Spitzweg-Genrebilder, die Heuss und Lübke erfreuten, hatte schon Gustav Heinemann zurück in die Museen geschickt. In seinem Arbeitszimmer, das vorher Teesalon war, hingen hinter Weizsäckers Schreibtisch Porträts von Immanuel Kant und Gotthold Ephraim Lessing.

Als Staatssekretär holte sich Weizsäcker den Diplomaten Klaus Blech aus dem Auswärtigen Amt ins Präsidialamt. Sein persönlicher Referent in Berlin, Friedbert Pflüger, promovierter Politologe, den er im Ring Christlich-Demokratischer Studenten (RCDS) kennen gelernt hatte, wurde sein Pressereferent. Als Protokollchef fungierte Hans Werner Graf von der Schulenburg vom Auswärtigen Amt. Michael Engelhardt, ebenfalls Diplomat, der für Walter Scheel die Reden geschrieben hatte, wurde auch Weizsäckers «Ghostwriter», doch viele seiner Reden verfasste er selbst.

Zum Empfang von Gästen stand auch Weizsäcker ein hoher Repräsentationsetat zur Verfügung. Neben Politikern und Gewerkschaftlern lud er auch Künstler und Gelehrte zu Gesprächen. Der Empfehlung von Heinrich Böll, Asylbewerber, Arbeitslose und Sinti in die Villa einzuladen, folgte er nur zum Teil, trotz seiner Verehrung für den Literatur-Nobelpreisträger, hinter dessen Sarg er in Bornheim bei Bonn als «schlichter Bürger» mitging.

Weizsäcker stellte Fragen und setzte Zeichen, die viele als unbequem, wenn nicht gar als provozierend empfanden. Berührungsängste waren ihm fremd. Er begnügte sich nicht mit dem Besuch von Gefängnissen und Waisen- oder Behindertenheimen. Er begrüßte auch die unter Gorbatschow eingeleiteten Reformen in der Sowjetunion, plädierte für die Aussöhnung mit den Völkern im Osten und suchte nach neuen Wegen der Verständigung mit der Regierung der DDR. Kritiker der Kernenergie hielt er nicht für weltfremde Träumer, und RAF-Terroristen sollten nach seiner Überzeugung, wenn sie der Gewalt abgeschworen hatten, nicht ewig für ihre Taten büßen, zumindest in Einzelfällen sollte eine Begnadigung möglich sein.

Die Zweifel und Vorbehalte, auch Angriffe aus den eigenen Reihen, die manche seiner Äußerungen hervorriefen, ertrug von Weizsäcker gelassen. Die Villa Hammerschmidt war schon immer eine Oase der Ruhe im geräuschvollen Bonner Machtgetriebe. In der Bundeshauptstadt war es bei Weizsäckers Einzug äußerlich ruhig. Keine Massendemonstrationen beunruhigten die Bürger. Die Proteste der Jugendlichen hatten sich verlagert auf Orte, wo es um den Ausbau von Autobahnen und Flughäfen oder die Errichtung von Atomkraftwerken ging. Eine neue Unruhe, hervorgerufen durch neue existenzielle Probleme, bewegte nun nicht mehr nur die Jugendlichen, die gesamte Bevölkerung war davon betroffen.

## Erinnerung als Versöhnung

Auch vier Jahrzehnte nach dem Ende der Hitler-Diktatur war die Frage nach der Schuld oder Mitschuld der Deutschen an den Nazi-Verbrechen, vor allem an der millionenfachen Ermordung europäischer Juden, ein brisantes Thema. Weizsäcker war noch kein Jahr im Amt, als er zum vierzigsten Jahrestag des Kriegsendes vor dem Bundestag die Gedenkrede hielt. Am 8. Mai 1945 wurde das Hitler-Regime total besiegt, das Deutsche Reich war untergegangen. Ein Trauertag? Ein Freudentag für die, die überlebt hatten und nun in Wohlstand und Frieden lebten? Weizsäcker: «Der 8. Mai ist für uns Deutsche kein Tag zum Feiern.»

Und: «Wir haben wahrlich keinen Grund, uns am heutigen Tag an Siegesfeiern zu beteiligen. Aber wir haben allen Grund, den 8. Mai als das Ende eines Irrweges deutscher Geschichte zu erkennen, das den Keim der Hoffnung auf eine bessere Zukunft barg.»

Warum vierzig Jahre nach Kriegsende diese lebhafte Auseinandersetzung mit der Last der traurigen Vergangenheit? Der Bundespräsident erinnerte zu dieser Frage an das Alte Testament, in dem vier Jahrzehnte eine wesentliche Rolle spielen. «Vierzig Jahre waren notwendig für einen vollständigen Wechsel der damals verantwortlichen Generation.» In der Bundesrepublik war inzwischen eine neue Generation herangewachsen, eine gegenüber den Älteren äußerst kritische Generation.

Für Richard von Weizsäcker bedeutet Erinnerung der Schlüssel zur Erlösung. «Das Vergessenwollen verlängert das Exil, und das Geheimnis der Erlösung heißt Erinnerung.» Darum sei es lebenswichtig, die Erinnerung wach zu halten. Doch könne man nicht von der Schuld aller Deutschen sprechen. «Schuld oder Unschuld eines ganzen Volkes gibt es nicht. Schuld ist, wie Unschuld, nicht kollektiv, sondern persönlich.» Das bedeute jedoch nicht, die Untaten zu verharmlosen. Der Blick in den dunklen Abgrund der Vergangenheit trage den Keim der Hoffnung auf eine bessere Zukunft in sich und stelle große Anforderungen an unsere Wahrhaftigkeit.

Weizsäcker beschönigte nichts und übersah auch nicht, was nach dem 8. Mai 1945 alles geschehen war an neuen Leiden. Er zeigte Mut, wenn er auch von dem Unrecht sprach, das an Deutschen begangen wurde: «Niemand wird um dieser Befreiung willen vergessen, welche schweren Leiden für viele Menschen mit dem 8. Mai erst begannen und danach folgten.» Er erinnerte an Flucht und Vertreibung, Vergewaltigungen und Plünderungen, an Zwangsarbeit, Folter, Hunger, Verhaftungen und Mord. «Heute erinnern wir uns dieses menschlichen Leids und gedenken seiner in Trauer.»

Spätestens mit seiner auch im Ausland beachteten Rede, die dazu aufrief, des 8. Mai 1945 als eines Tages der Befreiung zu gedenken, hat Weizsäcker sich bei den Deutschen ein Ansehen erworben, das ihm die Würde seines Amtes allein nicht verschaffen konnte. Von nun an hörte man auf ihn mit doppelt respektvoller Aufmerksamkeit. Die Rede klang lange nach. Sie rüttelte zu ernster Gewissensprüfung auf und wirkte wohl nicht zuletzt deshalb so überzeugend, weil derjenige, der sie hielt, als ein Betroffener sprach, mit den Erfahrungen eines Zeitzeugen, der die Gewaltherrschaft mit dem ganzen Ausmaß ihrer Folgen noch deutlich vor Augen hatte.

## Die Deutschen und ihre Identität

Kein deutscher Bundespräsident hat sich mit der Geschichte der Deutschen so eindringlich befasst und seine Gedanken über die dunklen und die hellen Seiten unserer Historie so zum Ausdruck gebracht wie Richard von Weizsäcker: «Wenn ein Volk nicht weiß, wie es zu seiner Vergangenheit steht, kann es leicht in der Gegenwart stolpern.»

Die zwölf Jahre von Hitlers Nationalsozialismus und die Folgen daraus hatten das deutsche Nationalbewusstsein empfindlich gestört. Doch: «Wir müssen und wir dürfen uns in der Bundesrepublik Deutschland zu unserem nationalen Empfinden bekennen, zu unserer Geschichte», sagte Weizsäcker nach seiner Vereidigung im Deutschen Bundestag.

«Was ist eigentlich deutsch?» Jeder Präsident vor ihm hat diese Frage gestellt, keiner aber wohl so eindringlich wie Richard von Weizsäcker. Es sind die Überlieferung des Glaubens und der Kultur in Deutschland, die allgegenwärtigen Zeugnisse der sozialen Entwicklungen und der politischen Vergangenheit. Es sind Bücher, Bauten, Bilder und Musikwerke. Aber da die deutsche Geschichte keine einheitliche ist, kann es nie eine endgültige

Antwort der Geschichte geben und auch keine eindeutige zur deutschen Identität.

Es ist nicht nur die Summe ihrer geschichtlichen Erfahrungen, in der sich die Deutschen wiederfinden. «Eine prägende Rolle für Selbstbewusstsein und Identität der Deutschen spielt die Kultur. Sie ist es, die – historisch gesprochen – in erster Linie ein deutsches Nationalgefühl entstehen ließ.» Die großen Werke der klassischen Philosophie und Dichtung, von Goethe bis Kant, haben den Deutschen das Bewusstsein vermittelt, einer geachteten Kulturnation anzugehören. «Immer wenn wir deutsche Kultur ernst nahmen und unseren eigenen Weg der Kultur suchten, waren wir nicht nur anderen willkommen, sondern wir taten uns auch selbst den besten Dienst.» Kultur ist für Weizsäcker Lebensweise. «Kultur ist daher auch Politik.» So drückte er es auf dem Evangelischen Kirchentag in Düsseldorf im Juni 1985 aus.

Richard von Weizsäcker «predigte» nicht, auch dann nicht, wenn er auf dem Kirchentag vor gläubigen Christen sprach. Er suchte nach Antworten auf die Fragen deutscher Geschichte und nach Erkenntnis ihrer Lehren für die Gegenwart: «Wir müssen immer wieder lernen.» Insofern war er alles andere als ein Schulmeister der Nation, er war selbst ein Lernender, auch und gerade in seiner Zeit als Bundespräsident.

Kein Historiker, kein Politiker, kein Publizist kann für sich den Besitz der vollen Wahrheit beanspruchen, Geschichte wird von jedem aus einem anderen Blickwinkel betrachtet. Weizsäcker gelingt es jedoch, alle vorliegenden Erkenntnisse um eigene zu bereichern und die Summe daraus unter heutigen, aktuellen Aspekten bündig und für jeden leicht verständlich vorzutragen. Das war so in seiner Rede zum vierzigsten Jahrestag des Kriegsendes, und es gelang ihm auch in seiner Rede über Friedrich den Großen bei der Feier zum zweihundertsten Todestag des preußischen Königs im August 1986 in Berlin. Weil auch zwei Jahrhunderte nach seinem Tod Friedrich II. der Nachwelt in vielem ein Rätsel geblieben war, sprach Weizsäcker über die Widersprüche seines Wesens und seiner Erfolge. Was er im Charlottenburger Schloss über Friedrichs Herrschaftspolitik sagte, hatte Gültigkeit weit über den Tag des Erinnerns hinaus: «Vor allem im innerstaatlichen Bereich stoßen wir bis zum heutigen Tag auf die Spuren Friedrichs. Das fritzische Preußen lieferte uns den entscheidenden Ansatz, um Glaubens-, Gewissens- und Religionsfreiheit verfassungsrechtlich zu sichern.»

Weder den Ersten noch den Zweiten Weltkrieg hat Friedrich der Große mitzuverantworten, Hitler und seine Anhänger, die sich auf ihn beriefen, missbrauchten den Preußenkönig für ihre verwerfliche Machtpolitik. Allen Historikern und Publizisten, die eine direkte Verbindung von Friedrich II. zu Hitler konstruieren, erteilte der Bundespräsident eine klare Absage, da eine solche Linie unhistorisch sei. «So war eine große historische Gestalt in einen Mythos verwandelt und als Waffe missbraucht worden.» Beinahe hätte von Weizsäcker die Rede im Schloss nicht gehalten. Die Feier sollte zunächst nicht in der Goldenen Galerie stattfinden. Da sich aber der Bundespräsident weigerte, in einem anderen Saal zu sprechen, gaben die Konservatoren nach.

Auch im anderen Teil Deutschlands gedachte man 1986 Friedrichs II. Weizsäcker ging darauf ein: «Dass wir Deutschen den Todestag des Alten Fritz nicht gemeinsam dort begehen können, wo er gestorben ist, in Sanssouci, sondern getrennt in zwei Staaten, haben wir nicht seinem Jahrhundert zuzuschreiben, sondern unserem eigenen.»

Geistreich formuliert und mit Nachdruck, doch ohne Pathos vorgetragen, ließ fast jede Rede Richard von Weizsäckers die Öffentlichkeit aufhorchen. Nie fehlte, wenn der Redner es für angebracht hielt, der Hinweis auf kritikwürdige Zustände, auf Schwachpunkte der Innen- und Außenpolitik oder auf die Vorbildfunktion bedeutender Persönlichkeiten. Die Gedenkrede, die Weizsäcker 1985 anlässlich des sechzigsten Todestages des ersten Reichspräsidenten Friedrich Ebert in dessen Vaterstadt

Heidelberg hielt, würdigte Eberts Leistungen für die erste Republik in Deutschland. «Es war Eberts Absicht, zu verhindern, dass aus dem Ende und dem Bankrott der Kaiserzeit der Ruin des deutschen Staates würde.» Und: «Seine Ziele waren, den alten Obrigkeitsstaat zu Fall zu bringen, eine klassische Demokratie zu errichten, zwischen Arbeiterschaft und Bürgertum Verständigung herbeizuführen.»

Richard von Weizsäcker ließ auch bei anderer Gelegenheit keinen Zweifel daran, alles zu tun, damit diese Idealform der Demokratie auf deutschem Boden Wirklichkeit werde.

## Marianne Freifrau von Weizsäcker

Als Weizsäcker in die aktive Politik einstieg, hielt sich seine Frau Marianne in der Öffentlichkeit bewusst zurück. Man kannte in Bonn kaum die gut aussehende blonde Frau, die eher bescheiden wirkte, aber doch eine gewisse Vornehmheit ausstrahlte. Das änderte sich, als ihr Mann zum Bundespräsidenten gewählt wurde. Zur Wahl in der Beethovenhalle war sie mit ihren Kindern und ihrer Schwiegertochter gekommen. Noch am gleichen Tag rückte sie ins Blickfeld der Öffentlichkeit. Mit dem Einzug in die Villa Hammerschmidt übernahm Marianne Freifrau von Weizsäcker, so der offizielle Name, eigene Aufgaben als First Lady wie die Ehefrauen der Präsidenten vor ihr.

Mit neunzehn Jahren, nach dem Abitur, hatte Marianne von Kretschmann den zwölf Jahre älteren Juristen Richard Freiherr von Weizsäcker, den sie beim Lagerfeuer einer Hubertusjagd kennen gelernt hatte, geheiratet. Sie lebten in Essen, wo auch die vier Kinder, drei Söhne und eine Tochter, geboren wurden. Nachdem von Weizsäcker 1969 Abgeordneter des Deutschen Bundestags geworden war, siedelte die Familie nach Bonn über und zog in eine Backsteinvilla im Regierungsviertel. Frau von Weizsäcker «arbeitete» als «Grüne Dame» ehrenamtlich im nahen Johanniterkrankenhaus. Ein weiterer Umzug, diesmal an die Spree, stand bevor, als Richard von Weizsäcker sich als CDU-Spitzenkandidat in Berlin um das Amt des Regierenden Bürgermeisters bewarb. Seine Frau wollte ihn in der alten Reichshauptstadt «nicht alleine in einer Junggesellenwohnung leben» lassen.

Nach dem Einzug in die Villa Hammerschmidt im Sommer 1984 engagierte sich Frau von Weizsäcker für die Bekämpfung der Drogenabhängigkeit Jugendlicher, wie es auch Nancy Reagan tat, die First Lady der Vereinigten Staaten. In der Bundesrepublik Deutschland gab es damals etwa fünfzigtausend Drogensüchtige, überwiegend Jugendliche. Ihnen und den Eltern zu helfen war ihr Ziel, wobei Aufklärung obenan stand: «Junge Menschen müssen lernen, dass es Gefährdungen gibt, auch die durch Drogen.» Bemüht, die Eltern der drogenabhängigen Jugendlichen in die Therapie einzubeziehen, übernahm Frau von Weizsäcker die Schirmherrschaft über den «Bundesverband der Elternkreise drogengefährdeter und drogenabhängiger Jugendlicher».

Ob als Präsidentengattin oder privat an der Seite ihres Mannes im Ruhesitz, der Mietvilla in Berlin-Dahlem, in der das Ehepaar seit 1994 wohnt, ob auf Kirchentagen, Staatsempfängen oder Auslandsreisen – Marianne von Weizsäcker hat es allezeit verstanden, sich einfühlsam und mit kluger Umsicht neben ihrem Mann zu behaupten, ohne für sich um Aufmerksamkeit zu werben. Auch im reiferen Alter bewahrt sie den mädchenhaften Charme, der sie immer ausgezeichnet hat.

## Kritik und Lob

Ein Jahr erst war Richard von Weizsäcker im höchsten Staatsamt und schien doch überall präsent – physisch und geistig. Er schüttelte die Hände von Bürgern, Ministern und Prinzessinnen, gratulierte dem siebzehnjährigen Tennisspieler Boris Becker zu dessen Sieg in Wimbledon, diskutierte im Fernsehen mit Schülern und Gastarbeitern, äußerte sich über Fragen der Gegenwart, sprach über Kernenergie und Kernwaffen, über Kunst und Literatur, kritisch, mahnend und immer leicht verständlich für alle. Besorgte und unwillige Reaktionen kamen jedoch bald von einigen Konservativen, denen der Freiherr im Amt des Bundespräsidenten zu «progressiv» schien.

Der über die Welt und die Unzulänglichkeiten auch von Politikern und Publizisten philosophierende Bundespräsident interessiert sich auch für Sport. Noch mit sechsundsechzig Jahren erwarb er das Goldene Sportabzeichen. Er warnte vor der zunehmenden Kommerzialisierung von Wettkämpfen und vor dem Missbrauch der olympischen Idee; internationale Leistungskämpfe dürften nicht politisch-ideologischen Zwecken unterstellt werden. «Der Sport selbst befindet sich in einer Grenzsituation.»

Ein von Spannungen freies Verhältnis hatte und hat Weizsäcker zur Bundeswehr. Der Offizierssohn und Regimentsadjutant im Krieg – zuletzt als Hauptmann – warb um mehr Anerkennung für den Dienst der Soldaten. Denn: «Die Loyalität der Bundeswehr als verlässlicher Teil unserer Demokratie steht außer Frage.»

Im traditionell schwierigen Verhältnis deutscher Schriftsteller zu ihrem Staat versuchte Weizsäcker eine Mittlerrolle einzunehmen. Er setzte weniger auf Kompromisse als auf kritischen Konsens. Das Selbstverständnis mancher Literaten als «Gewissen der Nation» ließ er nicht gelten, ebenso wenig wie er den Schriftstellern das Recht auf Kritik absprach, sofern sie dabei Augenmaß bewahrten. Außerdem bat er um Nachsicht und die Anerkennung eines fast schon naturgegebenen Zustands. In seiner Rede auf dem internationalen PEN-Kongress in Hamburg vor Literaten aus Ost und West sprach er von den Spannungen zwischen Politik und Literatur. Sie seien normal, weil Politiker andere Aufgaben zu erfüllen hätten als Dichter. Die Literaten jedoch sollten auf die Schwächen der Politiker mehr Rücksicht nehmen, anstatt sie erbarmungslos zu geißeln: «Auch die Politik hat ihre Würde.»

Wie Walter Scheel und Karl Carstens suchte auch Richard von Weizsäcker, Vater von vier Kindern, Kontakte mit Jugendlichen. Er setzte nicht nur die «Tradition» seiner Vorgänger fort, junge Menschen in die Villa Hammerschmidt einzuladen, er bat auch Schüler in seinen Amtssitz, wenn er hohe Staatsgäste empfing.

Weizsäckers Staatsbesuch in Frankreich im November 1984 bildete den Auftakt zu der langen Folge von offiziellen Auslandsreisen, die er in seiner zehnjährigen Amtszeit als Bundespräsident unternahm. Die Beziehungen zum Nachbarland hatten sich seit den gemeinsamen Bemühungen Adenauers und de Gaulles weiter harmonisiert, das viel gebrauchte Wort von der deutsch-französischen Freundschaft war keine leere Hülse. Doch Ressentiments und Vorurteile gab es immer noch auf beiden Seiten. Weizsäcker rief in Paris dazu auf, sie im Geiste guter Nachbarschaft zu überwinden, und beschwor auch hier die Erinnerung als Mittel, aus der Vergangenheit zu lernen: «Frankreich und Deutschland haben sich immer aneinander gemessen. Nicht Erbfeindschaft, sondern Nachbarschaft in der Dialektik von Zuneigung und Distanzierung kennzeichnete die Beziehung. Aber die Nachbarschaft konnte schreckliche Kriege nicht verhindern ... Erst auf dem Trümmerfeld eines ausgebeuteten und zerstückelten Kontinents wuchs die moralische Kraft der Völker, zu lernen und einen neuen Weg einzuschlagen.»

In den Niederlanden, die Gustav Heinemann nach dem Kriege als erster Bundespräsident besucht hatte, war Weizsäcker 1985 Gast von Königin Beatrix. Wieder warb er um Aussöhnung und Verständigung: «Vor dem Hintergrund der Vergangenheit gibt es umso mehr Grund zur Dankbarkeit und zur deutlichen Hervorhebung dessen, was in den letzten Jahrzehnten erreicht wurde. Die gemeinsame Vision eines vereinten Europas hat den Aufbau unserer Beziehungen nach dem Krieg politisch ermöglicht und menschlich entscheidend gefördert.»

Einige dunkle Wolken zogen vor seinem Staatsbesuch in Israel auf Einladung des israelischen Präsidenten Chaim Herzog im Oktober 1985 auf. Dem Bundespräsidenten sollte von der Hebräischen Universität in Jerusalem der Doktorhut verliehen werden – eine Auszeichnung, die vor allem Israelis der älteren Generation für nicht angebracht hielten, zumal Weizsäcker das erste deutsche Staatsoberhaupt war, das ihr Land besuchte. Weizsäcker erhielt den Ehrendoktor trotzdem. Beim Dialog mit jungen Menschen meinte eine Lehrerin, die Hypothek der Vergangenheit verwehre es ihr, jemals nach Deutschland zu kommen. Der Bundespräsident lud die Israelin ein, sein Gast in der Villa Hammerschmidt zu sein. Tatsächlich kam sie an Bord der Bundeswehrmaschine mit nach Bonn und blieb elf Tage.

Die ruhige Besonnenheit, die er verkörperte, und der Mut zum Wagnis, zu dem er immer wieder aufrief, sind bei Richard von Weizsäcker zwei Seiten ein und derselben Medaille. Auf diesen scheinbaren Widerspruch seiner Persönlichkeit gründete sich denn auch hauptsächlich die für einen Bundespräsidenten ungewöhnliche Form seiner politischen Autorität, die gleichermaßen Zustimmung wie Widerspruch auslöste. Oft genug mischte er sich in Fragen ein, von der auch seine Parteifreunde in der Regierung meinten, sie gingen ihn nichts an: Fragen der Ostpolitik, des Verhältnisses zu Polen, des Umweltschutzes, der Wirtschaftspolitik oder des Asylrechts. Patentrezepte für die Bewältigung sozialer und politischer Probleme hatte auch er nicht immer parat, aber er warnte desto nachdrücklicher vor Fehlentwicklungen.

Weizsäcker widerstand dabei der Gefahr, die Bürger zu bevormunden oder zu moralisieren. «Ich nehme nicht die Position einer moralischen Instanz für mich in Anspruch», erklärte er im «Zeit»-Interview vom 2. November 1984. Zu der Frage, ob der

Bundespräsident eine moralische Instanz sei, hatte fünfunddreißig Jahre vorher der Sozialdemokrat Carlo Schmid im Parlamentarischen Rat gesagt: «Seine politische ‹Macht› sollte Ausfluss einer moralischen Autorität sein und sich nicht so sehr in Taten äußern.»

Nichts lag ihm ferner, als auf alle Tages- und Lebensfragen schlüssige Antworten zu geben oder eine Art Verhaltenskodex zu schaffen: «Es ist nicht meines Amtes, Dekrete zu erlassen oder irgendetwas anzuordnen. Aber etwas anzuregen, in der Form von Fragestellungen, das betrachte ich durchaus als einen Bestandteil meiner Aufgabe.»

Richard von Weizsäcker war, wie die Bundespräsidenten vor ihm, ein fleißiger Präsident. Sein Arbeitstag dauerte in der Regel von sieben Uhr morgens bis sieben Uhr abends. Aber auch dann noch gab es Termine: Konzert- oder Theaterbesuche, Verabredungen, Treffen mit Gästen in seiner Residenz. Das Abendessen mit Wolfgang Koeppen zum achtzigsten Geburtstag des Schriftstellers im Juni 1986 zählt zu seinen schönsten Erlebnissen als Bundespräsident.

Die herzlichen Sympathien, die ihm überall, wo er auftrat, entgegenschlugen, fasste Weizsäcker als Bestätigung und Ermunterung auf. Als Bestätigung seiner Absicht, als «politischer Präsident» zu wirken und weniger als repräsentative Galionsfigur, und als Ermunterung, diesen gleich am Anfang beschrittenen Weg beharrlich fortzusetzen, allen Widerständen zum Trotz.

Die kritischen Stimmen, die im dritten Amtsjahr in gewissen konservativen Kreisen zunahmen, vernahm er mit der ihm eigenen Gelassenheit. Kein Bundespräsident kann allen Bürgern gefallen. Und Richard von Weizsäcker war kein unkomplizierter Präsident wie Walter Scheel, auch fehlte ihm jener von Weisheit erfüllte altväterliche Humor, der Theodor Heuss auszeichnete. Für ihn war das Amt kein leichtes, da es hohe Anforderungen an den Inhaber stellt. «Es ist aber auch ein schönes und erfüllendes Amt, weil es ein großes Bedürfnis der Menschen nach dem Bundespräsidenten als Symbol staatlicher Einheit gibt.» Und: «Man hat es mit Menschen und nicht mit Akten zu tun.»

Dass der Bundespräsident jedem Parteiengezänk entzogen und es ihm dennoch freigestellt ist, sich ohne einseitige Festlegung zu tagespolitischen Fragen zu äußern, hat auch Weizsäcker dankbar zu schätzen gewusst. Überhaupt betrachtete er das Präsidentenamt als eine für die parlamentarische Demokratie unentbehrliche Instanz: «Die Bundesrepublik Deutschland kann ohne das Amt nicht auskommen.» Dennoch sah er sich nicht als oberster Gewissenshüter: «Unsere Verfassung sieht kein Gewissen vor. Unsere freiheitliche Verfassung kennt auch keine Vorschriften für das Wahre, Gute und Schöne. Das ist Diktaturen vorbehalten.»

Nicht einmal der Bundespräsident hat in unserer pluralistischen Gesellschaft ein Monopol auf den Geist der Zeit. Seine Stimme ist nur eine von vielen, eine jedoch, die auch im Ausland vernommen wird und die Einfluss hat auf die öffentliche Meinung. Nur, wie Weizsäcker einmal sagte: «Der Bundespräsident kann dem Bürger nicht vorschreiben, was er zu denken hat.»

Von der Geschichte, der deutschen Geschichte, für die er sich seit seiner Jugend interessiert, ist Weizsäcker noch immer fasziniert. Er bemüht sich, auch mit eigenen Büchern, das Geschichtsbewusstsein der Deutschen zu stärken, ist jedoch gegen eine selektive Geschichtsbetrachtung. «Man kann aber keine Auswahl in der Geschichte treffen und sich einigen besonders willkommenen Kapiteln widmen, anderen dagegen nicht. Genauso wenig wie man es nicht umgekehrt tun kann. Es geht um die ganze Geschichte.»

## Zweite Wahl und eine neue Welt

In den fünf Jahren seiner ersten Amtszeit hatte sich Richard von Weizsäcker nicht nur bei den Politikern aller großen Parteien hohen Respekt erworben, auch die Bürger waren von ihrem Staatsoberhaupt so angetan, dass eine Diskussion über einen «neuen» Präsidenten gar nicht erst aufkam. Auch im Ausland, nicht nur im Westen, genoss der Bundespräsident großes Ansehen. Da Weizsäcker Freude an seinem Amt empfand, war er zu einer Wiederwahl gerne bereit. Am 23. Mai 1989 wurde er in der Bonner Beethovenhalle mit 881 von 1038 Stimmen ein zweites Mal zum Bundespräsidenten gewählt. Nach seiner Wiederwahl sagte er, die Bundesrepublik stehe vor schwierigen Aufgaben: «Ich wünsche uns die Kraft, dass wir die vorhandenen wirklichen Chancen für große Entwicklungen zur rechten Zeit erkennen und unseren Beitrag zu ihnen leisten.»

Ahnte er da schon, dass wenige Monate später Ereignisse von welthistorischem Rang das politische Spannungsfeld in Europa gründlich verändern würden? Wohl kaum. Beim Staatsakt zur vierzigsten Jahresfeier des Grundgesetzes, einen Tag nach seiner zweiten Wahl, meinte Weizsäcker allerdings: «Die Zeit bringt unaufhaltsam neue Entwicklungen hervor, neue Gefahren und Chancen.» Und er sagte auch: «Ein atemberaubender Prozess ist im Gang. Seine Risiken sind gewaltig. Niemand weiß, ob er zum Erfolg führt.» An ein baldiges Ende des kommunistischen Regimes in Osteuropa und des Ost-West-Konflikts war zu diesem Zeitpunkt jedoch noch nicht zu denken.

Die zweite Amtsperiode Richard von Weizsäckers begann in einer politisch unruhigen, in vieler Hinsicht ungewissen Zeit. Ein spannender Prozess war in Gang gekommen, seit in der Sowjetunion Michail Gorbatschow 1985 zum Generalsekretär der Partei gewählt worden war. «Glasnost» und «Perestroika», zwei für westliche Ohren noch fremde Begriffe, erschütterten die scheinbar fest gefügten Machtstrukturen des Ostblocks.

Im Juli 1987, noch in seiner ersten Amtsperiode, hatte Richard von Weizsäcker Moskau auf Einladung Andrej Gromykos, des Vorsitzenden des Obersten Sowjet, besucht. Zukunftsweisender war seine Begegnung mit Gorbatschow im Katharinensaal des Kreml. Noch war zwar von den gegensätzlichen gesellschaftlichen und politischen Systemen die Rede, aber auch vom «gemeinsamen Haus Europa» und dem «neuen Denken».

Beim Besuch Gorbatschows in Bonn zwei Jahre danach, im Juni 1989, inzwischen war er zum Vorsitzenden des Präsidiums des Obersten Sowjet gewählt und Staatsoberhaupt, ging Weizsäcker auf die Reformpolitik seines Gastes ein. Auf Schloss Brühl sagte er beim Staatsbankett: «Es ist meine Überzeugung, dass auf diesem Wege dem deutsch-sowjetischen Verhältnis für die Zukunft Europas zentrale Bedeutung zukommt.»

Vor Gorbatschow war Erich Honecker Gast in der Villa Hammerschmidt gewesen. Weizsäcker: «Ich freue mich, Sie bei uns willkommen heißen zu können – als Vorsitzenden des Staatsrats der Deutschen Demokratischen Republik und als Deutscher unter Deutschen. Ihr Besuch bei uns ist ein Ereignis von herausragender Bedeutung. Er findet in einer Zeit ermutigender Entwicklungen im Ost-West-Verhältnis statt. Er ist Ausdruck von Fortschritten in der Zusammenarbeit unserer beiden Staaten.» Was die Zukunft bringen werde, sei offen.

Zwei Jahre danach strömen DDR-Bürger in kaum noch überschaubaren Massen über die sich für sie öffnenden Grenzen in die Bundesrepublik. In Leipzig demonstrieren nach dem Friedensgebet in der Nikolaikirche hunderttausend Menschen und rufen: «Wir sind das Volk.» Am 18. Oktober 1989 tritt Erich Honecker von allen Ämtern in Partei und Staat zurück, am 9. November 1989 existiert die «alte» DDR nicht mehr, in Berlin fällt die Mauer – eine neue welthistorische Epoche beginnt.

Zwischen den Montagsdemonstrationen in Leipzig und dem Vertrag über die Herstellung der Einheit Deutschlands vom 31. August 1990 liegen aufregende, bewegende Monate. Mit der Wiedervereinigung erhält Deutschland fünfundvierzig Jahre nach der Kapitulation die volle staatliche Souveränität.

Nach der Vereinigung Deutschlands, dem Beitritt der DDR zur Bundesrepublik Deutschland, war Richard von Weizsäcker auch das Staatsoberhaupt der Deutschen zwischen Elbe und Oder. Er war für die Mehrzahl der fünfzehn Millionen Ostdeutschen dank des Fernsehens kein Unbekannter, sie schätzten, viele verehrten ihn. Bei seinem ersten offiziellen Besuch in den neuen Ländern sagte er vor dem Landtag von Mecklenburg-Vorpommern im Dezember 1990: «Nun gilt es, in der Freiheit zu bestehen. Das ist schwer, zumal im Anfang. Jeder ist einem ihn ganz persönlich berührenden Prozess der Umstellung ausgesetzt.» Die Menschen im vereinten Deutschland sollten und müssten sich vorbehaltlos begegnen: «Nur dann können wir uns gegenseitig helfen.»

Weizsäcker mahnte zur Geduld: «Wir brauchen Zeit, das ganze Ausmaß vierzigjährigen Raubbaus an Menschen, Natur und industriellen Strukturen zu erfassen, uns in Ost und West aufeinander einzustellen und zusammenzuarbeiten. Den politischen Verträgen muss nun die Vereinigung der Deutschen in ihren Herzen und Köpfen folgen. Teilen will gelernt sein.»

Sich vereinen, heiße teilen lernen, hatte er schon 1990 in seiner Rede beim Berliner Staatsakt anlässlich der Wiedervereinigung erklärt. Er erinnerte daran, dass den Ostdeutschen die größeren Kriegsfolgelasten aufgebürdet waren. Der selbstgerechten Siegesstimmung und dem Handeln aus Überlegenheit, wie sie sich teilweise im Westen breit machten, erteilte er eine klare Absage. «Es hilft keinem Menschen, der um seine Zukunft bangt, wenn wir weiter politisch darüber streiten, wer in welcher Frage seit wann immer schon Recht gehabt hat», sagte er in Magdeburg im April 1991.

Den Begriff «neue Bundesländer» für die ehemaligen Gebiete der DDR fand Weizsäcker geschichtlich «irreführend», da die fünf Länder in einem ganz anderen Sinne neu seien, «nämlich in dem Sinne der tief greifenden Umwälzung». Die kostbarste Neuheit der fünf Länder sei für ihn die friedliche Revolution, die den Weg für ihre «Wiedergeburt» frei gemacht habe. «Diese Revolution hat, wie alle Revolutionen, einen politischen Prozess eingeleitet, dessen Verlauf ihre Urheber nicht im Einzelnen voraussehen konnten.»

Im historischen Schloss Cecilienhof, in dem auf der Potsdamer Konferenz im Sommer 1945 der amerikanische Präsident Harry Truman und der britische Premierminister Winston Churchill (zum Abschluss Clement Attlee) mit Josef Stalin die künftigen Grenzen Deutschlands festlegten und ihre Interessengebiete absteckten, beklagte Weizsäcker den schleppenden Prozess der Einheit. «Dies zu sagen, bedeutet keine Kritik an vergangenen Entscheidungen. Ich will nur darauf aufmerksam machen, dass das, was zur Zusammenarbeit notwendig ist, noch nicht den Grad erreicht hat, den wir brauchen, damit wir die Aufgabe der Einheit meistern.»

## Oberlehrer der Nation?

Immer häufiger erhob der Bundespräsident in den letzten Jahren seiner Amtszeit den Zeigefinger, um Missstände, Versäumnisse und Fehlentwicklungen in Staat und Gesellschaft anzuprangern. Die politischen Auseinandersetzungen wurden zu Beginn der neunziger Jahre härter, sie erinnerten an die ersten Jahre der Bonner Republik. Trotz der Ermahnungen, die Kontroversen fair auszutragen, verschärfte sich der Ton der Debatten, in denen es nicht selten weniger um die politischen Ziele des Gegners als um Posten und Pfründe ging.

Weizsäcker griff selbst in diese Diskussionen ein. Als angesichts des zunehmend erstarkenden Rechtsextremismus öffentlich darüber nachgedacht wurde, das Grundrecht auf Asyl in Deutschland einzuschränken, wandte er sich gegen eine entsprechende Verfassungsänderung. Die Asylpolitik dürfe im Übrigen kein Wahlkampfthema sein. Ebenso forderte er die Bundesregierung auf, dem Volk nicht länger die wirklichen Kosten der deutschen Einheit vorzuenthalten. Früh auch und unbeirrbar setzte er sich für Berlin als künftige Hauptstadt ein. Am Zustand der Parteien beklagte er deren «Machtversessenheit in Bezug auf Wahlkampferfolg» – ein Vorwurf, der ihm prompt als Stimmungsmache ausgelegt wurde, welche die sich ohnehin ausbreitende Politikverdrossenheit in der Bevölkerung fördere.

Das Ende des Ost-West-Konflikts hatte die Probleme in Deutschland tatsächlich nicht einfacher, sondern komplizierter gemacht. Zukunftsängste und materielle Sorgen, Zweifel an den Versprechungen der Politiker, aber auch ein reines Zweckdenken beherrschten die Köpfe der Deutschen, auch und gerade der Jugendlichen. Der Traum von einer besseren Gesellschaft war ausgeträumt. Den Visionen der sechziger und siebziger Jahre folgte eine spürbare Ernüchterung, die jeden auf sich selbst verwies. Auch die Euphorie der Wiedervereinigung verflog bald angesichts der Probleme, die sie mit sich brachte.

Als Weizsäcker im März 1993 die deutschen Politiker aufrief, ihrer Führungsverantwortung gerecht zu werden und die Achtung der Bürger zurückzugewinnen, war diese in der Tat auf einen Tiefpunkt gesunken. Enttäuschung hatte nicht nur einen Großteil der ostdeutschen Bevölkerung ergriffen. Auch in den «alten» Ländern herrschte Unmut über den Gegensatz wohlklingender Absichtserklärungen und der Fortdauer oft bitterer Realitäten. Bedrückend wirkte vor allem die Lage auf dem Arbeitsmarkt. Das angeblich Besserung verheißende Schlüsselwort hieß «Sparsamkeit».

Auch der Bundespräsident mahnte zu Bescheidenheit, gedachte selbst aber nicht zu sparen und ließ seinen Etat erhöhen. Seinem Ansehen indessen tat das keinen Abbruch.

## Von Bonn nach Berlin

Der in Stuttgart geborene Richard von Weizsäcker, der in Berlin die Schule besuchte und, ehe er zum Bundespräsidenten gewählt wurde, Regierender Bürgermeister der damals geteilten Stadt gewesen war, erklärte beizeiten, er werde nach der Einheit Deutschlands seinen Amtssitz von Bonn in die alte Reichshauptstadt verlegen und hoffe, dass auch das Parlament und die Regierung dorthin umzögen.

Bis zur Vereinigung von West- und Ostdeutschland hatte Weizsäcker seinen offiziellen Amtssitz in Bonn. Das Berliner Schloss Bellevue diente ihm, wie seinen Vorgängern, als Wohnsitz bei seinen Aufenthalten an der Spree, er durfte dort aber keine Hoheitsakte durchführen. Nach dem Abzug der Alliierten aus Berlin war auch das anders. Der Bundespräsident besaß nun zwei Amtssitze, was nichts Ungewöhnliches für Staatsoberhäupter ist.

Dass er seinen Amtssitz von der Villa Hammerschmidt nach Berlin verlegte und am 1. Februar 1994 eine Villa in Dahlem bezog, dafür zeigten die Bonner noch Verständnis, auch wenn Richard von Weizsäcker ihr Ehrenbürger war. Dass aber auch die Regierung und das Parlament ihren Umzug vom Rhein an die Spree beschlossen hatten, vermochten sie weniger zu verstehen. War in Bonn nicht seit 1949 gute Politik für die Bürger dieses Landes gemacht worden, trotz einiger Mängel? War Bonn als Sitz für Regierung und Parlament nicht viel besser geeignet als der Moloch Berlin mit seiner braunen Vergangenheit und seiner Lage fern von Brüssel, wo die Weichen für die weitere Vereinigung Europas gestellt werden?

Als die Abgeordneten im Sommer 1991 sich mit knapper Mehrheit für Berlin als Regierungs- und Parlamentssitz entschieden, waren die meisten Bonner enttäuscht, viele auch verbittert. Mit dem glänzenden, gläsernen Parlamentsgebäude am Ufer des schönen Rhein, den neuen avantgardistischen Museen, dem Bonner Kunstmuseum und der Kunsthalle im Regierungsviertel, hatte Bonn «Weltniveau» erreicht. Auch das Haus der Geschichte, das die Geschichte der Bundesrepublik seit 1945 dokumentiert und im Frühjahr 1994 eröffnet wurde, schien zu widerlegen, dass Bonn noch immer ein «Provisorium» war.

## Abschied beim Heiligen Vater

Während seiner zehnjährigen Amtszeit stattete Richard von Weizsäcker rund fünfzig Staaten einen offiziellen Besuch ab. In seiner ersten Amtszeit erfüllte er damit auch schwierige diplomatische Missionen mit dem Ziel, die Erblast des Hitler-Reiches abzubauen, die vielfach immer noch der Verständigung zwischen der Bundesrepublik und vom Krieg betroffenen Staaten im Wege stand. Nicht ganz unkompliziert waren außer den Besuchen in den Niederlanden, Israel und Norwegen Weizsäckers offizielle Aufenthalte in osteuropäischen Ländern wie Ungarn, Bulgarien und der Tschechoslowakei.

Nach der welthistorischen Wende in den Jahren 1989/90 besuchten mehrere Repräsentanten der neuen demokratischen Staaten in Osteuropa den Bundespräsidenten. So der Präsident der Russischen Föderation Boris Jelzin, der polnische Präsident Lech Walesa, der Präsident der damals noch bestehenden Tschechoslowakei, Vaclav Havel, der bulgarische Präsident Schelju Schelew und der Präsident der Ukraine Lionid Krawtschuk.

Ende April, Anfang Mai 1992 war der amerikanische Präsident George Bush Gast des Bundespräsidenten. Letzte Besucher der Villa Hammerschmidt zu Weizsäckers Amtszeit waren im Frühjahr 1994 die dänische Königin Margarethe II. mit Prinz Hendrik sowie der norwegische König Harald V. und Königin Sonja. Im Oktober 1992 hatte Königin Elizabeth II. mit Prinz Philip ihre dritte Staatsvisite in der Bundesrepublik abgestattet.

Seine letzte offizielle Reise ins Ausland unternahm Richard

von Weizsäcker zum Papst in Rom. Eigentlich wollte er China besuchen, doch da Bundeskanzler Helmut Kohl im Frühjahr 1994 nach Peking reiste, schien es ihm wenig opportun, sich ebenfalls nach China zu begeben. Nach einigem Überlegen entschied sich Weizsäcker zu einer Reise nach Rom zum Heiligen Vater.

Weizsäcker unternahm damals noch Abschiedsvisiten in Paris, London und Warschau. Dass gerade ein Besuch im Vatikan die lange Reihe seiner offiziellen Auslandsreisen abschloss, war kein Zufall. Nicht nur, dass er hohe Wertschätzung für Papst Johannes Paul II. empfand, es war auch ein privat-familiärer Kreis, der sich hier schloss. Sein Anfang lag im Jahr 1943, als Weizsäckers Vater Ernst, der Diplomat, Botschafter des Deutschen Reiches beim Heiligen Stuhl geworden war. «Das war ein würdiger Abschluss meiner zehnjährigen Amtszeit», bekannte der Sohn. Er stand kurz vor Vollendung seines vierundsiebzigsten Lebensjahres. Wenige Monate später, im Sommer 1994, ging seine Präsidentenzeit zu Ende.

In seinen 1997 unter dem Titel «Vier Jahreszeiten» erschienenen Lebenserinnerungen berichtet der Altbundespräsident aus der Geschichte seiner Familie und reflektiert die Erfahrungen seines langen politischen Wirkens. Er schreibt über die Verstrickungen des Vaters in der Zeit des Nationalsozialismus als Staatssekretär im Auswärtigen Amt unter Joachim von Ribbentrop. Er verschweigt auch nicht, dass er, der Sohn, gleich nach dem juristischen Examen selber gerne die Diplomatenlaufbahn eingeschlagen hätte. Doch da war Walter Hallstein im Weg, damals ebenfalls Staatssekretär im Auswärtigen Amt – er war es, der dem jungen Weizsäcker den Einstieg verwehrte, des Vaters wegen.

Die Geschichte halte keine Handlungsanweisungen bereit, schreibt Richard von Weizsäcker, wir erfahren aus ihr nicht, was morgen zu tun ist. Gleichwohl hat er sie immer wieder von neuem befragt, sich unablässig gerade auch der jüngeren deutschen Vergangenheit erinnert, damit nicht wieder geschieht, was einst in Deutschland geschehen ist.

## Aktiver Altpräsident

Als Altbundespräsident nimmt Richard von Weizsäcker weiterhin aktiv am politischen und gesellschaftlichen Leben teil. Der gebürtige Württemberger ist überall dort in Berlin präsent, wo es ihm lohnend erscheint, mit amtierenden oder ehemaligen prominenten Politikern zu diskutieren. Beim Jahrestreffen der «Elder Statesmen» im Sommer 2002 in Berlin unter dem Vorsitz von Altbundeskanzler Helmut Schmidt begegnete man von Weizsäcker auf drei Empfängen an zwei Tagen, im Gespräch mit ehemaligen afrikanischen und asiatischen Präsidenten.

Auf einen großen Empfang zu seinem achtzigsten Geburtstag verzichtete von Weizsäcker, gleichwohl nahm die CDU-Vorsitzende Angela Merkel diesen zum Anlass für ein «Deutsch-Polnisches Kolloquium» über die künftige Gestalt Europas und die Beziehungen der Bundesrepublik mit dem Nachbarland Polen. Merkel hatte dazu den ehemaligen polnischen Ministerpräsidenten Tadeusz Mazowiecki nach Berlin in die «Oper unter den Linden» eingeladen, um nach seiner Rede mit von Weizsäcker und Wolfgang Schäuble, ihrem Amtsvorgänger, über die Zukunft Europas zu diskutieren.

Bereits im Mai 2000 von Bundeskanzler Gerhard Schröder mit der Kommission «Gemeinsame Sicherheit und Zukunft der Bundeswehr» betraut, empfahl Weizsäcker in seinem Bericht, den er Schröder und dem damaligen Bundesminister der Verteidigung, Rudolf Scharping, im Berliner Kanzleramt vorlegte, eine Verschlankung der Bundeswehr. Nach Weizsäckers Auffassung sollte diese in Struktur und Ausstattung zudem so verändert werden, um für mögliche Einsätze zur Krisenbewältigung im Ausland gerüstet zu sein.

Zur Überraschung der CDU/CSU beauftragte Bundeskanzler Gerhard Schröder den früheren Bundespräsidenten nach der großen Regenflut im Sommer 2002 mit dem Vorsitz des «Kuratoriums Fluthilfe». Kurt Biedenkopf, ehemaliger Ministerpräsident von Sachsen, gehörte ebenfalls zu den Mitgliedern des Kuratoriums, das sich zur Aufgabe gemacht hatte, die in Sachsen, Sachsen-Anhalt und Thüringen von katastrophalen Überschwemmungen betroffenen Menschen bei Problemen der Entschädigung zu unterstützen.

Als ehemaliger Präsident des Evangelischen Kirchentages führte von Weizsäcker bei dem ersten «Ökumenischen Kirchentag» in Berlin im Sommer 2003 mit dem amtierenden Bundestagspräsidenten Wolfgang Thierse, Mitglied des Zentralkomitees der Deutschen Katholiken, ein Gespräch über ökumenische Themen. «Wir Protestanten haben natürlich großen Respekt vor der katholischen Kirche. Bei uns hat ja jeder sein eigenes direktes Verhältnis zum lieben Gott», sagte von Weizsäcker. Thierse wünschte sich vor allem einen Dialog der Christen unterschiedlicher Konfessionen wie auch mit den Konfessionslosen. «Gerade in der Stadt Berlin, die ja eine sehr säkulare Stadt ist.»

Auch sportlich ist Richard von Weizsäcker weiterhin aktiv. Mit dreiundachtzig Jahren erhielt er im November 2003 das Goldene Sportabzeichen, das ihm der Präsident des Deutschen Sportbundes, Manfred von Richthofen, in Berlin überreichte.

# 7. Porträt:

## Roman Herzog (1994–1999)

**geboren am 5. April 1934 in Landshut.**

Professor für Staatslehre und Politik

1970 Eintritt in die CDU

1971/72 Rektor der Hochschule für Verwaltungswissenschaften

1973–78 Leiter der rheinland-pfälzischen Landesvertretung in Bonn

1978–80 Minister für Kultus und Sport, danach bis 1983 Innenminister von Baden-Württemberg. Ab Dezember 1983 zunächst Vizepräsident und 1987–94 Präsident des Bundesverfassungsgerichts in Karlsruhe

Auch mit dem siebten Bundespräsidenten hat die Bundesrepublik Glück gehabt. Roman Herzog, dessen Nominierung und Wahl weder für ihn noch für die Bundesversammlung, die ihn am 23. Mai 1994 im Berliner Reichstag im dritten Wahlgang wählte, eine leichte Kür war, erfüllte sein Versprechen, ein guter Präsident aller Deutschen zu sein. Was von seinen Kritikern, die Johannes Rau gerne als siebten Präsidenten gesehen hätten, zunächst belächelt wurde, nämlich sein Wunsch, dass eines Tages diejenigen, die ihm ihre Stimme verweigerten, dies noch bereuen würden, erfüllte sich. Dafür wurde Herzog aus den eigenen Reihen, von CDU/CSU-Politikern, nicht immer akzeptiert.

Roman Herzog war ein höchst angesehener Bundespräsident, er war populär. Aber war er auch ein bei den Bürgern beliebter Präsident? Die Umfragen am Ende seiner Amtszeit bestätigen es. Die Bürgernähe, die er suchte, mochte am Anfang etwas bemüht wirken, seine Reden allzu glatt und so formuliert, dass sie nicht jeder auf Anhieb verstand. Aber das waren Stilprobleme und Anpassungsschwächen, die bald verschwanden. Nicht lange, und er hatte sich, sein Amt und die Erwartungen der Öffentlichkeit in Einklang gebracht.

## Bürgerlich

Roman Herzog, 1934 in Landshut geboren, stammt aus einer fast kleinbürgerlichen Familie. «Mein Vater war das klassische Beispiel des sozialen Aufsteigers», so Herzog. Dass der Sohn die Spitze der gesellschaftlichen Hierarchie erreichte, konnte er nicht mehr erleben. Vom «kleinen» kaufmännischen Angestellten in einer Schnupftabakfabrik brachte es der Vater bis zum Direktor des neuen Staatsarchivs von Landshut. Die Familie kannte weder Reichtum noch Armut, von Kriegs- und Nachkriegsnöten blieb sie verschont.

Im humanistischen Hans-Carossa-Gymnasium war Roman Herzog Klassenprimus, der beste Schüler seines Jahrgangs. Nach dem Abitur mit nur Einsern studierte er, nachdem er zunächst auch Physik als Studienfach in Erwägung zog, in München Jurisprudenz. 1958 promovierte er zum Dr. jur. und wurde Assistent bei dem bekannten bayerischen Kultusminister Theodor Maunz. Nach der Habilitation war Herzog an der Münchner Universität Privatdozent. Im Herbst 1965 erhielt er an der Freien Universität Berlin den Lehrstuhl für Staatsrecht und Politik. Vier Jahre später, 1969, kehrte Herzog nach Süddeutschland zurück, aber nicht nach Bayern, sondern als Professor für Staatslehre an die Hochschule für Verwaltungswissenschaften in Speyer.

Herzog trat 1970 in die CDU ein. Drei Jahre danach holte ihn Helmut Kohl, damals Ministerpräsident von Rheinland-Pfalz, in die Landesregierung und schickte ihn als seinen «Statthalter» nach Bonn. Fünf Jahre, bis 1978, war Roman Herzog der Bevollmächtigte des Landes Rheinland-Pfalz in der Bundeshauptstadt. Die Landesvertretung lag nur hundert Meter von der Villa Hammerschmidt, dem Amtssitz des Bundespräsidenten, entfernt. Auf dem Bonner Parkett fiel Herzog durch seine markante Figur und seine Diskutierfreude auf.

Dann entdeckte der damalige Ministerpräsident von Baden-Württemberg, Hans Filbinger, den politischen Professor und Staatssekretär aus dem Nachbarland und holte ihn als Minister für Kultus und Sport nach Stuttgart. Für einige Überraschung sorgte er, als er 1980 anonym an einem Stuttgarter Gymnasium mit glanzvoller Note das Zentralabitur in Latein ablegte, um das nachlassende Interesse an diesem Fach zu beleben.

Im Herbst 1983, nach fünf Jahren als Minister, zuletzt als Innenminister und damit auch «Polizeiminister», schied Herzog aus der Landespolitik aus, um Richter am Bundesverfassungsgericht in Karlsruhe zu werden. Er übernahm als Nachfolger von Ernst Benda den Vorsitz des Ersten Senats und wurde zugleich Vizepräsident dieses obersten deutschen Gerichts. 1987 löste er dessen Präsidenten Wolfgang Zeidler ab, der bei einem Bergunfall ums Leben gekommen war.

Der Erfolg stand stets auf Roman Herzogs Seite. Er fiel ihm nicht in den Schoß, Herzog hat ihn aber auch nicht hart erkämpfen müssen. Manchmal war auch Glück im Spiel – wie bei der Präsidentenwahl, als der zunächst als Kandidat favorisierte sächsische Justizminister Steffen Heitmann verzichtete und der CDU-Bundesvorstand Roman Herzog nominierte.

Seiner bürgerlichen Herkunft ist Roman Herzog stets treu geblieben, auch als Bundespräsident. Er genoss es aber auch, neben gekrönten Häuptern zu sitzen.

An die Annehmlichkeiten, die das hohe Staatsamt mit sich bringt, hat er sich schnell gewöhnt. Seine Bemühungen, «unverkrampft und locker» das Amt zu führen, bewirkten manchmal einen gegenteiligen Eindruck, doch hat es ein steifes Protokoll bei Roman Herzog wie auch bei seinen Vorgängern nie gegeben. Mit dem aus uraltem sächsischem Adel stammenden Protokollchef Bernhard von der Planitz, der zusammen mit seiner Frau bei den Vorbereitungen und der Durchführung der Staatsbesuche stets dabei war, hatte er keine Probleme.

«Nationales Trara, Fanfaren und Tschinellen sind das Letzte, was wir brauchen können», meinte Herzog. Aber nationales Pathos und «Trara» hatte es auch bei seinen Vorgängern nie gegeben, auch nicht im Zusammenhang mit den Feiern zur Wiedervereinigung.

Erster ausländischer Staatsgast bei Roman Herzog war William Jefferson Clinton, damals seit eineinhalb Jahren Präsident der Vereinigten Staaten von Amerika. Herzog hatte keine Mühe, ihn würdig im bescheidenen bürgerlichen Rahmen der Villa Hammerschmidt und mit militärischem Zeremoniell in Bonn zu empfangen. Dennoch meinte er: «Das muss man eben lernen.»

Zur großen Überraschung der in politische Geheimnisse und Personalfragen eingeweihten Bonner holte sich Roman Herzog einen außerhalb der CDU-Parteizentrale ziemlich unbekannten

Parteiprofi als Staatssekretär: Wilhelm Staudacher, ehemaliger Bundesgeschäftsführer im Konrad-Adenauer-Haus und einige Wochen als Staatssekretär der Bevollmächtigte des neuen Bundeslandes Mecklenburg-Vorpommern. Staudacher stammte wie Herzog aus Bayern und war wie dieser Jurist. Vier Jahre wirkte er im Hintergrund. Dann machte er Schlagzeilen, als plötzlich die Rede davon war, Herzog stünde im nächsten Jahr womöglich doch für eine zweite Amtszeit als Präsident zur Verfügung, was dieser jedoch stets nachdrücklich ausgeschlossen hatte.

Roman Herzog war sehr gerne Bundespräsident. Stolz und Freude, in das höchste Staatsamt gewählt worden zu sein, ließen sich kaum verbergen, man sah sie ihm vom ersten bis zum letzten Tag bei vielen seiner öffentlichen Auftritte an.

Die Bundesrepublik hatte eine gute Zeit. Innen- und außenpolitisch gab es keine großen Probleme. Trotz der Klagen der Wirtschaft wuchs das Bruttosozialprodukt. Und die Arbeitslosigkeit vieler Menschen war und ist nicht nur ein deutsches Problem.

## In fernen und fremden Ländern

Die Staatsbesuche in nahe und ferne, in bekannte und fremde Länder waren für Roman Herzog herausragende Ereignisse seiner fünfjährigen Präsidentschaft.

Die Reisen führten ihn, den meist seine Frau Christiane begleitete, in viele osteuropäische und asiatische Länder, im Herbst 1998 sogar in die Mongolei. Dass Herzog in dem Land, in das nur selten ein Staatsoberhaupt reist, mit besonderer Herzlichkeit empfangen wurde, war voraussehbar, denn die knapp zweieinhalb Millionen Mongolen hegten für Deutschland schon immer große Sympathien. Die ehemalige kommunistische Volksrepublik, die sich politisch eng an Sowjetrussland anlehnte, ist seit 1990 ein demokratischer Staat, der einen Botschafter in Bonn akkreditiert hat.

Im Frühjahr 1995 reiste Roman Herzog in die ehemaligen sowjetischen Republiken Kasachstan und Usbekistan – nicht nur für den Präsidenten, sondern auch für die Gastländer wichtige politische Höhepunkte. Der interessanten, aber auch beschwerlichen Tour vorausgegangen war der Staatsbesuch in Pakistan, das zu dieser Zeit von Benazir Bhutto, Tochter des von politischen Gegnern 1979 hingerichteten Zulfikar Bhutto, regiert wurde. Annemarie Schimmel, die Bonner Orientalistin und Friedenspreisträgerin des Deutschen Buchhandels 1995, begleitete Roman Herzog.

Afrika, das schon Heinrich Lübke als erstes deutsches Staatsoberhaupt besuchte – Richard von Weizsäcker war in seiner zehnjährigen Amtszeit drei Mal dort – war Herzogs Reiseziel im Winter 1996. Zuerst besuchte er Uganda, um in dem zentralafrikanischen Land nach der Schreckensherrschaft von Idi Amin die noch junge Demokratie stärken zu helfen. Herzog war Gast auf der Farm des Präsidenten Museveni.

In Addis Abeba, der Hauptstadt von Äthiopien, sprach der Bundespräsident im Kongresssaal der Afrikanischen Staaten. Im Garten der Deutschen Schule pflanzte Herzog gemeinsam mit Außenminister Klaus Kinkel einen Baum und besuchte anschließend das vom Schauspieler Karlheinz Böhm gebaute Dorf «Menschen für Menschen». Höhepunkte des Besuchs waren die Besichtigung der Felskirchen in Lalibela und die Begegnung mit Kopten, den christlichen Nachkommen der alten Ägypter. Zuvor hatte der Bundespräsident Eritrea besucht, das sich 1993 nach langen separatistischen Kämpfen von Äthiopien lossagte.

Herzog wusste, dass ihm der einwöchige Besuch der Volksrepublik China im November 1996 ebenso viel diplomatisches Fingerspitzengefühl wie pragmatische Nüchternheit abverlangen würde. «Es war meine bislang schwierigste Auslandsreise», erklärte er hinterher. Die chinesische Führung verfolgte trotz internationaler Proteste noch immer Landsleute, die für mehr Demokratie in ihrem sozialistischen Land kämpften. In Schanghai, der größten chinesischen Industriestadt, gefiel es Herzog jedoch so gut, dass er in das Gästebuch schrieb: «Hier möchte ich bleiben.» Im Himalayastaat Nepal wurde das deutsche Staatsoberhaupt von seinem Gastgeber König Birendra ebenso herzlich empfangen wie von einfachen Bergbauern.

Dass der Bundespräsident auch Russland einen Staatsbesuch abstattete, war nach der Visite von Boris Jelzin in Bonn und Berlin fast eine Selbstverständlichkeit und doch mehr als nur eine protokollarische Geste. Herzogs Reisen in andere ehemalige kommunistische Staaten Osteuropas, in Länder wie Albanien, Rumänien, Bulgarien und Ungarn, waren alles andere als nur Höflichkeitsbesuche. Beim Besuch in Sofia gab es jedoch einige Misstöne, trotz der traditionell guten Beziehungen zu dem Balkanstaat. Während der Rede Herzogs vor Vertretern demokratischer und kommunistischer Abgeordneter im bulgarischen Parlament lasen die Kommunisten demonstrativ Zeitung.

Zu seinem Besuch in den Vereinigten Staaten nahm Roman Herzog Johanna Quandt und Steffi Graf als Gäste mit. Auch andere Bundespräsidenten hatten, wenn sie auf Auslandsreise gingen, prominente Begleiter, hier aber lief sichtlich etwas schief: Peter Graf, der Vater der erfolgreichen Tennisspielerin, wurde während des Besuchs von einem deutschen Gericht wegen Steuerhinterziehung zu einer hohen Haftstrafe verurteilt.

Ein politischer Erfolg war Herzogs Reise nach Israel im Dezember 1994. Bei seinen Gesprächen verstand er es, jene Atmosphäre des Vertrauens und der Verlässlichkeit herzustellen, die für die weitere Normalisierung des deutsch-israelischen Verhältnisses wichtig ist, auch unter dem Zeichen des Nahostkonflikts. Beim Abendessen, das der israelische Präsident Ezer Weizman für den deutschen Gast gab, sagte der Bundespräsident: «Sie haben mich heute Abend als Freund bei sich aufgenommen.»

Von Israel reiste Herzog weiter nach Jordanien, obwohl König Hussein ihn wegen seiner Krebserkrankung nicht empfangen konnte. Auch in Amman bedankte sich Herzog für die freundliche und warmherzige Begrüßung. Beim Abendessen im königlichen Palast, gegeben vom damaligen Kronprinzen El Hassan, der nach dem Tod von Hussein im Januar 1999 die Nachfolge an Husseins Sohn Abdullah abtreten musste, würdigte Roman Herzog die sprichwörtliche arabische Gastfreundschaft und sprach von der «besonderen Affinität zwischen unseren beiden Ländern».

Eine seiner letzten offiziellen Auslandsreisen führte den Bundespräsidenten nach Großbritannien. Roman Herzog und seine Frau Christiane waren Gäste von Königin Elizabeth II. auf Schloss Windsor, eine besondere Ehre für die Deutschen.

Kurz vor dem Staatsbesuch war es in Bonn zu einem Regierungswechsel gekommen: Ein Bündnis aus Vertretern der SPD und der Grünen löste die sechzehnjährige Herrschaft der Christ- und Freidemokraten ab. Der neue Finanzminister Oskar Lafontaine sorgte mit Äußerungen über seine europapolitischen Ziele für erhebliche Unruhe in der britischen Öffentlichkeit. Ein Boulevardblatt hielt ihn sogar für den «gefährlichsten Mann in Europa». Beim Bankett in Windsor erhob Herzog sein Glas auf das Wohl Ihrer Majestät der Königin und des Herzogs von Edinburgh, auf die bewährte Freundschaft zwischen dem britischen und dem deutschen Volk.

Genau zweiundsiebzig Auslandsreisen hat Roman Herzog als Bundespräsident in seiner fünfjährigen Amtszeit unternommen, er sah mehr als ein Viertel aller Staaten der Welt. Würden auf dem Mond menschliche Wesen existieren, hätte ihn wohl seine Neugier auch dorthin geführt.

Kurz vor Ende seiner Amtsperiode reiste der Bundespräsident noch einmal nach Lateinamerika, nach Argentinien und Mexiko. In Brasilien, Nicaragua und Venezuela, auf den Spuren Alexander von Humboldts, war er schon vorher gewesen. In Argentinien traf er Angehörige jener Deutschen, die während des Militärregimes 1976-83 verschleppt worden waren und für immer verschwanden.

Dass Roman Herzog im Vatikan Papst Johannes Paul II. den Ring küssen durfte, war fast so selbstverständlich wie seine Besuche in Washington, Paris und Den Haag. Die Rituale waren vertraut: Empfang mit militärischen Ehren, Staatsdiners, Reden, Besichtigungen.

Staatsbesuche in den Ländern der Europäischen Union sind fast schon Pflichtübungen. Sie werden von den Medien und den Bürgern kaum noch als herausragende politische Ereignisse beachtet, außer wenn der Präsident die britische Königin besucht. Größere Resonanz finden die ausländischen Gäste, die der Bundespräsident in Berlin oder Bonn empfängt, aber auch nur dann, wenn es sich um besonders ranghohe Persönlichkeiten und Spitzenpolitiker einer Weltmacht handelt.

Kein Staatsgast, ob Königin oder Präsident, ob aus einem nahen oder einem fernen, exotischen Land, den Roman Herzog nicht mit freundlicher Ehrerbietung vor der Villa Hammerschmidt in Bonn oder im Berliner Schloss Bellevue empfangen hat – so wie es seine Aufgabe als deutsches Staatsoberhaupt ist. Wenige Tage erst war Herzog in seinem Amt, als er den mächtigsten Mann der Welt, Bill Clinton, und seine Frau Hillary vor der Villa Hammerschmidt begrüßen konnte.

Das Zeremoniell läuft nach schon traditionellen Regeln ab: mit dem Austausch kurzer Begrüßungsworte, dem Abschreiten der angetretenen Ehrenformation zu den Klängen der Nationalhymnen, dem gemeinsamen Auftritt vor Medienvertretern und einem abschließenden Stehempfang mit geladenen Gästen, abends dann ein festliches Essen mit Tischreden – auch sie schon Routine, doch mit immer neuen, politisch oft bedeutsamen Akzenten.

Ganz am Ende seiner Amtszeit, im Mai 1999, lag Herzogs Reise ins Baltikum. Der Besuch der ehemaligen Sowjetrepubliken Litauen und Lettland – Estland hatte er schon im Vorjahr besucht – stand im Zeichen der Hoffnungen, die sich die Regierungen der Ostseeländer um ihre künftige Anbindung an Europa und die europäischen Bündnissysteme machen. Herzog ermunterte seine Gastgeber mit einem Satz des lettischen Nationaldichters Janis Rainis: «Bestehen wird, wer sich verändern kann.» Die Worte seien nicht nur Leitmotiv seines Besuchs, sondern auch seines gesamten politischen Denkens, fügte er hinzu.

## Jeden Tag eine Rede

Das Wort, die Rede, ist für den Bundespräsidenten die fast einzige Möglichkeit, auf die Politik einzuwirken. Das Staatsoberhaupt darf und soll die Bürger seines Landes, aber auch die Politiker ermahnen und kritisieren, zu guten Taten aufrufen, sie an das «Böse» in der Vergangenheit erinnern, gelegentlich auch an das «Gute». Roman Herzog hat von dieser Möglichkeit gern und immer wieder Gebrauch gemacht. Er sprach zu jungen Menschen, seltener wandte er sich gezielt an die ältere Generation, wohl wissend, dass deren Angehörige ihre Überzeugungen nicht so leicht ändern würden. Er sprach zu Politikern, am liebsten aber zu Industrie- und Wirtschaftsführern, die ihn gerne zu ihren Jahrestagungen einluden, damit er die Veranstaltungen mit seinen Reden zu öffentlichen Foren machte.

Herzogs «Berliner Rede» 1997 vor Unternehmern bei der Neueröffnung des ehrwürdigen Hotels Adlon erregte Aufsehen. «Ein Ruck» müsse durch unsere Gesellschaft gehen, um sie aus der Erstarrung und Selbstzufriedenheit zu reißen; die Unternehmer rief der Präsident auf, «heilige Kühe zu schlachten».

Obwohl der geforderte «Ruck« zunächst ausblieb – weder in der Politik noch in der Wirtschaft und Gesellschaft änderte sich durch Herzogs Rede etwas –, war er mit der Reaktion auf seinen Berliner Appell höchst zufrieden. «Unser Land ist in Bewegung geraten», meinte er ein Jahr später in einem Interview.

Der «Ruck» kam eineinhalb Jahre später, im Herbst 1998, als die Sozialdemokraten nach ihrem Wahlsieg zusammen mit den Grünen die Kohl-Regierung ablösten. Herzog ermahnte sofort den neuen Bundeskanzler Gerhard Schröder zu mutigen Schritten und nicht nur zu «Reförmchen». Dass der Bundespräsident der neuen Regierung Ratschläge erteilte, war, da er sich aus der Tagespolitik möglichst heraushalten soll, recht ungewöhnlich.

Herzogs Publikum wechselte je nach den Anlässen und Gelegenheiten, zu denen er sprach. Mal hörten ihm Kirchenvertreter oder Gewerkschaftler zu, mal Schüler, Schriftsteller oder Journalisten, mal, wie 1996 zum Tag der Heimat, Flüchtlinge und Vertriebene mit deren Nachkommen aus den ehemals deutschen Ostgebieten. «Es gab eine Zeit, da redete Roman Herzog den Deutschen im Wochentakt ins Gewissen», schrieb «Die Welt» im Januar 1999. Die Inflation präsidialer Ermahnungen brachte aber weder Politiker noch Bürger aus ihrer Ruhe. Sie wussten und wissen, dass nicht sie, sondern die Politiker es sind, die die Politik verändern können. «Politik wird von Politikern gemacht», sagte Herzog auf einer Diskussion zur Frage, was Bürger zur Veränderung tun können.

Das Medienecho auf Herzogs Reden war beachtlich, doch es fehlte der Dialog, viele wohlgemeinte und wohlformulierte Worte verhallten. Bei seinen Reden gehe es ihm, wie Herzog sagte, «um Wahrheit und Klarheit». Er wolle dem Volk «seine Situation mit ehrlichen, ungeschminkten Worten deutlich machen». Aber will das Volk immer die Wahrheit hören?

Die Wirkung seiner Reden ließ sich nur schwer messen. Tatsache ist jedoch, dass die Zahl der Anfragen und Bitten an den Präsidenten, eine Veranstaltung, ein Fest, eine Feier durch eine Ansprache zu krönen, wie auch bei Herzogs Vorgängern immens groß war. Nicht nur im eigenen Land war Roman Herzog ein begehrter Redner. Zur Eröffnung des Weltwirtschaftsforums im Januar 1999 in Davos sprach er vor eintausendfünfhundert Unternehmern, einigen Regierungschefs, Wirtschafts- und Finanzministern. Das deutsche Staatsoberhaupt mahnte: «Um der Welt des 21. Jahrhunderts gerecht zu werden, muss sie den Prozess der Globalisierung nachholen.»

Dass Roman Herzog seine Reden nicht Wort für Wort selbst verfasst hat, ist bekannt, doch nahm er sich für deren Vorbereitung viel Zeit, diskutierte sie mit seinen Referenten und den anonym gebliebenen Redeschreibern von der Idee bis zur letzten Formulierung. Die Reden, in denen er seine Gedanken zu allgemeinen oder besonderen Problemen der Gesellschaft, der Politik und der Wirtschaft, gelegentlich auch zu kulturellen Fragen äußerte, wurden in der Regel vor «geschlossenen Gesellschaften», vor Vereinen und Verbänden mit geladenen Gästen gehalten.

Ein guter Redner war Roman Herzog schon, ehe er Bundespräsident wurde. Am Bundesverfassungsgericht hat er sein rhetorisches Talent ebenso bewiesen wie zuvor als Professor an der Freien Universität Berlin. Seine Reden sprachen den Verstand an, seltener Emotionen. Er wollte auf- und wachrütteln, Missstände anprangern. Seine Lieblingsworte waren «schwierige Bedingungen». Er redete klar – ohne Ironie. Und dabei ist Herzog gerne ironisch. Er wusste jedoch, dass Ironie zu den seriösen Themen, die er ansprach, nicht passt. Sein Sinn für Humor hielt sich in Grenzen, aber er schaute – nach eigenem Bekenntnis – «dem Volk aufs Maul, ohne ihm nach dem Munde zu reden».

Wie alle Bundespräsidenten vor ihm, von Theodor Heuss bis Richard von Weizsäcker, hat auch Herzog bei vielen Anlässen, die sich während seiner Präsidentschaft ergaben, an die Untaten der NS-Zeit erinnert, jedoch ohne eigentlich »Neues» zu sagen, da unsere Sprache für das Böse, das im Namen der Politik begangen wurde, noch immer kein Vokabular gefunden hat. Der «Bewältigung der Vergangenheit», der Erinnerung an die schrecklichen Ereignisse der NS-Diktatur, fühlten sich alle Bundespräsidenten moralisch und politisch verpflichtet. Roman Herzog erinnerte in vielen seiner Reden an das, was unter Hitler, der nach dem Tod von Reichspräsident Paul von Hindenburg auch Staatsoberhaupt war, an Schrecklichem geschehen ist.

Der einstige Berater von Bundespräsident Walter Scheel, der Berliner Politikprofessor und Autor des Buches «Der Machtwechsel» Arnulf Baring, fragte nach dem Sinn dieser Aufarbeitung der Diktatur der Nationalsozialisten. Unter der Überschrift «Aufarbeitung – eine deutsche Spezialität?» schrieb er am 25. Juli 1998 in der «Frankfurter Allgemeinen Zeitung», dass der Umgang mit einer belastenden Vergangenheit, die Trauerarbeit, eine typisch deutsche Spezialität sei. Das Gebot der Erinnerung zur Bewältigung der Vergangenheit, das moralische Gebot einer Pflicht zur Erinnerung, gehe auf den Satz aus der jüdischen Tradition zurück, wonach das Geheimnis der Erlösung Erinnerung heißt – jener Satz, den Richard von Weizsäcker zu seinem Glaubensbekenntnis erhob. Christen lehren jedoch Vergebung und Versöhnung. Länder wie Polen, das nach Kriegsende ebenfalls Verbrechen an Deutschen beging, stellten sich der Vergangenheit spät und unter anderen Vorzeichen.

Wenn Herzogs Reden auch veröffentlicht wurden, gelesen und beherzigt wurden sie nur von Wenigen. Er beklagte nicht nur viele Missstände in unserer Politik und Gesellschaft, ihn erreichten täglich auch Klagebriefe von Bürgern, die sich in unserem Sozialstaat benachteiligt fühlten oder es tatsächlich waren. Doch helfen konnte er den Ärmsten der Armen nicht, sie nicht einmal persönlich trösten, er konnte sie nur an die eigentliche «Klagemauer der Nation», an den Petitionsausschuss des Deutschen Bundestages verweisen.

Aus Herzogs Reden sprach der Jurist, der Professor, der erfahrene und scharfsinnige Politiker. Es waren gute Reden, klare Worte und Gedanken, die von den Zuhörern freilich mehr zur Kenntnis genommen und respektiert denn als Handlungsanleitungen verstanden wurden. Den Forderungen nach mehr Solidarität, mehr Demokratie und mehr Gerechtigkeit war durchaus zuzustimmen, aber haben sie in der Praxis etwas bewirkt?

Mit dieser Frage, sofern er sie sich nicht selber stellt, sieht sich jeder Bundespräsident am Ende seiner Amtszeit konfrontiert. Mit ihr hat er aber im Grunde auch schon sein Amt begonnen: Er wusste von vornherein, dass er zwar Autorität haben würde, aber keine Macht, abgesehen von der des geschriebenen oder gesprochenen Wortes, der Macht der Rede. Doch selbst die ist noch beschränkt. Richard von Weizsäcker umriss die Grenzen dieser Kompetenz einmal damit, dass er dem Bundespräsidenten zubilligte, Fragen zu stellen und Antworten zu ermutigen, nur dürfe er «keine Rezepte anbieten». Unter derart vorgegebenen Bedingungen hat Roman Herzog sein Amt vorbildlich geführt.

## Eine tragische Gestalt?

Die wohlformulierten Mahnungen Roman Herzogs, auf die Zeichen der Zeit zu achten und mehr Solidarität, mehr Demokratie und mehr Gerechtigkeit zu verwirklichen, sich verstärkt auch den Problemen der Globalisierung zu widmen – alle diese vor mehr oder weniger großem Publikum vorgetragenen Appelle fanden aufmerksame Zuhörer und waren am nächsten Tag auch in den Zeitungen zu lesen. Bewirkt freilich haben sie kaum etwas, weil die Adresse, an die sie sich richteten, fast immer die falsche war. Politische Entscheidungsträger, die den angesprochenen Mängeln wenigstens im Ansatz hätten beikommen können, erreichten sie im Allgemeinen selten.

Herzog erging es darin nicht besser als allen Bundespräsidenten vor ihm. Seine Worte blieben reine Rhetorik, solange sie nicht in politisches Handeln umgesetzt wurden. Dazu fehlte es an genügend handgreiflichen Mitteln. Die geringe Macht, die jedem Bundespräsidenten für begrenzte Zeit verliehen ist, reicht für direkte Weichenstellungen nicht aus. Er vermag aber Richtungen anzugeben und Signale zu setzen. Im Vertrauen darauf, dass man sie erkennt, verlässt er sich auf ihre Wirkung – und ist sich doch zugleich bewusst, dass sein Wort für praktische Nutzanwendungen oft genug belanglos ist. Ist jeder Bundespräsident deshalb eine tragische Gestalt?

## Orden und Preise

Jeder Bundespräsident erhält während seiner Amtszeit ausländische Orden und andere Auszeichnungen. Von jedem Staatsbesuch kehrt er mit Orden der höchsten Stufe zurück, auch seine Frau wird gewöhnlich mit solchen Ehrungen bedacht. Umgekehrt ist es der Präsident, der bei offiziellen Auslandsreisen deutsche Orden mit sich führt, um sie Repräsentanten des Gastlandes zu überreichen.

Der Bundespräsident darf auch Orden oder sonstige Auszeichnungen stiften, er ist laut Gesetz für Titel, Orden und Ehrenzeichen allein zuständig. Theodor Heuss hob das Ordensverbot der Weimarer Republik auf und führte 1951 das Bundesverdienstkreuz ein. Außerdem stiftete er das «Silberne Lorbeerblatt» für verdiente Sportler. Karl Carstens stiftete den Wanderorden, die Eichendorff-Plakette, Roman Herzog den «Zukunftspreis». Die für zukunftsorientierte Wissenschaftler gedachte Auszeichnung ist mit 250.000 Euro verbunden, einem Betrag, den die Industrie zur Verfügung stellt.

Das Staatsoberhaupt kann Orden nicht nur verleihen, es kann sie auch «entziehen». An der Auswahl der Persönlichkeiten, die für besondere Verdienste ausgezeichnet werden, hat es immer wieder auch Kritik gegeben, gelegentlich, nicht nur zu Herzogs Zeiten, kamen auch Ordensverweigerungen vor.

Roman Herzog wurde nicht nur mit ausländischen Orden reich geschmückt, er nahm auch im eigenen Land Ehrungen entgegen. Kurz vor Ende seiner Amtszeit verlieh ihm die kleine schwäbische Stadt Dillingen den St. Ulrichs-Preis in Erinnerung an die Heiligsprechung von Bischof Ulrich vor tausend Jahren. Die größte Auszeichnung jedoch, die ihm zuteil wurde, war nach der Verleihung der Ehrendoktorwürde der Universität Oxford die Entgegennahme des Karlspreises der Stadt Aachen 1997.

## Immer locker

Nach seiner nicht unkomplizierten Wahl sagte Roman Herzog, er wolle «unverkrampft und ohne gefletschte Zähne» sein Amt ausüben. «Immer locker» war seine Devise. Doch wie alle Präsidenten vor ihm war auch Roman Herzog dankbar für die «Hilfestellung» durch das Protokoll. Dem Diplomaten Johannes Dohmes folgte als Protokollchef Bernhard von der Planitz, der bereits bei Richard von Weizsäcker als außenpolitischer Berater im Präsidialamt fungiert hatte. Bei allen Staatsbesuchen in Bonn und Berlin stand er stets sozusagen einen Schritt hinter dem Bundespräsidenten, er begleitete ihn auch auf fast allen Auslandsreisen.

Herzogs souveräne Lockerheit konnte in Unwillen, ja in heftigen Zorn umschlagen, wenn er sich mit überraschenden Regelwidrigkeiten oder öffentlichen Missständen konfrontiert sah. Er neigte dann zu drastischen Worten. So sagte der überzeugte Föderalist in seiner Rede zum fünfzigsten Jahrestag des Konvents von Herrenchiemsee beim Festakt im Spiegelsaal des Königsschlosses vor fünfhundert auserwählten Gästen, dass er, wenn er an den heutigen Föderalismus denke, einen «knurrenden Magen» bekäme.

## Keine Wiederwahl

Zwei Jahre nach seinem Amtsantritt erklärte Roman Herzog, er werde nicht ein zweites Mal kandidieren: «Wenn ich eine Sache einmal gründlich überlegt und entschieden habe, dann denke ich nicht mehr darüber nach, dann bleibt es dabei: quod dixi, dixi. Was ich gesagt habe, habe ich gesagt.» Doch zehn Wochen vor der Bundestagswahl im September 1998, als ein Regierungswechsel möglich schien, wurden die Bürger von der Nachricht überrascht, Herzog wolle vielleicht doch ein zweites Mal für das Amt des Bundespräsidenten kandidieren.

Entsprechend groß waren die Irritationen. Die Rede war von einem möglichen wahltaktischen Manöver der CDU, die, um Stimmung für sich selber zu machen, den populären Herzog zu einer zweiten Amtszeit überreden wolle. Das Echo auf dessen vermeintlichen Gesinnungswandel war jedoch negativ. Herzog, damals auf Staatsbesuch in Belgien, reagierte gereizt und verärgert und erklärte nochmals kategorisch, seine Amtszeit sei im Sommer 1999 beendet.

Doch Roman Herzog war für Überraschungen immer gut. Einige Wochen vor dem Ausscheiden aus dem Amt des Bundespräsidenten erklärte er in einem RTL-Interview, dass er eine längere Amtszeit favorisiert hätte, doch nach dem Wahlsieg von SPD/Die Grünen sei seine Wiederwahl unwahrscheinlich. Herzog plädierte für eine siebenjährige Amtszeit – ohne Möglichkeit der Wiederwahl. Zu diesem Zeitpunkt hatte die CDU schon Dagmar Schipanski nominiert.

## Erste Köchin der Nation

Die Herzogs waren ein glückliches Paar. Christiane Krauß war Roman Herzogs Jugendliebe, eine Schülerbekanntschaft. Beim Stadtbummel nach der Schule war ihm die dunkelhaarige Tochter seines evangelischen Religionslehrers erstmals begegnet. «Sie fiel mir auf, weil sie so respektlos war; vielleicht waren es auch nur ihre langen schwarzen Zöpfe.» Aber erst als Herzog mit neunzehn Jahren sein Abitur glänzend bestanden hatte, brach bei ihm die «große Liebe» zu der zwei Jahre jüngeren Christiane aus. Geheiratet wurde vier Jahre später – nach Roman Herzogs erstem juristischem Examen 1958.

Nach der Heirat gab Frau Herzog ihren gerade erst begonnenen Beruf als Haushaltslehrerin auf, um ihrem Mann den Haushalt zu führen und später die beiden Söhne Marcus und Hans-Georg gemeinsam zu erziehen.

Dass Christiane Herzog ihrem Mann von einer Stadt in die nächste folgte, von München nach Berlin, von dort nach Speyer beziehungsweise Heidelberg, dann an den Rhein nach Bonn und weiter nach Stuttgart, von dort nach Karlsruhe und wieder zurück nach Bonn, diesmal als First Lady in die Villa Hammerschmidt, und schließlich nach Berlin ins Schloss Bellevue – für sie war das nichts weiter als selbstverständlich.

Ihre Rolle als «Erste Dame» absolvierte Christiane Herzog fast ohne Fehl und Tadel. Soziales Engagement ist für die Frau des Bundespräsidenten Tradition und ein «Muss». Wie ihre Vorgängerinnen, von Elly Heuss-Knapp bis zu Marianne von Weizsäcker, hatte sich auch Christiane Herzog in einer karitativ-sozialen Einrichtung engagiert. Für die von ihr schon 1993 gegründete Mukoviszidose-Hilfe – gottlob tritt die angeborene Stoffwechselkrankheit nur selten auf – sammelte sie in zahlreichen Aktionen Hilfsgelder. Das Fernsehen half ihr, diese Krankheit ins öffentliche Bewusstsein zu bringen und für Spenden zu werben. Mit Alfred Biolek, Jurist und TV-«Oberkoch», zauberte Christiane Herzog vor laufenden Kameras in der Schlossküche des Bellevue bekannte und unbekannte Gerichte. Die Honorare aus dem Verkauf ihres Rezeptbuches flossen ihrem Hilfswerk zu.

Das ungeschriebene Gesetz, wonach die Frau des Bundespräsidenten bei offiziellen Anlässen möglichst an der Seite ihres Mannes auftritt, galt auch für Christiane Herzog. Aber auch für sie war, wenn sie ihren Mann auf Auslandsreisen begleitete, meist ein eigenes Programm vorbereitet. Neben der Besichtigung touristischer Sehenswürdigkeiten umfasste es in der Regel den Besuch von Kindergärten, Schulen und Hospitälern oder Begegnungen mit namhaften Frauen des jeweiligen Landes.

## Berlin, Berlin – Bellevue

Vor dem Regierungsumzug, für den er sich von Anfang an einsetzte, hat schon Richard von Weizsäcker das wiedervereinigte Berlin zum ersten Sitz des Bundespräsidenten gemacht. Seit der Jahreswende 1993/94 sind die wichtigsten Amtsgeschäfte von hier aus geführt worden. Als dann 1998 der Neubau des Bundespräsidialamts, nicht weit vom Schloss Bellevue entfernt, bezugsfertig war, ließ sich auch Roman Herzog mit einem Tross von Beamten in der Hauptstadt nieder. «Dort habe ich doch mehr Auslauf», meinte er, als er noch zwischen Bonn und Berlin pendelte. Der Park hinter dem Schloss im Tiergarten ist in der Tat viel größer als der Garten an der Bonner Villa.

Ein halbes Jahr nach seinem Umzug vom Rhein an die Spree verlieh ihm der Berliner Regierende Bürgermeister Eberhard Diepgen (CDU) die Ehrenbürgerurkunde. In seiner Dankesrede sagte der Bundespräsident, er sei Berliner aus Pflicht und Neigung: «Es bewegt mich schon, in den Kreis der Ehrenbürger Berlins aufgenommen zu werden.» Seinen ständigen Wohnsitz wolle er jedoch nach dem Ausscheiden aus dem Amt nicht in Berlin, sondern in seiner bayerischen Heimat wählen. In Dachau hatte sich Herzog eine Eigentumswohnung gekauft.

Auch die Stadt Bonn, fünfzig Jahre Sitz von Regierung und Parlament, verlieh Roman Herzog noch zu seiner Amtszeit die Ehrenbürgerschaft.

## Rückkehr in die Partei

Auch nach ihrem Ausscheiden aus dem höchsten Staatsamt sind die Bundespräsidenten als Redner und prominente Gäste bei politischen und kulturellen Veranstaltungen hoch begehrt und betreten als Berater erneut die politische Bühne. Im Anschluss an seine fünfjährige Amtszeit kehrte Roman Herzog zurück in den Schoß der Christdemokraten, die ihn 1994 mit den Stimmen der FDP zum Bundespräsidenten gewählt hatten.

Während der erhitzten Debatten um die Sozialpolitik der regierenden Sozialdemokraten beauftragte die CDU-Vorsitzende Angela Merkel den ehemaligen Präsidenten Herzog mit der Leitung der Kommission «Soziale Sicherheit». Sein Vorschlag, das noch aus der Zeit Bismarcks stammende Kranken- und Sozialversicherungssystem durch eine «Bürgerversicherung» für alle, gleich welcher Einkommensschichten, zu ersetzen, stieß auf Widerstand auch aus den Reihen der Christdemokraten und der bayerischen Schwesterpartei CSU. Angela Merkel stellte in Aussicht, nach einer Regierungsübernahme der Christdemokraten den Entwurf von Herzog «eins zu eins» zu realisieren, denn: «Herzog ist einer von uns.» Dieser zeigte sich konsterniert über die Kritik an seinem «modernen» Konzept und drohte bei Nichtberücksichtigung desselben auszuscheiden. «Dann mache ich nicht mehr mit.»

In München wurde das «Roman-Herzog-Institut» zur Zukunft der Arbeit und der sozialen Sicherungssysteme vom Präsidenten der Vereinigung der Bayerischen Wirtschaft, Randolf Rodenstock, eröffnet.

Nur wenige Monate nach seinem Auszug aus dem Schloss Bellevue wurde Roman Herzog zum Vorsitzenden einer «Charta der Grundrechte» für die Europäische Union ernannt. Parlamentarier und Rechtsexperten aus den fünfzehn Mitgliedsstaaten tagten Anfang 2000 in Brüssel unter seiner Ägide, um die Vorstufe für eine «Europäische Verfassung» zu erarbeiten.

Im Oktober 2000, anlässlich des EU-Gipfeltreffens in Biarritz, wurde über den von Herzog vorgelegten Entwurf für die Grundrechte von über dreihundert Millionen Europäern beraten, jedoch ohne konkrete Ergebnisse. In Nizza schließlich wurde im Dezember 2000 die «Charta der Grundrechte» vom Europäischen Parlament, von Rat und EU-Kommission feierlich proklamiert, und man einigte sich nach heftigen Diskussionen darauf, im Jahre 2004 eine erweiterte Konferenz einzuberufen, mit dem Ziel, eine «Erklärung zur Zukunft der Union» zu beschließen. Mit dieser Proklamation wurde ein wichtiger Pfeiler für eine Europäische Verfassung gesetzt. Herzog geht es in diesem Kontext vor allem darum, die klassischen Grundrechte wie die Würde des Menschen, Redefreiheit und Eigentum zu garantieren. «Aber wir reden auch über moderne Grundrechte», so Herzog zu der Europäischen Verfassung. Doch: «Europa ist kein Staat, und ich glaube auch nicht, dass es je einer wird. Die Europäische Union ist etwas Neues. Da passen staatsrechtliche Kategorien aus dem 18. und 19. Jahrhundert nicht mehr.»

Vor allem am Widerstand von Spanien und Polen ist die «Charta der Grundrechte» im Dezember 2003 in Brüssel zunächst einmal gescheitert.

## Zweite Heirat

Ein Jahr nach seinem Ausscheiden aus dem Amt des Bundespräsidenten starb Roman Herzogs Ehefrau Christiane nach einem jahrelangen Krebsleiden, das sie als First Lady vor der Öffentlichkeit verschwiegen hatte. Bundespräsident Johannes Rau, der Nachfolger von Herzog, ordnete für die Verstorbene ein Staatsbegräbnis in Stuttgart an.

Nur zehn Monate nach dem Tod seiner Frau gab Roman Herzog seine Verlobung mit Alexandra Baronin von Berlichingen bekannt, eine, wie er sagte, alte Bekannte der Familie. Noch vor dem Ende des Trauerjahres heiratete Herzog die Witwe eines Bundeswehroffiziers. Baron wurde Herzog durch diese Hochzeit jedoch nicht. Nach dem neuen deutschen Namensgesetz dürfen Adelsname und -titel nicht durch eine Heirat übertragen werden, wenn der Partner diesen selbst durch eine frühere Eheschließung erworben hat.

Seinen bayerischen Wohnsitz in Dachau bei München gab

Herzog nach seiner Heirat auf und zog zu seiner Frau in die «Götzenburg», benannt nach dem «Ritter mit der eisernen Hand», Götz von Berlichingen, bei Jagsthausen in Baden-Württemberg.

# 8. Porträt:
# Johannes Rau (1999–2004)

geboren am 16. Januar 1931 in Wuppertal.

Verlagsbuchhändler, Dr. h.c.
1952 Eintritt in die Gesamtdeutsche Volkspartei (GVP), 1957 in die SPD
Seit 1968 im Parteivorstand und ab 1982 stellvertretender SPD-Vorsitzender
1969–70 Oberbürgermeister von Wuppertal
1970–78 Minister für Wissenschaft und Forschung in Nordrhein-Westfalen
1978–98 Ministerpräsident
1987 SPD-Kanzlerkandidat
1994 erstmals Kandidatur für das Amt des Bundespräsidenten

Der am 23. Mai 1999 in Berlin zum achten Bundespräsidenten gewählte Johannes Rau war das zweite Staatsoberhaupt nach Gustav Heinemann, das vor seiner Wahl Sozialdemokrat gewesen war und, wie sein Vorvorgänger Richard von Weizsäcker, ein Landesvater. Während Raus fünfjähriger Amtszeit hatten die Sozialdemokraten die drei höchsten Staatsämter inne, neben dem Bundespräsidenten waren auch Bundeskanzler Gerhard Schröder und Bundestagspräsident Wolfgang Thierse Sozialdemokraten.

Nach seiner Wahl im Berliner Reichstag versprach Johannes Rau, für alle Parteien, für alle Bürger unseres Landes – auch solche ohne deutschen Pass – da zu sein. Wie seine Vorgänger war auch Johannes Rau ein guter und würdiger Präsident.

## Vorbild Heinemann

Johannes Raus politisches Vorbild war der dritte Bundespräsident Gustav Heinemann. «Er war so etwas wie ein Übervater für mich.» Nach dem Tod seines Vaters im Jahre 1953 wurde Heinemann für ihn zum Ersatzvater.

Nach seiner ersten Begegnung mit Gustav Heinemann auf einer Tagung evangelischer Schülerbibelkreise in Marburg im Mai 1950 wurde Johannes Rau Mitglied der von Heinemann gegründeten Gesamtdeutschen Volkspartei, GVP. Als diese sich 1957 auflöste und Heinemann in die Sozialdemokratische Partei eintrat, folgte Rau seinem Beispiel.

Auch als Staatsoberhaupt war Gustav Heinemann für Johannes Rau Leitbild. «Ich fand, er hat das Amt ganz gut wahrgenommen. Er war kein Mensch der Repräsentation und Selbstdarstellung. Er war ein ganz ziviler Präsident, ein Bürgerpräsident», sagte Johannes Rau über den von ihm verehrten Bundespräsidenten.

Bei dessen Wahl zum Staatspräsidenten im März 1969 in Berlin hatte Rau, damals Oberbürgermeister von Wuppertal, Heinemann in der Bundesversammlung seine Stimme gegeben. Nicht lange darauf besuchte er ihn in seiner Funktion als Minister für Wissenschaft und Forschung in Nordrhein-Westfalen in der Bonner Villa Hammerschmidt, damals noch der erste Amtssitz des Bundespräsidenten. Bei einer Geburtstagsfeier lernte er Heinemanns Enkelin Christina Delius kennen, die er später heiratete.

Gustav Heinemann war ein ungeduldiger, ein Mensch des Widerspruchs, Johannes Rau dagegen ganz auf Harmonie und Versöhnung eingestellt. Für seine politischen und persönlichen Entscheidungen, wie die, nicht ein zweites Mal für das höchste Staatsamt zu kandidieren, nahm Rau sich viel Zeit, während Heinemann ziemlich früh erklärt hatte, nicht ein zweites Mal zu kandidieren, obwohl ihm eine Wiederwahl fast sicher gewesen wäre.

Gesellschaftliche Veränderungen, wie sie Heinemann vorschwebten, strebte Johannes Rau jedoch nicht an. Er war ein Bewahrer des Bewährten. Widerspruchslos fügte er sich den protokollarischen Regeln und internationalen Gepflogenheiten bei der Begegnung mit hohen Staatsmännern und Diplomaten.

Wie Gustav Heinemann zeigte auch Johannes Rau großes Verständnis für die Jugend, auch als Vater noch nicht erwachsener Kinder. Die Begegnung mit Jugendlichen und Schülern war ihm ein Herzensanliegen.

## Christ und Moralist

Der bekennende Christ Johannes Rau – der Vater war Prediger und Evangelist - erlebte seine Kindheit und Jugend in einem evangelischen Elternhaus im katholischen Rheinland mit mehreren Geschwistern. Er war ein Bibelkenner und ein Verehrer der Heiligen Schrift, die er in seinen Reden und Gesprächen gerne zitierte.

«Wir sind die Kirche des Wortes», sagte Rau in einem Interview mit «Radio Vaticana». Die Bibel habe ein realistisches Bild vom Menschen, kenne den gefallenen Menschen genauso wie den triumphierenden. «Wenn die Politik das biblische Menschenbild zum Maßstab nimmt, ist sie gut beraten.»

Als Demokrat ist Johannes Rau für eine Trennung von Kirche und Staat. Über Jahrhunderte habe das enge Verhältnis von Kirche und Staat die europäische Geschichte geprägt, und erst die Französische Revolution von 1789 habe eine radikale Trennung gefordert. Nach Raus Auffassung sollten die Kirchen der Versuchung widerstehen, Politik zu machen, doch könnten sie Wegweiser sein. Deshalb wünschte Rau sich für die Europäische Verfassung einen Gottesbezug.

Als Christ ist Johannes Rau auch Moralist. Jedoch seien moralische Werte die Entscheidungen des einzelnen Menschen, über die der Rechtsstaat nicht entscheiden könne und solle.

Er war und ist für Toleranz in religiösen Fragen. «Ich wünsche mir, dass die Kirchen und Religionsgemeinschaften sich mit Respekt begegnen und gesprächsbereit sind, ohne die Unterschiede ihres Glaubens zu verstecken oder gar zu leugnen», erklärte der damalige Bundespräsident in seiner Grußbotschaft an die muslimischen Mitbürgerinnen und Mitbürger zum Fest des Fastenbrechens im Dezember 2003. «Unser Grundgesetz schützt die Freiheit des Glaubens und der Religion aller Menschen in Deutschland, ganz gleich ob sie Christen, Muslime, Juden oder Buddhisten sind.»

Nicht nur von Parteifreunden wird Johannes Rau gerne «Bruder Johannes» genannt. «Bruder Johannes, Pilstrinker, der gerne Anekdoten erzählt, oder Skatspieler, der Erdnussesser ..., alles Klischees, doch mit einem Teil Wahrheit», so Johannes Rau über Johannes Rau.

Der Bundespräsident warnte in einer Zeit, da durch den «Kopftuchstreit» religiöse Fragen politische Entscheidungen herausfordern, davor, andere Religionen und Kulturen zu missachten oder gar zu gefährden. «Die Neutralität des freiheitlichen Staates gegenüber Religionen und Weltanschauung darf aber nicht verwechselt werden mit einer Neutralität der Gesellschaft in diesen Fragen», so Rau bei einem Festakt zum 275. Geburtstag des Dichters und Aufklärers Gotthold Ephraim Lessing in Wolfenbüttel.

## Redner und Erzähler

Auch für Bundespräsident Johannes Rau war das gesprochene Wort die wirksamste Möglichkeit, um auf die Entwicklungen in Politik und Gesellschaft Bezug – vielleicht sogar Einfluss – zu nehmen. In seinen zahlreichen Reden vor Repräsentanten der Kirchen, aus Gesellschaft, Wirtschaft und Kultur warnte er vor Fehlentwicklungen.

Ein guter Redner, wenngleich kein blendender Rhetoriker, sprach Rau altersbedingt etwas zu langsam und auch zu leise, doch das war zuweilen Taktik, um den Eindruck zu erwecken, er entwickle erst beim Reden seine Gedanken und verlese nicht nur den ihm vorformulierten Text. Seine vielen Reden stammten nicht ausschließlich von Redenschreibern, einige hat er auch selbst verfasst. Und in die ihm vorgelegten Vortragsmanuskripte fügte er gerne eigene Gedanken, erlebte Geschichten und nicht selten auch Anekdoten ein, um seine Zuhörer nicht zu langweilen. «Man spürt in seinen Texten stets die Freude an der mündlichen Mitteilung», so Helmut Herles im «Bonner Generalanzeiger».

Die Rede ist für den Bundespräsidenten verfassungsrechtliche Kompetenz, sie darf nicht zu lang, aber auch nicht zu kurz sein. «Eine Rede ist dann gut, wenn man keinen Satz oder kein Wort streichen kann.»

Eindringlich warnte Johannes Rau vor der terroristischen und der militärischen Gewalt. «Friede kommt nicht mit Gewalt, mit Waffen und militärischer Überlegenheit allein sind die Probleme der Welt nicht zu lösen.» Mut bewies Johannes Rau, als er zum «Tag der Heimat» in Berlin über die Vertreibung von Millionen Deutschen aus ihrer Heimat, aus Ost- und Westpreußen, aus Pommern und Schlesien sprach und sagte, niemand könne von der Verantwortung für diese tragischen Ereignisse freigesprochen werden. «Hitlers verbrecherische Politik entlastet niemanden, der furchtbares Unrecht mit furchtbarem Unrecht beantwortet hat», erklärte Rau vor den Vertriebenen. Nicht Aufrechnung, Schuldzuweisungen oder gar revisionistische Gebietsansprüche seien die Antwort auf die Vertreibungen, sondern Nachdenken über das unermessliche Leid der Flüchtlinge.

Bei seinem Staatsbesuch in Polen im November 2002 heißt es in einer gemeinsamen Erklärung von Johannes Rau und dem polnischen Staatspräsidenten Kwasniewski: «Dieses Martyrium hat Millionen von Menschenleben gekostet. Es hat das Leben vieler weiterer Menschen mit Schmerz, Verlust und Trauer überschattet. Es hat viele Gesellschaften grundlegend verändert, und es beeinflusst weiterhin die Beziehungen zwischen unseren Völkern. Umsiedlung, Flucht und Vertreibung sind Teil der Geschichte Europas und damit ein Teil unserer Identität.»

In seinen nahezu dreihundert Reden als Bundespräsident hat Johannes Rau seine Gedanken zum Ausdruck gebracht. Es gibt keinen Gedanken ohne Rede.

## Wird alles gut?

Nicht im vornehmen Hotel «Adlon» wie sein Vorgänger Roman Herzog, sondern in der Berliner Staatsbibliothek «Unter den Linden» hielt Johannes Rau seine «Berliner Rede» im Mai 2001, und nicht vornehmlich vor Unternehmern und Wirtschaftlern, sondern vor Vertretern aus Wissenschaft und Forschung. Darin stellte er die Frage: «Wird alles gut?»

Beinahe täglich erreichten uns neue bahnbrechende Erkenntnisse aus Wissenschaft und Forschung, gleichzeitig würden aber auch neue Ängste wahrgenommen. In diesem Zusammenhang regte der Bundespräsident zu der Überlegung an: «Wie gehen wir mit der Natur um» und «Was bedeutet Fortschritt heute?» Seine Antwort: «Wir müssen wissen, welches Bild vom Menschen wir haben und wie wir leben wollen.» Man müsse kein gläubiger Christ sein um zu erkennen, dass nicht alle Möglichkeiten der modernen Wissenschaft gut und realisierbar seien. Johannes Rau zitierte Ernst Bloch, den großen Philosophen der Hoffnung. «Ja: Denken und forschen, wissen, entdecken – das heißt überschreiten. Wir wissen aber auch: Jedes Überschreiten von Grenzen stellt uns immer wieder vor neue – vor Grenzen der Erkenntnis, vor Grenzen dessen, was wir Menschen können, vor Grenzen dessen, was wir verantworten können.» Und dafür brauchen wir Maßstäbe. Wir müssten uns nur die scheinbar einfache Frage stellen: Was ist gut für den Menschen?

Wissenschaftlicher Fortschritt würde bei den Menschen zum Glück aber auch Hoffnungen erwecken. Doch so Rau: «Die Zukunft ist offen.»

Wegen der komplexen Thematik war die Resonanz auf seine «Berliner Rede» weitaus geringer als auf die Roman Herzogs im Hotel «Adlon». Hatte sein Vorgänger von der Gesellschaft einen «Ruck» gefordert, um sie aus der Erstarrung zu führen, wünschte sich Johannes Rau mehr Nachdenklichkeit über die menschlichen Möglichkeiten.

Johannes Rau war kein Schönredner und kein Schönwetterredner. Er stellte Fragen, auf die auch er nicht immer Antworten wusste. Er warnte vor Euphorien. Auch die Selbstbestimmung und die Freiheit des Menschen habe Grenzen.

Nach langer diplomatischer Tradition empfängt das Staatsoberhaupt mit Jahresbeginn die Botschafter zum Neujahrsempfang. Feierlich im Cut begrüßt der Bundespräsident die fast zweihundert Missionschefs und spricht anschließend zu ihnen über die allgemeine weltpolitische Lage und über die Außenpolitik der Bundesregierung. Die internationale Zusammenarbeit, die globalen Herausforderungen und die Entwicklungspolitik sind die zentralen Themen. Und der Frieden. «Dauerhafter Frieden kann nur entstehen, wenn wir die Ursachen von Konflikten erkennen und bekämpfen. Ich bin überzeugt, dass fehlende Lebensperspektiven eine entscheidende Rolle spielen», sagte Johannes Rau am 8. Januar 2004 vor den anwesenden Diplomaten. «Deutschland ist bereit, im internationalen Rahmen mehr Verantwortung zu übernehmen.»

Nach diplomatischem Brauch antwortet der Apostolische Nuntius dem Staatsoberhaupt und dankt ihm für seine freundlichen Worte und den Empfang im Schloss. Dem langjährigen Nuntius in Bonn und Berlin, Erzbischof Giovanni Lajolo, den Papst Johannes Paul II. nach Rom abberufen und zum «Außenminister» des Vatikans ernannte, sprach Rau seinen Dank für die besonders angenehme Zusammenarbeit aus und wünschte ihm in seiner neuen Funktion Erfolg und Gottes Segen.

Da der neue Nuntius, der Bischof von Münster, Erwin Ender, noch nicht sein Beglaubigungsschreiben überreicht hatte, übermittelte der dienstälteste Botschafter, Jean Malaga aus Kamerun, den Dank des Diplomatischen Corps. Beim obligatorischen «Familienfoto» der Exzellenzen drängten sich die Botschafter aus den Ländern Afrikas, Asiens und Lateinamerikas um den Bundespräsidenten.

## Kultur statt Kult

Johannes Rau war kein «Homme des Lettres», aber ein guter Kenner der deutschen Dichtung, der Klassiker und auch der modernen Literatur. «Für einen Mann, der von Jugend an mit Büchern und Autoren zu tun hatte, der geschrieben hat und Verlagsbuchhändler gelernt hat, der einen Verlag geleitet hat», für den sei Marbach, der Geburtsort von Friedrich Schiller immer ein ganz besonderer Ort, sagte er in seiner Festrede zur Jahrhundertfeier des Schiller-Nationalmuseums in Marbach, wo am 10. November 1759 Schiller in einer Dachkammer das Licht der Welt erblickt hatte und das 1903 vom württembergischen König Wilhelm II. feierlich eröffnet wurde. Bundespräsident Rau bedauerte, dass Friedrich Schiller und die Klassiker heute kaum noch von der Jugend gelesen würden. Eine hymnische Verehrung wie noch im 19. Jahrhundert brauchten unsere Klassiker zwar nicht mehr, «aber die Kenntnis ihrer Werke kann für die Beschäftigung mit den großen Fragen des menschlichen Lebens und der Gesellschaft immer noch außerordentlich fruchtbar sein», sagte Rau. Die Dichter der Klassik seien Vorbilder, die dem individuellen Leben Orientierung geben, für Gerechtigkeit und Frieden eintreten würden.

Immer um Verstehen für die Vergangenheit und Gegenwart bemüht, übte der Bundespräsident Kritik an den Entwicklungen in unseren Massenmedien. Leider seien an die Stelle der einstigen Klassiker neue «Kultfiguren» getreten, die fast ohne eigene Leistung – nur durch das Showgeschäft – gemacht, die aber gottlob nicht wirklich ernst genommen würden. «Der große Wirbel um Kultfiguren und Superstars geht tatsächlich einher mit einer ziemlich umfassenden Ironisierung.» Dennoch: «Viele Entwicklungen sind nicht zurückzudrehen, und es hat keinen Sinn, gegen Windmühlen anzukämpfen. Die Gesellschaft, in der wir leben, wird von den Medien und ihren Wirkungsmustern geprägt.» Rau sprach von einer um sich greifenden «Kulturfeindlichkeit». Doch: «Immer noch gilt das Schreiben eines Buches als etwas besonders Bedeutendes. Das Buch ist eben immer noch ein besonderer Ausweis künstlerischer und intellektueller Anstrengung und Gestaltung.» Das sagte Johannes Rau in seiner Festrede «Vom Kult, von der Kultur und vom Kultigen» in seiner «Schiller-Rede» in Marbach am Neckar im November 2003.

Auf dem Berliner Kongress «Bündnis für Theater» forderte das Staatsoberhaupt größere Aufmerksamkeit für Goethe und Schiller. «Durch Kunst und Kultur finden wir zu unserer Identität und dadurch verstehen wir uns selber besser.» Nicht nur für das Lesen und Spielen unserer Klassiker, auch für die moderne Literatur sprach Rau sich aus, besonders dann, wenn sie neutrale Themen unserer Gesellschaft reflektiert und in ihren Romanen erzählt.

Ins Schloss Bellevue hatte der Bundespräsident, neben Günter Grass und anderen Schriftstellern unserer Zeit, auch Bernhard Schlink eingeladen, dessen Roman «Der Vorleser» literarischen Weltruhm erreichte. Der Juraprofessor aus Bonn und Berlin hatte versucht, die Zeit des Nationalsozialismus literarisch zu «bewältigen». Johannes Rau vor der Lesung: «Ich wünsche mir einen Abend, der zum Nachdenken anregt und zum Lesen verführt.»

## In nahen und fernen Ländern

«Es gehört zu den Privilegien des Bundespräsidenten, die Bundesrepublik Deutschland im Ausland zu vertreten», sagte Johannes Rau auf dem letzten Neujahrsempfang für das Diplomatische Corps im Schloss Bellevue. Zu den «Berufseigenschaften des Bundespräsidenten» gehöre auch die Neugier auf andere Länder und Menschen. Er habe Gelegenheit, viele Nationen zu besuchen. «Und noch häufiger konnte ich Gäste aus anderen Ländern bei mir begrüßen» – im Schloss Bellevue.

In seiner fünfjährigen Amtszeit hat Johannes Rau unsere Erde mehr als einmal umkreist. Er war Gast bei Königen, Präsidenten und dem japanischen Kaiser. «Die Beziehungen zwischen Deutschland und Japan sind alt, weit älter als die formellen diplomatischen Beziehungen seit dem Freundschaftsvertrag von 1871.» Das gegenseitige Kennenlernen begann bereits im 17. Jahrhundert, so Rau bei seinem Besuch in Tokio im Juli 2002.

Seine erste Reise als Bundespräsident führte ihn nach Israel und in die palästinensischen Autonomiegebiete, anschließend nach Ägypten. Bei seinem zweiten Besuch in Israel, im Mai 2001, sagte Johannes Rau: «Diese von Gott gesegnete Erde, in der die jüdische, die christliche und – in der weiteren Region – auch die islamische Tradition ihren Ursprung haben, muss wieder zu einer Quelle humaner und kultureller Entfaltung werden.» Sie dürfe nicht zu einem Ort der Vernichtung von Leben und Kultur werden.

Bei seinem Staatsbesuch in Russland im September 2002, anlässlich der vierten Potsdamer Begegnungen, sagte der Bundespräsident, es habe glückliche Zeiten in der gemeinsamen Geschichte gegeben, aber «es hat auch Tragödien unvorstellbaren Ausmaßes gegeben. Die Millionen Opfer des Zweiten Weltkrieges sind unvergessen», deshalb sei neues Vertrauen die Grundlage einer Partnerschaft.

Im September 2003 besuchte der Bundespräsident die Volksrepublik China. Das riesige Land verdiene aufgrund seiner dynamischen Entwicklung unser verstärktes Interesse: «Chinas wirtschaftlicher Aufschwung und seine Integration in die Weltwirtschaft werden langfristig für die gesamte Region von Vorteil sein und für deutsche Unternehmen ein interessanter Markt.»

Die Auslandsreisen des Bundespräsidenten dienten dem Gedankenaustausch mit führenden Repräsentanten und der Begegnung mit Menschen anderer Kulturen, Religionen und Volksgruppen. Die politischen Gespräche waren für Johannes Rau wichtig, die persönlichen Kontakte aufgrund der vielfältigen ökonomischen Verflechtungen unerlässlich, eine Notwendigkeit für die internationale Stabilität und Sicherheit. Rau wollte dazu beitragen, Gräben zu überwinden, Missverständnisse auszuräumen und Gemeinsamkeiten zwischen Menschen und Völkern zu betonen, unabhängig von der allgemeinen Tagespolitik.

## Spätes Lob

Die Würdigung für seine Zeit als Bundespräsident kam spät. Als Johannes Rau im September 2003 beim Gartenfest im Park von Schloss Bellevue verkündete, dass er eine zweite Kandidatur nicht anstrebe, fand sein Entschluss ungeteilte Anerkennung. Politiker, Publizisten und Präsidenten waren voll des Lobes für seine Amtsführung, etwas, das Rau während seiner fünfjährigen Präsidentschaft nie erfahren hatte. Mithin hielt sich das Bedauern über seine Entscheidung in Grenzen, das Gegenteil war eher der Fall. Die meisten Politiker, einschließlich die der Sozialdemokraten, schienen insgeheim erleichtert, dass er von einer Wiederwahl absah.

Gleichwohl fand Raus stets korrekte Amtsführung uneingeschränkte Wertschätzung. In der «Süddeutschen Zeitung» schrieb Heribert Prantl: «Er hat das Amt des Bundespräsidenten auf kluge, gute und wohltuende Weise geführt.» Ihm seien beeindruckende Reden gelungen, er sei behutsam mit der Sprache umgegangen und sich der historischen Verantwortung stets bewusst gewesen.

Die Resonanz auf seine ersten beiden Jahre im Schloss Bellevue war so schwach, dass Rau fast resigniert hätte. Unser Bundespräsident machte keine Schlagzeilen, seine Frau Christina, eine elegante und aparte Erscheinung, stand völlig im Hintergrund; die First Lady schien es nicht zu geben. Seine Familie nahm kaum jemand zur Kenntnis – auf Wunsch von Johannes Rau. Sein hoher Bekanntheitsgrad als jahrzehntelanger SPD-Politiker, als Minister, Ministerpräsident, SPD-Kanzlerkandidat war für ihn als Bundespräsident kein Vorteil, sondern wirkte sich eher nachteilig aus. Er hatte nicht den Neuigkeitswert seines Vorgängers Roman Herzog.

Hinzu kam, dass die Sozialdemokraten ein Jahr vor Raus Vereidigung gemeinsam mit den «Grünen» nach sechzehn Jahren wieder die Regierung bildeten, von Bonn nach Berlin umgezogen waren und Bundeskanzler Gerhard Schröder die Schlagzeilen beherrschte. Das Interesse der Medien und der Bürger richtete sich nach dem Herbst 1998 weitaus mehr auf die neue Bundesregierung, ihren Kanzler und seinen Vizekanzler Joseph Fischer als auf die Geschicke im Schloss Bellevue.

Anfangs war Johannes Rau ein «ungehörter» Präsident, er redete vor tauben Ohren. Dies änderte sich erst mit seiner «Berliner Rede», nach dem Vorbild seines Amtsvorgängers Roman Herzog, allerdings mit deutlich kritischerem Memento an unsere geistige Existenz.

Nach Raus Verzicht auf eine erneute Kandidatur honorierte der amtierende Bundeskanzler Gerhard Schröder dessen Verdienste mit den Worten: Johannes Rau habe zusammengeführt, wo andere spalten. Er habe sein Amt mit ungewöhnlich großem Erfolg versehen. Auch die Vorsitzende der Christdemokraten Angela Merkel, mehrfach als mögliche Nachfolgerin von Rau genannt, äußerte nur lobende Worte über Johannes Rau als Bundespräsident. Die Art und Weise, wie er seine Entscheidung, nicht ein zweites Mal kandidieren zu wollen, vertreten habe, sei beispielhaft für sein Amtsverständnis gewesen.

Johannes Rau hat das nach seiner Wahl im Mai 1999 gegebene Versprechen, er wolle versöhnen statt spalten, eingehalten.

### Jugendliche First Lady

Christina Rau war die bislang jüngste First Lady Deutschlands und entsprach so gar nicht dem Typ einer «Ersten Dame» der Nation. Als Johannes Rau das Amt des Bundespräsidenten übernahm, war Frau Rau, geborene Delius, noch keine vierzig Jahre alt. Mit fünfundzwanzig hatte sie den einundfünfzigjährigen Johannes Rau, damals Ministerpräsident von Nordrhein-Westfalen, geheiratet. Man erzählte, auf einer Geburtstagsfeier ihres Großvaters, des ehemaligen Bundespräsidenten Gustav Heinemann, habe sie dem eingefleischten Junggesellen Rau einen Heiratsantrag gemacht. Sie war es gewesen, die ihn überredete, ein zweites Mal für das höchste Staatsamt zu kandidieren.

Ihre traditionellen Pflichten als Präsidentenfrau hat Christina Rau nach dem Vorbild ihrer Vorgängerin und Großmutter Hilda Heinemann widerspruchslos erfüllt, mit einer Gala im Schloss Bellevue, einer Modenschau mit Stars und Prominenten neue Impulse gegeben. Gleichwohl diente die Modenschau, in der Tochter Anna als Mannequin auftrat, einem sozialen Zweck. Die Tombola zu Gunsten der Kindernothilfe erbrachte 180.000 Euro. «Klasse, dass mein Vater für Mutter so eine coole Party schmeißt», so Tochter Anna.

Als Frau des Bundespräsidenten ordnete First Lady Christina Rau eigene, private Belange höheren Zielen unter. Sie begleitete ihren Ehemann auf seinen Auslandsbesuchen, reiste aber auch allein in ferne Länder, unter anderem als Schirmherrin von UNICEF, dem Kinderhilfswerk der Vereinten Nationen.

Ihr oberstes Gebot: «Meinen Mann in seinem Amt zu unterstützen.» Trotz ihrer fast scheuen Zurückhaltung in der Öffentlichkeit war Christina Rau nicht ohne Einfluss auf den Bundespräsidenten. Die studierte Politologin wirkte im Hintergrund. Nicht immer war sie mit Johannes Rau der gleichen Meinung.

Wie ihre Großmutter Hilda Heinemann setzte sich Christina Rau auch für die Förderung der Künstler ein. «Die Förderung von Kunst und Künstlern ist zu wichtig für die gesellschaftliche Entwicklung, um sie wie überflüssigen Luxus von der Konjunktur abhängig zu machen», sagte sie in einem der wenigen Interviews, die sie gab.

Ihre vornehme Zurückhaltung und ihre dezente, aber elegante Garderobe fanden nicht bei allen Anklang, einigen Bundesbürgern war sie zu «cool», anderen zu farblos. Ins grelle Rampenlicht hat sich Christina Rau nicht gedrängt, aber ihre Pflichten als First Lady, neben der Erziehung ihrer drei Kinder, ernst genommen und vorbildlich erfüllt.

## Ein schönes Amt

Das Amt des Bundespräsidenten war für Johannes Rau die Krönung seiner langjährigen politischen Karriere, es habe ihn ganz ausgefüllt, sagte er einige Monate vor dem Ausscheiden aus dem Amt. «Es ist ein schönes Amt.»

Der Bundespräsident habe eine doppelte Aufgabe zu erfüllen: Er müsse für die Mehrheit der Deutschen sprechen, und er müsse die Minderheiten in die Mitte holen, erklärte Johannes Rau gegen Ende seiner Amtszeit. Dass seine politische Macht gering ist, war Rau stets bewusst. Doch: «Manchmal kann man durchaus etwas ändern.» Auf dem Höhepunkt des Irak-Krieges habe er alle Partei- und Fraktionsvorsitzenden zu sich gebeten, um sie zu bitten, in ihrer Sprache «abzurüsten».

Vieles, was ihm am Herzen liege, habe er indes nicht beeinflussen können. Rau monierte, dass die Talkshows teilweise die Funktion der Parlamente übernommen hätten, ohne dies jedoch ändern zu können. Auch deshalb sei das Unbehagen der Bürger an den Parteien und Politikern so groß, dennoch hätten die Deutschen gewiss keinen Anlass zur Klage, und er wünschte ihnen mehr Selbstbewusstsein und mehr Bescheidenheit.

Johannes Rau hat die Kompetenzen, die ihm das höchste Staatsamt bot, umfassend genutzt, zum Wohle der Bundesbürger. In zahlreichen Reden und Interviews hat er seine Gedanken über die Demokratie und unsere Gesellschaft, über Gott und die Welt verkündet. Er ist weit gereist, hat politische Gespräche mit hohen Staatsmännern und mit Menschen aller Volksschichten geführt. Wie seine Vorgänger verlieh auch Johannes Rau Orden, an Prominente und an unbekannte Bürger.

Das Amt biete mehr, als ihm zugeschrieben werde. «Rau zumindest hat mehr daraus gemacht als mancher seiner Vorgänger», schrieb die «Frankfurter Allgemeine Zeitung» im Februar 2004.

Vor seinem Ausscheiden wünschte sich Johannes Rau, «dass die Menschen mich gemocht haben, sich meiner erinnern».

Die Diskussion um den Kandidaten für den neunten Bundespräsidenten begann bereits im Sommer 2003, fast ein Jahr vor dessen Wahl am 23. Mai 2004. Im Vordergrund standen dabei parteipolitische Machtfragen und nicht zuletzt persönliche Ambitionen. Nicht Parteistrategien sollten bei der Kandidatenaufstellung im Mittelpunkt stehen, sondern «wer der Beste für das Amt ist», sagte der seinerzeit noch amtierende Bundespräsident Johannes Rau.

# 9. Porträt:
# Horst Köhler (ab 2004)

**geboren am 22. Februar 1943**
**in Heidenheim (Skierbieszow).**

**Ökonom, Dr.rer.pol., Honorarprofessor der Universität Tübingen**
**1969–76 dort wissenschaftlicher Assistent am Institut für angewandte Wirtschaftsforschung**
**1976 Eintritt in die Grundsatzabteilung des Bundesministeriums für Wirtschaft und Finanzen**
**1981 Eintritt in die CDU**
**1981–82 Referent beim damaligen Ministerpräsidenten des Landes Schleswig-Holstein, Gerhard Stoltenberg**
**1982–89 verschiedene leitende Funktionen im Bundesfinanzministerium**
**1990–93 Staatssekretär im Bundesfinanzministerium**
**1993–98 Präsident des Deutschen Sparkassen- und Giroverbandes**
**1998–2000 Leitung der Europäischen Bank für Wiederaufbau und Entwicklung (EBWE). 2000 Bestellung zum Geschäftsführenden Direktor des Internationalen Währungsfonds (IWF)**

Am 23. Mai 2004, dem 55. Jahrestag der Verkündung des Grundgesetzes, wurde Horst Köhler von der Bundesversammlung in Berlin zum neuen Bundespräsidenten im ersten Wahlgang mit absoluter Mehrheit gewählt. Am 1. Juli 2004 übernahm er sein Amt als Staatsoberhaupt der Bundesrepublik Deutschland.

## Gott segne unser Land

Der 23. Mai 2004 ist ein Sonntag. Horst Köhler, der Kandidat der Christdemokraten und Freidemokraten, und Gesine Schwan, Kandidatin der Sozialdemokraten, bitten bei der «Andacht der Bundesversammlung» im Französischen Dom am Gendarmenmarkt beim ökumenischen Gottesdienst um göttlichen Beistand. Prälat Paul Jüsten von der katholischen und Stephan Reimers von der evangelischen Kirche wünschen den beiden Anwärtern auf das höchste Staatsamt Besonnenheit, Demut und die Einsicht in die Begrenztheit menschlichen Tuns.

Nach demokratischer Tradition eröffnet Bundestagspräsident Wolfgang Thierse um zwölf Uhr im Plenarsaal des Reichstagsgebäudes die Bundesversammlung. Zur Wahl des neunten Bundespräsidenten stehen zwei fast gleichaltrige Kandidaten, Horst Köhler und Gesine Schwan, die am Abend zuvor ihren einundsechzigsten Geburtstag und die Verlobung mit ihrem Lebensgefährten, dem einundsiebzigjährigen Peter Eigen feierte. Die Bundesversammlung besteht aus den 602 Mitgliedern des Bundestages und weiteren 603 Mitgliedern, die von den Landesparlamenten ausgewählt wurden: die Ministerpräsidenten der sechzehn Bundesländer, Landesminister, Landtagsabgeordnete, ehemalige Ministerpräsidenten, die Oberbürgermeisterin von Bonn, Bärbel Dieckmann und ihr Ehemann Jochen, der Präsident des Zentralrats der Juden in Deutschland, Paul Spiegel, Carl Herzog von Württemberg, Fußballspieler Karl-Heinz Rummenigge und weitere Persönlichkeiten aus dem kulturellen, gesellschaftlichen und sportlichen Leben.

Auf der Diplomatentribüne verfolgen neben den Missionschefs die ehemaligen Bundespräsidenten Walter Scheel und Richard von Weizsäcker die Wahl des neuen Präsidenten.

Nach der geheimen Wahl mit verdeckten Stimmkarten gibt Bundestagspräsident Wolfgang Thierse das erwartete, aber dennoch überraschende Ergebnis bekannt. Von den 1204 (ein Abgeordneter konnte wegen Krankheit nicht teilnehmen) abgegebenen Stimmen sind zwei ungültig und es gibt neun Enthaltungen. Für Horst Köhler wurden 604 Stimmen abgegeben, eine mehr als für die absolute Mehrheit erforderlich. Gesine Schwan erhielt 589 Stimmen, einige mehr als erwartet. Bundestagspräsident Thierse: «Ich stelle fest, dass Herr Professor Horst Köhler die Stimmen der Mehrheit erhalten hat und somit zum Bundespräsidenten der Bundesrepublik Deutschland gewählt ist.» Gesine Schwan, eine glückliche Verliererin, gratuliert als Erste in der Bundesversammlung Horst Köhler zu seinem Wahlerfolg.

Der zum neuen Bundespräsidenten gewählte Horst Köhler dankt allen Mitgliedern der Bundesversammlung, die ihn gewählt haben, für ihr Vertrauen. Und diejenigen, die ihm ihre Stimmen nicht gegeben haben, will er durch seine Arbeit überzeugen. «Ich möchte Bundespräsident aller Deutschen sein und ein Präsident für alle Menschen, die hier leben.» Patriotismus und Weltoffenheit sind für Köhler keine Gegensätze.

Nach sechs Jahren im Ausland kehre er mit einem Gefühl von Freude und Dankbarkeit in seine Heimat zurück. «Deutschland hat mir viel gegeben, davon möchte ich etwas zurückgeben. Ich liebe unser Land.» Deutschland solle nach seinen Wünschen wieder ein Land der Ideen werden und sich seiner kulturellen und religiösen Wurzeln bewusst sein.

Der neunte Bundespräsident Horst Köhler beendet seine erste Rede als gewähltes Staatsoberhaupt mit den Worten: «Ich grüße alle Landsleute nah und fern, unsere Nachbarn in Europa und unsere Freunde in der Welt. Gott segne unser Land.»

## Herkunft und Ausbildung

«In meiner Biografie spiegelt sich ziemlich viel deutsche Geschichte wider», so Horst Köhler zu seiner Herkunft.

Als Horst Eduard Köhler am 22. Februar 1943 in Heidenheim (Skierbieszow), hundert Kilometer südlich von Warschau, geboren wurde, gehörte der Ort zum von deutschen Soldaten besetzten Generalgouvernement. Seine aus Rumänien stammenden Eltern, Eduard Köhler und Elisabeth, geborene Bernhard, waren mit ihren damals drei Kindern «umgesiedelt» worden.

Als im Winter 1944/45 sowjetische Truppen nach Polen und Ostdeutschland einmarschierten, musste die Familie ihre «neue Heimat» verlassen, floh bis nach Sachsen in die Nähe von Leipzig und lebte dort als Bauern bis 1953. «Da sind wir wieder geflohen», so Köhler, diesmal ins schwäbische Ludwigsburg, wo Horst Köhler mit seinen sieben Geschwistern aufwuchs und der Vater in einem Sägewerk und die Mutter in einer Plastikfabrik arbeiteten. Als Einziger der acht Kinder besuchte er das «Mörike-Gymnasium».

Nach dem Abitur und dem Wehrdienst studierte Horst Köhler in Tübingen Wirtschaftswissenschaften und promovierte 1977 mit einer Arbeit über die Arbeitsmarktwirkungen des technischen Fortschritts zum Dr.rer.pol.

## Von Bonn nach Washington

Seine berufliche Karriere und seinen gesellschaftlichen Aufstieg bis ins höchste Staatsamt begann Horst Köhler nicht in Bonn, sondern in Kiel. Der damalige Ministerpräsident von Schleswig-Holstein, Gerhard Stoltenberg, holte den Beamten des Bonner Wirtschaftsministeriums als seinen Redenschreiber in die Staatskanzlei. 1982, als Stoltenberg Bundesfinanzminister wurde, nahm er Köhler, der ein Jahr zuvor in die CDU eingetreten war, mit nach Bonn, wo er zunächst das Ministerbüro leitete.

In der einstigen Bundeshauptstadt machte Horst Köhler rasch Karriere. Als Helmut Kohl im Herbst 1982 als Nachfolger von Helmut Schmidt das Amt des Bundeskanzlers übernahm, wurde Köhler sein Vertrauter. «Der ist ein Schatz.», so sein Urteil. Aber erst 1990 ernannte ihn Bundesfinanzminister Theo Waigel zum Staatssekretär und er wurde der engste finanzpolitische Berater von Wolfgang Schäuble, dem damaligen Bundesinnenminister, bei den Finanzierungsproblemen der Wiedervereinigung. Angela Merkel, die sich für Horst Köhler als Bundespräsident ausgesprochen hat, war zu dieser Zeit Bundesministerin für Frauen und Jugend. Helmut Kohls Vertrauter war deutscher Chefunterhändler in der Regierungskonferenz, die zum Maastricht-Vertrag über die Europäische Wirtschafts- und Währungsunion führte, und der persönliche Beauftragte des Bundeskanzlers für die Vorbereitung der G7-Wirtschaftsgipfel in Houston (1990), London (1991), München (1992) und Tokio (1993).

Als beamteter Staatssekretär gehörte Horst Köhler zum exklusiven Club der Bonner Staatssekretäre. Mit seiner Frau Eva, einer Grundschullehrerin, wohnte er in Meckenheim, einem Bonner Vorort mit vielen Eigenheimen für Bundesbeamte, Offiziere und Mitarbeiter des Bundeskriminalamtes. In dem Eifel-Vorstädtchen hatte auch Karl Carstens, unser fünfter Bundespräsident, mit seiner Frau Veronica, einer Ärztin, ein Haus.

Aus familiären Gründen gab Köhler 1993 seinen Posten als Staatssekretär im Finanzministerium auf und wurde Präsident des Deutschen Sparkassen- und Giroverbandes. Sein Schreibtisch in Bonn stand nur hundert Meter von der Villa Hammerschmidt entfernt, dem Amtssitz des Bundespräsidenten. Einmal der Nachfolger des seinerzeit dort residierenden und amtierenden Bundespräsidenten Roman Herzog zu werden, daran dürfte Köhler wohl nie gedacht haben.

Enge Kontakte pflegte er mit Christine Lieberknecht, der Ministerin für Bundesangelegenheiten, die seinem Büro gegenüber die thüringische Landesvertretung leitete und mit der er gemeinsam zu Konzerten und kulturellen Ereignissen, wie dem Geburtstag von Johann Wolfgang von Goethe, in den Saal des Sparkassen- und Giroverbandes einlud.

Fünf Jahre später, im Jahr 1998, wechselte Horst Köhler auf Betreiben des früheren Bundesfinanzministers Theo Waigel an die Spitze der Europäischen Bank für Wiederaufbau und Entwicklung (EBRD) mit Sitz in London. 2000 wurde er für eine Amtszeit von fünf Jahren Geschäftsführender Direktor des Internationalen Währungsfonds (IWF) in Washington. Nach seiner Ernennung zum Kandidaten für das höchste Staatsamt gab Köhler seinen Posten in Washington auf, um sich als künftiger Bundespräsident vorzustellen. «Nach sechs Jahren im Ausland finde ich Deutschland liebenswerter und interessanter denn je.»

## Nominierung um Mitternacht

Seine Kandidatur für das höchste Staatsamt kam für Horst Köhler so überraschend wie für die Bundesbürger, für die er quasi ein Unbekannter, ein unbeschriebenes Blatt war. Er ist der erste Bundespräsident, der kein Politiker war, ehe er für dieses Amt von den Christdemokraten und den Freidemokraten nominiert wurde.

Nach langer Diskussion um einen geeigneten Kandidaten war die Wahl auf ihn gefallen. Der vielfach genannte ehemalige Vorsitzende der CDU, Wolfgang Schäuble, scheiterte wegen seinem umstrittenen Verhalten in der «Spendenaffäre» bei Angela Merkel (CDU), Edmund Stoiber (CSU) und Guido Westerwelle (FDP).

In Berlin-Charlottenburg, in der Wohnküche des Parteivorsitzenden der Liberalen, einigte man sich nach nächtlicher Beratung auf den Finanz- und Wirtschaftsexperten Horst Köhler. Theo Waigel soll den Vorschlag gemacht haben.

Die Vorsitzende der Christdemokraten, Angela Merkel, erklärte nach der einstimmigen Nominierung von Horst Köhler für das höchste Staatsamt: «Der richtige Mann zur richtigen Zeit.» Köhler werde ein sehr politischer und exzellenter Bundespräsident.

Nie zuvor in der fünfundfünfzigjährigen Geschichte der Bundesrepublik wurde über die Aufstellung des geeigneten Kandidaten, der von den Spitzen der Parteien und nicht von den Bundesbürgern gewählt wird, so leidenschaftlich debattiert wie vor der Bundespräsidentenwahl am 23. Mai 2004.

Nach der Bundestagswahl im September 2002 und mehreren Landtagswahlen besaßen die Christdemokraten mit den Freidemokraten in der Bundesversammlung die Stimmenmehrheit der über 1200 Wahlmänner und -frauen. Dass Horst Köhler schließlich als Kandidat nominiert wurde, war eine große Überraschung bei den Parteien, der Presse und nicht zuletzt bei den Bürgern.

## Lob und Kritik

«Deutschland ist ein schönes Land.» In den Interviews vor seiner Wahl zum Bundespräsidenten lobte Horst Köhler die Bundesrepublik. Sie habe ihm Bildung, Arbeit und den sozialen Aufstieg ermöglicht: «Dafür bin ich dankbar.»

Als Kandidat für das höchste Staatsamt äußerte er sich aber auch kritisch über unser Land und unsere Gesellschaft. «Deutschland ist in einer kritischen Lage», in der die gesellschaftlichen Probleme durch die Globalisierung nicht einfach beantwortet werden könnten, und brauche eine wirklich tief greifende Erneuerung. Eine Aufbruchstimmung, denn «die Deutschen haben leider wenig Vertrauen in sich selbst». Doch trotz Einsicht und Erkenntnis der Probleme existiere die Angst vor Veränderungen und den notwendigen Reformen. Das geschwundene Vertrauen in die Politik müsse wieder hergestellt werden. Als Bundespräsident werde er, Horst Köhler, den Bürgern vielleicht auch manch Unangenehmes sagen müssen. Denn für ihn sind Gerechtigkeit und der Glaube an Gott unverzichtbare Grundwerte unserer demokratischen Gesellschaft.

Von einem erforderlichen Aufbruch in der Gesellschaft hatte einst auch sein Vorvorgänger Roman Herzog in seiner berühmten «Berliner Rede» gesprochen. Und auch Johannes Rau, Köhlers Vorgänger im Amt des Bundespräsidenten, übte in seiner letzten «Berliner Rede» im Schloss Bellevue Kritik an unserer Gesellschaft und der Politik. Vom verlorenen Vertrauen in die Politik hatte auch die Kandidatin für das höchste Staatsamt, Gesine Schwan, vor der Wahl am 23. Mai 2004 geredet.

Dass Horst Köhler ein international bekannter Wirtschafts- und Finanzexperte ist, wird in einer Zeit, da Finanz- und Wirtschaftsprobleme das Denken und Handeln von Politik wie Bürgern bestimmen, als positiv betrachtet. Doch so Köhler: «Wirtschaft und Ökonomie sind nicht alles.»

Kritik an seiner Präsidentschaftskandidatur wurde wegen seines jahrelangen Aufenthalts im Ausland, in London und in Washington, geübt. Er verstehe nicht mehr die veränderte politische und wirtschaftliche Situation in der Bundesrepublik nach der Jahrhundertwende und dem Regierungswechsel zu den Sozialdemokraten und den Grünen.

In einer seiner ersten Ausführungen als Kandidat hatte sich Horst Köhler hinter die Politik von SPD-Bundeskanzler Gerhard Schröder gestellt, dessen «Nein» zu einer militärischen Beteiligung an der Seite von US-Präsident George Bush und dem britischen Premier Tony Blair jedoch kritisiert. Nachdem jedoch Berichte über Folterungen im Irak an die Öffentlichkeit gelangten, und die CDU-Parteivorsitzende Angela Merkel Bedenken am Verhalten der USA äußerte, sprach sich auch Horst Köhler nicht mehr kritiklos gegenüber den Amerikanern aus.

Nach seiner Rückkehr aus Washington reiste Köhler im Auftrag der CDU, die ihm in ihrer Parteizentrale ein Büro einrichtete, quer durch Deutschland, um ein Bild dessen zu gewinnen, was sich hier während seiner mehrjährigen Abwesenheit verändert hat, und um sich den Bundesbürgern vorzustellen.

Für Horst Köhler, der bis zu seinem dreizehnten Lebensjahr in Unfreiheit gelebt, aber die Geborgenheit in der Familie erfahren hat, muss sich die Freiheit in der Verantwortung bewähren. «Freiheit ohne Bindung ist nichts.» Er ist für die Freiheit des Individuums, für einen «aufgeklärten Patriotismus» und für Weltoffenheit.

## Ich bin gerne Deutscher

Nach der auch für Horst Köhler überraschenden Nominierung, mit guten Voraussetzungen der neunte Bundespräsident zu werden, erklärte er in einer seiner öffentlichen Reden auf dem EUROPA-Tag der FDP in Bonn: «Ich bin gerne Deutscher.» Nach sechs Jahren im Ausland finde er Deutschland liebenswerter und interessanter als je. Er wolle den Deutschen Mut machen, Mut für die notwendigen Veränderungen. Deutschland sei ein wunderschönes Land mit großartigen Menschen, ihm habe es einen unglaublichen Aufstieg ermöglicht. Er habe ein Gefühl tiefer Dankbarkeit und den Wunsch, dem Land etwas zurückzugeben. In die Tagespolitik wolle er sich jedoch nicht einmischen.

Von Natur aus sei er ein neugieriger, bisweilen auch unzufriedener und unruhiger Mensch. Aber er habe von Gott Fähigkeiten bekommen, die er als Bundespräsident gut einsetzen könne. Seine Zuversicht in eine positive Zukunft nehme er aus dem Glauben zu Gott. «Gott lädt uns eine Last auf, aber er hilft uns auch.»

Mit ihren Bundespräsidenten habe die Bundesrepublik, die Politiker und die Bürger, bisher Glück gehabt. «Ich hoffe, sie wird auch mit mir Glück haben.»

## Eva Luise Köhler

Die neue, 1947 geborene First Lady Eva Luise Köhler, (geb. Bohnet), Tochter eines Bankkaufmanns, stammt aus Baden-Württemberg, aus Ludwigsburg, wo auch Bundespräsident Horst Köhler seine Jugend verlebt hat. Seit fünfunddreißig Jahren sind die beiden verheiratet.

Nach dem Abitur und dem Besuch der Pädagogischen Hochschule in Ludwigsburg wurde sie Grundschullehrerin. Tochter Ulrike, die an einer schweren Augenkrankheit leidet, studiert in

Frankfurt Germanistik, Englisch und Italienisch. Sohn Jochen, der mit siebzehn Jahren als Schüler bereits Vater wurde und inzwischen verheiratet ist, studiert Volkswirtschaft in Köln.

Als Eva Köhler Lehrerin in Bonn war und Willy Brandt Bundeskanzler, trat sie aus Begeisterung für seine Ostpolitik in die SPD ein, während ihr Mann Mitglied der CDU war. Da ihr die Politik von Oskar Lafontaine, Brandts Nachfolger als Parteivorsitzender, missfiel, gab sie 1990 ihr Parteibuch zurück.

Die Ehefrau des Bundespräsidenten Horst Köhler ist eine nahezu ideale First Lady: gebildet, elegant, erfahren auf dem internationalen Parkett in London und Washington bringt sie optimale Voraussetzungen mit. Ihre gesellschaftlichen Verpflichtungen als Gattin des IWF-Präsidenten hat sie ebenso selbstverständlich erfüllt wie die für soziale Zwecke. Sie war Ehrenvorsitzende der Vereinigung, die sich in der amerikanischen Regierungsmetropole Washington um die Angehörigen der IWF-Mitarbeiter kümmert. Nach den Terroranschlägen vom 11. September 2001 galt sie als Ratgeberin und «Trösterin» für die davon betroffenen Familien. «Aber ich habe an mir festgestellt, dass ich noch immer sehr nach Europa und Deutschland orientiert bin, dass mein Denken sehr mit Deutschland verbunden ist.»

An der beruflichen und politischen Arbeit ihres Mannes nimmt Eva Köhler regen Anteil. Das habe sie von Anfang an, seit ihrer Heirat, getan. «Es ist schon wichtig für mich gewesen, dass ich mich mit seinen beruflichen Zielen identifizieren konnte.»

Ihren Mann hat Eva Köhler auf vielen Auslandsreisen begleitet. Sie war mit ihm in Kenia, Mali, Tansania und Burkina Faso, der ehemaligen Kolonie Obervolta, wo sie Schulen, Krankenhäuser und Waisenhäuser besuchte. Dem Kampf gegen die Armut in den so genannten Entwicklungsländern würde sie sich gern als Frau des Bundespräsidenten widmen.

Schlossherrin wird die neue Erste Dame zunächst nicht werden, denn Schloss Bellevue, der Amtssitz des obersten Staatsrepräsentanten, wird nach der Wahl des neunten Präsidenten gründlich renoviert. Der Bundespräsident führt seine Amtsgeschäfte in dem modernen, neben dem Schloss gebauten Präsidialamt aus, wo auch die First Lady ein Büro für ihre Referentin und Sekretärin haben wird.

Für ihre Rückkehr nach Deutschland, nach sechs Jahren Auslandsaufenthalt, hat Eva Köhler einige Visionen: «Ein friedliches Europa.»

## Gesine Schwan

Drei Tage nach Horst Köhlers Ernennung zum Präsidentschaftskandidaten von Union und Freidemokraten, mit guten Aussichten zum neuen Bundespräsidenten in Berlin gewählt zu werden, stellte Bundeskanzler Gerhard Schröder, damals noch Parteivorsitzender der Sozialdemokraten, die Berliner Politologie-Professorin und Präsidentin der 1991 wieder gegründeten Deutsch-Polnischen-Universität «Viadrina» in Frankfurt/Oder Gesine Schwan als Mitbewerberin auf.

Gesine Schneider, Witwe des 1989 verstorbenen Politologen Alexander Schwan, wurde am 22. Mai 1943 in Berlin geboren. Sie stammt aus einem sozial engagierten Elternhaus, das im Nationalsozialismus zu protestantischen und sozialistischen Widerstandskreisen gehörte und sich nach dem Krieg für die Freundschaft mit Polen einsetzte. Die Wissenschaftlerin hatte bei den Bundesbürgern vor ihrer Ernennung zur Präsidentschaftskandidatin einen noch geringeren Bekanntheitsgrad als Horst Köhler. Sie nutzte ihre Kandidatur, um über zahlreiche Interviews in Zeitungen und im Fernsehen bundesweit Präsenz zu erlangen. Charmant und souverän trat sie mit strahlender Miene in der Bonner SPD-nahen Friedrich-Ebert-Stiftung auf, eingeladen von Anke Fuchs, der ehemalige Bundestagsvizepräsidentin und Bundesministerin.

In ihrem Vortrag, mit dem sie für ihre Wahl zur Bundespräsidentin warb, sprach Gesine Schwan über Politik und Vertrauen, dem geschwundenen Vertrauen in die Politik und die Politiker.

«Haben wir mehr Vertrauen zu uns selbst. Ich möchte als Bundespräsidentin dazu beitragen. Deshalb kandidiere ich für dieses Amt.»

Bonn kannte Frau Professor Schwan aus seiner Zeit als Bundeshauptstadt, als Mitglied der Grundwertekommission beim Parteivorstand der SPD, mit Willy Brandt als Parteivorsitzenden. Wegen ihrer nicht parteikonformen Einstellung zur Ostpolitik der Sozialdemokraten hat die zum konservativen SPD-Flügel zählende Wissenschaftlerin die Kommission vorzeitig verlassen, auch auf Kritik von Peter Glotz, damals Bundesgeschäftsführer der SPD.

Gesine Schwan gehört der SPD seit 1970 an, und sie steht hinter Bundeskanzler Gerhard Schröder und seiner Agenda 2010. Dass eine Frau zur Bundespräsidentin, der ersten in der Geschichte unseres Landes, gewählt werden könnte, betrachtete sie als Vorteil für die Bundesrepublik. «Frauen haben eine andere Form der Macht. Es würde mir einen Heidenspaß bereiten, Bundespräsidentin zu sein», sagte sie mit einem gewinnenden Lächeln. Das Amt des Bundespräsidenten sei nicht ohnmächtig. Doch: «Es ist nicht die Aufgabe eines Bundespräsidenten, sich ins Alltagsgeschäft der Politik einzumischen.» Überdies wolle sie den Frauen Mut machen, sich in der Politik zu engagieren und im Beruf – auch als Mutter zweier Adoptivkinder.

Die Präsidentschaftskandidatin der SPD sprach sich ebenso wie der Kandidat von CDU/CSU und FDP, Horst Köhler, gegen eine Direktwahl des Bundespräsidenten durch die Bürger aus, da es dann noch mehr Parteienstreit und Wahlkämpfe geben würde.

Für Gesine Schwans Wahl zur ersten Bundespräsidentin engagierten sich wenige Tage vor der Bundesversammlung im Berliner Reichstagsgebäude mehrere politisch organisierte Frauen.

Hildegard Hamm-Brücher schrieb an alle christlich-liberalen Wahlfrauen, sie sollten doch für Gesine Schwan votieren und bei ihrer Wahl einzig an ihr Gewissen und nicht an ihre Parteizugehörigkeit denken. Das wäre ein «Beweis von Eigenständigkeit und Verfassungstreue». Doch diese bekundeten nach dem schriftlichen Aufruf der streitbaren dreiundachtzigjährigen liberalen Politikerin einhellig: Wir wählen Horst Köhler.

Gesine Schwan, fünfte Frau im Rennen um das höchste Staatsamt und überrascht von ihrer Nominierung, erklärte noch sieben Tage vor der Wahl des Bundespräsidenten, sie habe Lust darauf, ins Schloss Bellevue einzuziehen.

# Von Theodor Heuss
# zu Horst Köhler

## Fünfundfünfzig Jahre Bundespräsident

Mit unseren Bundespräsidenten haben wir, die Bundesrepublik Deutschland, die Bundesbürger und die Politiker, die sie wählten, großes Glück gehabt. Dass nach den bitteren Erfahrungen in der ersten deutschen, der «Weimarer Republik» und den tragischen Jahren der NS-Diktatur das Staatsoberhaupt von der Bundesversammlung für jeweils fünf Jahre gewählt wird, mit einer möglichen Wiederwahl, war eine positive politische Entscheidung der Väter unseres Grundgesetzes.

An den Bundespräsidenten werden hohe geistige, politische wie auch physische und moralische Anforderungen gestellt, gleichsam von denen, die sie wählen und von den Bürgern. Unsere Bundespräsidenten sind die Wächter der Demokratie, aber sie sind nicht das Gewissen der Nation. Sie haben keine politische Macht, doch sind sie politische Autoritäten, und es liegt in ihrer mentalen Kompetenz, Macht und Geist zu versöhnen.

Unsere Bundespräsidenten werden von den Bundesbürgern nur selten geliebt, vielleicht verehrt, wohl aber geachtet und als ihr Staatsoberhaupt akzeptiert. Sie sind keine Vorbilder, jedoch angesehen als erste demokratische Bürger mit langjähriger politischer Erfahrung.

Die politische Macht liegt bei den gewählten Politikern – und den Medien, dennoch setzt der Bundespräsident politische Akzente. Die FDP-Politikerin Hildegard Hamm-Brücher, eine streitbare alte Dame, die 1994 als Kandidatin bei der Präsidentenwahl antrat, um eine Wahl des CDU-Politikers Roman Herzog zu verhindern, schrieb einige Wochen vor der Wahl des neuen, des neunten Bundespräsidenten, das Amt des Bundespräsidenten sei, ungeachtet seiner kargen verfassungsmäßigen Befugnisse, von den jeweiligen Amtsinhabern eindrucksvoll «aufgewertet» worden und habe an Akzeptanz und Glaubwürdigkeit gewonnen. Das Amt des Bundespräsidenten habe in den letzten Jahrzehnten an politischem Profil gewonnen, meinte der achte Bundespräsident Johannes Rau, es werde dieses Profil auch in Zukunft behalten und zusätzliches gewinnen.

Die Bedeutung des Staatsoberhauptes für die Politik und damit auch für die Bundesbürger zeigte sich besonders deutlich vor der Wahl des neunten Bundespräsidenten. Nie zuvor wurde so lange und so leidenschaftlich von Politikern und Publizisten über die Kandidatur des neuen Präsidenten in der Öffentlichkeit diskutiert.

Es war Theodor Heuss, unser erster Bundespräsident, der sich bei der Verabschiedung des Grundgesetzes für ein Staatsoberhaupt eingesetzt hatte. «Vergessen Sie nicht die Symbolkraft, die von ihm ausgeht.» Unsere Bundespräsidenten sind Mahner und Warner, Kritiker und Hoffnungsträger, sie tragen Verantwortung für Deutschland, in der Bundesrepublik und in der Welt.

# Personenregister

Walter Riester

## Mut zur Wirklichkeit

Sein Name steht für die wohl umfassendste wie auch umstrittenste Sozialreform der Nachkriegszeit: die Riester-Rente. Aus seiner Zeit als Bundesarbeitsminister wird vor allem dieser Begriff in Erinnerung bleiben. Das Buch beschreibt seine familiären Wurzeln und seinen politischen Werdegang als Gewerkschafter mit sozialer Verantwortung, der er sich bis heute verpflichtet fühlt, bis hin zur Tätigkeit als Berufspolitiker im Ministeramt. Er nimmt Stellung zu den großen gesellschafts- und sozialpolitischen Themen unserer Zeit wie Arbeitslosigkeit, Arbeitsmarktpolitik sowie Rentenversicherung und denkt über mögliche Lösungen nach.

271 S. mit 8 Abbildungen, gebunden mit Schutzumschlag
ISBN 3-7700-1173-2

Hans Arnold

## Wie viel Einigung braucht Europa?

Aus realpolitischer Sicht zeigt der frühere Spitzendiplomat Hans Arnold nicht nur die viel diskutierten Möglichkeiten, sondern auch die häufig übersehenen Grenzen der Europapolitik auf. Er analysiert mit undiplomatischer Deutlichkeit die Zukunft des Euros, der europäischen Außen- und Sicherheitspolitik und der europäisch-amerikanischen Beziehungen, aber auch den Fall Türkei und weitere aktuelle Probleme.

208 S. mit 10 Abbildungen und 3 Tabellen,
gebunden mit Schutzumschlag
ISBN 3-7700-1180-5

Joachim Bitterlich

## Das Europa der Zukunft

Der Autor entwickelt eine kritische Bestandsaufnahme des europäischen Einigungswerkes im Lichte seiner „Leitmotive" Vertiefung und Erweiterung. Er untersucht insbesondere Rolle und Zukunft des deutsch-französischen Verhältnisses als der europäischen Kernbeziehung, entwickelt Eckpunkte eines realistischen Zukunftskonzeptes und analysiert die zentralen Fragen der europäischen Debatte aus Sicht des Bürgers

208 S., gebunden mit Schutzumschlag
ISBN 3-7700-1181-3